中国古代史論集

——政治・民族・術数——

早稲田大学長江流域文化研究所 編

雄山閣

◎中国古代史論集――政治・民族・術数――◎目次

序文

工藤　元男

本論文集は、プロジェクト研究所「長江流域文化研究所」が、若手研究者育成のために設置している「簡帛研究会」の研究成果の一部である。プロジェクト研究所とは、共同研究を推進するため早稲田大学が二〇〇〇年四月に発足させた研究組織で、一期五年を最長とする時限的な研究所であり、外部資金の獲得によって運営されるものである。編者は第一期からこの研究所を立ち上げ、以後五年ごとに更新し、その間、四川大学芸術学院や武漢大学簡帛研究中心と学術連携し、日中共同研究を行ってきた。これまでに刊行された関連著作物の主なものを挙げると、以下のようになる。

①成都市文物考古研究所・四川大学歴史系考古教研室・早稲田大学長江流域文化研究所『宝墩遺址』（阿普、二〇〇〇年）
②盧丁・工藤元男主編『羌族歴史文化研究』（四川人民出版社、二〇〇〇年）
③工藤元男編著『四川省成都盆地における巴蜀文化の研究』（平成九年度～平成十二年度科学研究費補助金（基盤研究（B）（2）研究成果報告書、二〇〇一年）
④早稲田大学簡帛研究会「銀雀山漢簡『守法守令等十三篇』の研究（一）～（六）」（『中国出土資料研究』第六号～第十一号、二〇〇二～二〇〇七年）
⑤盧丁・工藤元男主編『中国四川西部人文綜合研究』（四川大学出版社、二〇〇三年）
⑥責任編集・工藤元男『中国世界遺産の旅３―四川・雲南・チベット―』（講談社、二〇〇五年）

⑦長江流域文化研究所編『長江流域と巴蜀、楚の地域文化』（アジア地域文化学叢書、雄山閣、二〇〇六年）
⑧彭浩・陳偉・工藤元男主編『二年律令與奏讞書』（上海古籍出版社、二〇〇七年）
⑨工藤元男編著『秦簡・楚簡よりみた中国古代の地域文化の研究』（平成十五年度〜平成十八年度科学研究補助金（基盤研究（C）研究成果報告書、二〇〇八年）
⑩工藤元男・李成市編『東アジア古代出土文字資料の研究』（アジア研究機構叢書人文学篇第一巻、雄山閣、二〇〇九年）
⑪早稲田大学簡帛研究会「尹湾漢墓出土簡牘訳注（一）〜（三）」（『中国出土資料研究』第十三号〜第十五号、二〇〇九〜二〇一一年）
⑫盧丁・工藤元男主編『四川民族歴史文化綜合研究―中国西部南北遊牧文化走廊研究報告之三―』（重慶出版社、二〇一〇年）
⑬工藤元男『占いと中国古代の社会―発掘された古文献が語る―』（東方選書、東方書店、二〇一一年）
⑭工藤元男編「日本秦簡研究現状」（『簡帛』第六輯、二〇一一年）
⑮工藤元男編「日本秦簡研究現状（続）」（『簡帛』第九輯、二〇一四年）

①②③⑤⑥⑫は主に四川の考古・民族調査、歴史研究に関する研究、⑧⑨⑩⑬⑭⑮は楚地出土の楚簡・秦簡・漢簡等の簡牘資料に関する研究、⑦は巴蜀・楚の地域史研究の論文集である。④⑪を含む後者の簡牘分野は、大学院の演習や院生を中心とする「簡帛研究会」等で、睡虎地秦簡、銀雀山漢簡「守法守令等十三篇」、張家山漢簡「二年律令」・「奏讞書」、尹湾漢墓簡牘等を会読をした成果であり、なかでも⑧『二年律令與奏讞書』は、長江流域文化研究所が武漢大学簡帛研究中心に設置した赤外線カメラで竹簡を撮影したデータに基づく張家山漢簡の新テクストである。

今回の論文集は、これまでの日中共同研究に協力してくれた若手研究者の論文を編んだものである。取り上げられているテーマは、必ずしも四川や湖北出土の簡牘資料に限定されたものではないが、各人が現在もっとも関心をもって展開している内容である。各論文の概要を紹介すると、以下のようである。

岡本真則「出土資料より見た西周王朝と諸侯の関係―河南・湖北・山西地域の西周墓葬の分析を中心として―」

本論文は、河南・湖北・山西で出土した西周墓と青銅器銘文の分析を通じて、当該地域の諸侯（有力氏族）が西周王朝にどのように関係していたのかを考察したものである。そこで注目されるのは、銘文中で諸氏族の称謂の一部に用いられた「公」・「侯」・「子」、及び「伯」・「仲」・「叔」・「季」等の称号である。「伯」・「仲」・「叔」・「季」は、氏族内の直系と傍系支族を区別するために用いられ、さらにその中で、周王朝の政治機構において特別な地位にあったり、特殊な役割を担った氏族が、これとは別に「公」・「侯」等の称号を用いていたことを指摘する。したがって、同一氏族であっても周王朝において担った役割の違いにより、「公」「侯」を称したり、氏族内の直系・傍系支族を区別するために、「伯」・「仲」・「叔」・「季」を称する場合があったとする。また、「子」については、殷の王族や諸侯国君一族内における支族に用いられた名号である可能性を指摘する。

平林美理「「息嬀説話」考―その変遷から見た春秋時代における女性の再婚の位置づけ―」

春秋時代の息侯夫人・息嬀は、息・蔡・楚の対立に翻弄されて、楚の文王夫人となったが、「一婦人而事二夫」を理由に文王と口をきかないという行動によって、「貞女」として後代知られた女性である。本論文はこの「息嬀説話」の変容の検討を糸口にして、春秋社会の「女性の再婚」に対する認識について考察したものである。『左伝』に見える「沈黙する息嬀」についての記述は、他の伝世文献や近年の清華簡「繫年」の「息嬀説話」には見えない。一方、『左伝』には女性の再婚は少なからず例が見えるものの、しかしそれに対する忌避意識はほとんど読み取れず、これより「息嬀説話」に対する「再婚を拒む貞女」としての意味付けは、同時代の倫理意識の反映ではなく、戦国中期以降に生じた可能性があることを指摘する。また、『列女伝』の「息嬀説話」では息嬀は再婚を拒否して自害するが、これは編者劉向の時代に寡婦顕彰の傾向があったものの、寡婦を貫くことを「貞女」とみなす意識がそれ以前は希薄であったことを背景に生じた、意図的な説話の改変とする。

小林文治「里耶秦簡よりみた秦辺境における軍事組織の構造と運用」

本論文は主に里耶秦簡を用いて秦の地方軍事組織の末端の状況を考察したものである。前半では「乗城卒」・「屯卒」等に焦点を当て、当時の軍事組織の配置・統属関係を復原し、後半では「屯」の形態を手がかりに、軍事行動はどのように組織され、発動されていたのかを検討する。その内容は以下のようである。

「乗城卒」は県卒の一種で、洞庭郡遷陵県の兵力の一翼をなす。県卒は当地の民が輪番交代するものとされているが、その出身を見ると南郡付近から派遣されている。すると、ほぼ他郡出身者である戍卒と合わせると、遷陵県の兵卒はほとんど他郡出身者ということになる。また乗城卒は郷に駐屯し、命令も郷官を通して受けている。これは軍の末端が郷に配置されていたことによる。ただし乗城卒は県卒として郷に配置されながら、県の管理を受けていた。以上が洞庭郡遷陵県に常置された軍事組織とする。以上の構成の下に、軍事行動の発動及び非常時の対処に軍隊が組織される。通常の軍事行動時には「屯」を単位とする軍隊が組織される。反乱発生等の非常時には「奔命」が組織され、それは県クラスの官吏→敦長→什長→徒（卒）という統属関係で、この奔命の組織方法は張家山漢簡「奏讞書」案例一八、岳麓書院蔵秦簡「為獄等状四種」癸・瑣相移謀購案等に見える群盗捕縛の様子に酷似し、奔命や群盗捕縛は地方社会の緊急軍事行動の主たるものであった、と結論する。

水間大輔「秦漢「県官」考」

本論文は秦漢時代の「県官」概念の変遷について検討したものである。戦国時代以降の伝世文献及び出土文献には「県官」の語が見え、それは君主と官の意を兼ね備えた幅広い概念であり、「民」・「私」と対置されるものであった。秦は六国統一までは「公」・「公室」・「王室」という語を使用していたが、統一後にこれらを「県官」へと改めた。それは以下の二つの理由によるとする。第一に、統一後に皇帝号を採用したことにより、公・公室・王室が君主・官の名称としてふさわしくないと考えられるようになったためである。第二に、戦国時代以降に県制が発展し、国家権力が地方行政機関としての県を通して発動され、県こそが君主と官を代表する存在として認識されるようになったためである。

池田敦志「前漢文帝期における顧租公鋳法に関する一考察」

本論文は、前漢代政治史の貨幣政策に関する諸問題のうち、文帝期から景帝期にかけて実施されたとされる「顧租公鋳法」について考察するものである。この問題について先行研究では、主に『史記』や『漢書』の記述を中心に議論されてきたが、本論文では賈誼の著作とされる『新書』諸篇に見られる記述を中心に検討する。そしてその実態について未だ定説のない「顧租公鋳法」を、賈誼の政治政策とその理論の中で位置づけることによって、前漢代の当該時期に施行されたことの意義を考察している。

柿沼陽平「三国時代西南夷の社会と生活」

本論文は、蜀漢期西南夷の社会と人々の生活について、文字史料を主、考古資料を傍証として検討するものである。ただし、蜀漢側の史料は『三国志』蜀書等に限られ、内容も断片的なので、先行研究の蓄積の多い漢代西南夷と晉代西南夷の関連史料に着目し、双方に共通する記載を用いて蜀漢期西南夷社会の状況を推測する。その手順として、まず『史記』西南夷列伝所載の西南夷の地（夜郎・滇・邛都・昆明・嶲・徙・筰都・冉駹・白馬羌）に焦点を絞り、当地に住む夷をとりまく自然環境や風俗習慣が蜀漢期にどのようであったかを概観する。その上で、蜀漢期西南夷がたんに中原王朝の周縁領域であるだけでなく、本来中原とは根本的に異なる社会を構成し、夷独自の社会と生活があったことを指摘する。また彼らが必ずしも同質の地理・環境下で単一の集団意識・習俗を共有した存在ではなく、むしろ生活面で異種混交的だったことも論じている。

渡邉将智「後漢安帝の親政と統治の構造」

本論文は、後漢の皇帝支配の特色を解明する手がかりとして、安帝の親政の構造とその政治的な背景について、当時の政治空間に留意しつつ検証したものである。安帝は親政時に、血族（肺腑）・姻族（外戚・尚主婚家）のうち自分の支持者を、禁中の内部と外部の両方で政策案の作成・審議に参加させ、それによって政策形成の過程を掌握しようとした。その背景には、安帝の正統性の欠如という政治的な問題があったという。従来の漢代政治史研究では、外戚が皇太后の臨朝を背景に国政に参与したことを、後漢の政治過程を解明する重要な観点とし、当時の皇帝支配の特色を検討してきた。しかし、本論文の検証によれば、後漢の皇帝支配の特色をその親政の構造を中心に解明するには、①血族・姻族による政策形成への参加のあり方、②皇帝の正統性の如何が統治に与えた影響、を具体的に検討する必要がある、と指摘している。

川手翔生「「士王」考―士燮神格化までの過程と評価の変遷―」

本論文は、後漢末から三国時代にかけて嶺南交州を支配した士燮が「王」と呼称される評価（「士王」評価）がベトナム側文献に登場する時期を確認し、その成立過程を中越双方の士燮関連説話三種について比較検討し、その後のベトナムにおける受容推移を士燮の事跡を収録する神蹟を用いて考察するものである。それによると、「士王」評価は東晉期までに嶺南地域の民間社会で醸成され、そこで神仙性が付与され、かつベトナム諸王朝の思惑に沿った形で変容し、紅河デルタ地帯において保持されたとする。これより、「士王」評価は嶺南地域社会に共通する士燮礼賛感情の表れであり、嶺南地域史という視点が国境線で切り分けられた現地社会を統合し、現地人の意識を復原することにも効果的であるとする。

峰雪幸人「慕容政権遷都考—五胡十六国時代における胡族「侵入」の一形態—」

本論文は、漢族農耕民（漢族）とその北方に居住して遊牧・牧畜を生業とする諸集団（胡族）の関係を、その一形態としての胡族の華北侵入という観点から、とくに五胡十六国時代について検討したものである。この観点から五胡十六国時代を農耕地帯の華北を胡族が初めて組織的に統治した時代として注目する。そこで当該時代にもっとも顕著に華北侵入した慕容氏の遷都と勢力拡大のあり方を考察する。そして慕容氏の首都が中国と東北アジアの中継交易の重要拠点である点に着目し、その勢力範囲が華北と東北アジアを一つの商業圏にまとめる存在として拡大していったことを明らかにすることで、慕容氏の華北侵入の要因が漢族を主とする農耕流民の吸収等の「農耕」的要素だけでなく、「商業」の要素がより深く関わっていたとしている。

川村　潮「『儀礼』に見える「筮」について—『易経』の成立に関する一考察—」

本論文は、数ある占いの一つに過ぎなかった易が、いかにして儒教の中に取り込まれていったのか、それを『儀礼』の儀式において行われる「筮」の意味の検討から考察するものである。『儀礼』の中に筮・卜の見えるものは七篇あるが、『儀礼』に見える諸儀礼は小規模な集団内での結びつきを強めるために存在したとする。そして『儀礼』において筮が重視されたのは、祖先の声を伝え、儀式に対する承認を得ることができるからであり、祖先の声を聞くことは儀礼において筮によって祖先の意向を知り、それに従うことであり、それは儒教の徳目の「孝」に合致し、それゆえに笠が重視されたとする。

森　和「告地書と葬送習俗」

本論文は、前漢前半期の一部地域に集中して出土する八件の「告地書」を総合的に比較検討し、その最も完整な書式を復原し、その性格を、墓主の埋葬を地下世界への移住とみなし、現実社会における手続きに倣って移住先である地下世界の官吏へ宛てて発送された擬制的葬送文書、すなわち移住申請書および添付文書と位置付けるものである。また葬送儀礼との関係から、告地書は儀礼的に遣策ほどに重要な意味を持っておらずく、むしろ移住申請用の擬制文書としての本質上、葬送文書である遣策との密接な関連性が生じていることを指摘する。そして、このような特殊な資料は、移住手続きや戸籍等の浸透と、埋葬を地下世界への移住とみなす地下他界観の浸透という社会制度的背景と宗教文化的背景とが複雑に絡み合った結果出現したものとしている。

小倉　聖「出土資料に見える刑徳七舍とその運行理論の相異について」

本論文は『淮南子』天文訓と出土資料（隨州孔家坡漢墓簡牘「刑徳」篇、日照海曲簡「漢武帝後元二年視日」、北京大学蔵西漢竹書「節」篇）に見える「刑徳七舍」の比較・検討を行ったものである。それによると、日照海曲簡の刑徳運行では過渡日の設定、北大漢簡では舍の名称の相違等の差異は見られるが、基本的には天文訓の刑徳七舍の運行と大きく異なるところはない。しかし、天文訓より成立年代が上る孔家坡漢簡の刑徳運行は、他のものと大きく異なり、刑は三ヶ月同じ術の舍、徳は術と野の間を往復する特異な運行を示している。以上より、刑徳七舍の運行はもう一つの天文訓の刑徳運行である二十歳刑徳と同じように、天文訓により理論の統一がなされ、以降では天文訓のものが残ったという可能性を指摘する。

なお、本書にはさらに楯身智志「劉氏淮南王国の興亡」、及び谷口建速「長沙走馬楼呉簡より見る孫呉の給役と賦税」の二論文が収録される予定であったが、編者のもたつきから本書の刊行準備がおくれた。そのためこれら二論文はそれぞれの博士学位論文による専著、すなわち楯身智志『前漢国家構造の研究』第六章（早稲田大学出版部、二〇一六年）、谷口建速『長沙走馬楼呉簡よりみる孫呉政権の地方財政』終章（早稲田大学出版部、二〇一六年刊行予定）の中に収録されることになった。

工藤元男

出土資料より見た西周王朝と諸侯の関係
―河南・湖北・山西地域の西周墓葬の分析を中心として―

岡本　真則

はじめに

筆者はこれまでに、西周王朝が諸侯（有力氏族）をどのように支配したのかを明らかにするため、関中・洛陽両地区で発掘・整理された西周墓と銅器窖蔵、及びそこから出土した青銅器銘文を検討し、これら諸侯（有力氏族）が王朝の政治機構にどのように関与したのかという点からこの問題を考察した。関中地区には殷系氏族(1)をはじめとする非姫姓氏族が多くおり、彼らは王朝中心地の豊鎬地区と周原地区に居住地を与えられ、王の冊命によって王官となり、姫姓貴族の属下で政治機構に参加していた。洛陽地区では、周初の王族・功臣やその後裔の属下で官吏となった姫姓貴族が洛邑の実質的経営に当たり、殷系氏族は周王室直属の鋳銅工房で青銅器製作に従事したり、作冊・士・御史などの祭祀儀礼に関わる官吏として服属していた。また、両地区から出土した青銅器で長文銘を持つものは、その大半が非姫姓・殷系氏族のもので、銘文には、周王ないしは周王朝の高級貴族から恩寵を受けたことが記されており、周王朝が非姫姓・殷系氏族たちに支配の正統性を示すために青銅器製作を利用したものと理解された。即ち、周王朝は非姫姓・殷系氏族に周王朝から恩恵を受けたことを銘文に鋳込んだ青銅器を用いて祖先祭祀を行わせることで、祭祀の場において祖先や族人たちに、殷が周の支配下に入ったことを告げさせ、一族の地位・身分の安寧は周の恩恵によって保障されていると称賛させることで、周王朝の支配を正統化したと考えられた。(2) 本稿では、これら成果をふまえ、後代の文献で周王朝の東部直轄地域（王畿）(3) とされる河南省一帯（洛陽は除く）、及びこれと南・北で隣接する湖北省・山西省一帯における西周墓とそこから出土した青銅器を検討し、これら地域の諸侯（有力氏族）が西周王朝の政治機構にどのように関わっていたのかを明らかにしたい。

後掲の表1～3は、それぞれ河南省・湖北省・山西省で発掘整理された主要な西周墓をまとめたものである。本論では、これに従って各墓葬の個別の問題を検討するが、紙幅の都合上、今回は特に重要な遺跡についてのみ取り上げたことをあらかじめ断っておく。

第一節　河南地区

(1) 鶴壁市

鶴壁市金山街道の辛村墓地（表1①）は、半数以上の墓葬が盗掘・攪乱を受けていたが、「衛𠂤昜」の銘をもつ甲泡や墓道を持つ大墓が発見されたこと、また、この地が紂王時代の殷都で、衛国の都でもあった朝歌（鶴壁市淇県）に近いことなどから、衛国の貴族墓地と断定された。『史記』衛康叔世家によれば、衛国は三監の乱平定後に武王少弟の衛康叔封が封ぜられたが、司馬貞索隠に「康、畿内の國名なり。宋忠曰く、康叔は康より衛に徙封せらる」とあり、康叔は康（現河南省禹州市）から衛へ移封されたことが知られる。西周金文では、「康侯」「康侯丰」の銘を持つものが十数例あり、これらはみな衛康叔と考えられており、(4) 康叔は当初「康」に「侯」として封ぜられたとがわかる。康国青銅器はこのほかに数点あり、「康公」（郜咎簋、集成四一九七西周後期）(5)、「康伯」（康伯簋、集成三七二〇、三七二一西周中期：康伯壺蓋、北窯西周墓地七〇一号墓出土)、「康季」(康季鼎、集成二二六一西周前期)の名が見え、このうち「康公」は冊命儀礼の右者を務めており、王の卿士である。[6]「康伯」「康季」の銘を持つものは、いずれも作器したことを記したのみで不詳。後述する通り、伯・季の称謂は康叔一族が族内で伯・季の支族に分かれていたことを示すものと考えられる。

(2) 三門峡市

三門峡虢国墓地(表1②)は、二〇〇一号墓・二〇〇九号墓被葬者である虢季・虢仲が、ともに虢国国君とされる。[7] 虢は、文献では西虢・東虢・北虢・南虢・小虢などと称されるが、蔡運章・任偉氏によれば、当該墓地の虢は厲王・宣王期に玁狁の侵攻を避けるためにこの地に東遷した西虢(故地は現在の宝鶏市陳倉区東)である。[8] その出自は、『左伝』僖公五年に「虢仲・虢叔、王季の穆なり」とあり、孔穎達疏に引く賈逵の言に「虢叔は西虢に封ぜらる」とあり、姫姓である。伝世器を含めた虢国青銅器で国君に関わる生称には「虢伯」「虢仲」「虢叔」「虢季」「城虢仲」「鄭虢仲」「虢宮父」「虢碩父」等が見える。[9] 松井嘉徳氏によれば、これら称謂中の「伯」「仲」「叔」「季」は単なる兄弟間の長幼の序を示すものではなく、氏族内部の分族を表現する氏族制的秩序を示す語で、さらに「城虢仲」「鄭虢仲」の「城」「鄭」は地名で、両地に分散居住した虢氏の「地域化」された分族である。[10] 従って、虢氏一族は、族内部において伯・仲・叔・季、さらに城・鄭地に「地域化」された諸支族に分かれていたと解される。「虢宮父」「虢碩父」は個人名で、このうち「虢碩父」は、文献にみえる虢石父(甫)・虢公鼓(石父は字、鼓は名)のこととされ、[11]『国語』鄭語「夫れ虢石父、讒諂巧従の人なり、立てて以て卿士と為す」の韋昭注に「石父、虢君の名」、『呂氏春秋』仲春紀当染「幽王、虢公鼓・祭公敦に染まる」の高誘注に「虢・榮、二卿士なり」とあり、虢碩父は王の卿士として「公」を称した。また『呂氏春秋』仲春紀当染に「周厲王、虢公長父・榮夷終に染まる」、『左伝』昭公二六年孔穎達疏引『古本竹書紀年』に「幽王既に死し、而して虢公翰又た王子余臣を攜に立つ」とあり、西周後期~春秋前期の虢君は「公」を称し、王の卿士であったことが知られる。

（3）周口市鹿邑太清宮長子口墓

鹿邑太清宮長子口墓（表1③）は、報告によれば、西周前期の中字形大墓で、亜字形槨室、腰坑内の殉人・殉犬、及び出土青銅礼楽器の半数以上を酒器が占めるなどの特徴は、殷代後期の大型墓と極似しているという。また、青銅器銘には「父辛」「文母乙」の干名や「戈」「□」の族徽などが見られ、貝塚茂樹・白川静氏によれば、族徽「□」は、殷の王族と深い関わりをもつという。[12] 被葬者「長子口」の出自・身分については、三監の乱の後に宋に封ぜられた微子啓[13]、武王克殷後に周に帰順した殷代以来の長国長族の首領[14]などとする説があるが、「長子口」が殷の王族と関わりがあるとする点は共通している。

（4）平頂山応国墓地

平頂山応国墓地（表1④）は、これまでに古墓葬五〇〇基余りが発掘されているが、資料が公表されている墓葬は二五基である。『左伝』僖公二四年に「邘晉應韓、武の穆なり」とあり、応国の出自は武王の子孫である。応国に関する文献史料は少なく、西周時代の動静は不明であるが、応国青銅器は比較的多く残されており、伝世器を含めた西周～春秋前期の応国銅器で国君に関わる称謂には、「応公」「応監」「応侯」「応侯爯」「応侯見工」「応伯」「応叔」等が見られる。[15] このうち「公」「侯」については、応国国君が王の卿士たる「公」であった時期と「侯」であった時期のあったことを示すものと解される。また「応監」は、応国国君が西周前期に殷遺民を監督する任務にあったさいの称謂で、「監」は必要に応じて設けられた臨時の官とされる。[16]「応伯」について、報告者はまだ侯位についていない応侯の嫡長子とするが、[17] 金文にみえる応国国君の大半が「公」ないしは「侯」を称していること、また「応叔」との対応をふまえれば、前述の虢氏一族と同様、応氏一族は族内で「伯」「叔」の支族に分かれていたと理解される。応国銅器で特に注目されるのは、応侯見工鼎[18]・応侯見工簋[19]である。両銘には、応侯見工が王命を奉じて周王朝の「南国」に侵犯した南夷（淮南夷）を征伐して戦果を挙げたことが記されており、これは応侯見工が周王朝の蕃屏として「侯」の役割を果たした具体例として理解される。

また、一〇五号墓から出土した鄧公簋四点の銘文には「鄧公、應嫚毗の賸簋を作る」とあり、これら鄧公簋は、鄧公が応国に嫁いだ「應嫚毗」のために作器した媵器で、鄧は嫚（曼）姓、応国と通婚関係にあったことが知られる。鄧国青銅器には、「鄧公」「鄧伯」「鄧仲」「鄧孟」[20]「鄧小仲」[21]「鄭鄧伯」「鄭鄧叔」等の称謂が見られ、鄧氏一族は伯・仲・孟の支族に分かれ、さらに「鄭」地に分散居住した伯・叔の支族がいたと理解される。[22]さらに、「鄧公」の称謂から、鄧国は「公」として周王朝に服属した時期のあったことが知られる。鄧国の所在地は南陽盆地南部から湖北省襄樊市一帯とされる。[23]

このほか、二四二号墓からは柞（胙）伯簋が出土した。銘末に「柞（胙）伯、用て周公の寶尊彝を作る」とあり、また『左伝』僖公二四年に「凡蔣邢茅胙祭、周公の胤なり」とあるのによれば、「柞（胙）伯」は周公の後裔である。王龍正氏らは、柞の所在地が現在の河南省新郷市延津県であることから、柞伯簋を二四二号墓被葬者への賵贈品とする。[24]さらに、西周後期の柞伯鼎（中国国家博物館二〇〇五年収集品）には、「隹れ四月既死覇、虢仲、柞（胙）伯に令して曰く、……女に令して其れ蔡侯を率いて昏邑に左至せしめん、と。……柞伯、執訊二夫、馘を獲ること十人」とあり、虢仲の命を受けた柞伯が蔡侯を率いて戎を伐ち、戦果を挙げたことが記されている。[25]蔡侯が王の卿士たる虢仲の命を受けた柞伯に従って討伐に従事したことは、周王朝の蕃屏として「侯」の役割を果たした具体例として理解される。西周時代の蔡国青銅器には、他に蔡侯鼎（集成二四四一西周後期）があるが、作器したことを記したのみで不詳。蔡国の所在地は河南省駐馬店市上蔡県一帯とされる。[26]

（5）南陽市

南陽市近郊の磚瓦廠で発見された墓葬一基（表1⑤）からは、有銘青銅器三点が出土した。作器者はいずれも「仲爯父」で、簋銘に「南𤕌（申）伯大宰中爯父厥辭、其の皇祖考徲（夷）王・監伯の尊簋を作る」とある。仲爯父は夷王を祖と称しており、王族の出自である。李学勤氏によれば、冒頭の十字は「南申伯の太宰の仲爯父厥辞」の意で、爯父は字、厥辞は名、南申伯は申国のことで、「南」を冠するのは、西戎一支の申戎などの「西申」と区別するためである。氏の考証によれば、申国は周初に封ぜられ、後に断絶したが、宣王の時に改封された[27]。申国の出自・所在については、『史記』楚世家の張守節正義引『括地志』に「故申城、鄧州南陽縣の北三十里に在り。『晉太康地志』に云う、周宣王の舅の封ずる所なり」、『国語』鄭語の韋昭注に「申、姜姓なり」とある。また、『史記』秦本紀に「申侯乃ち孝王に言いて曰く……」、同周本紀に「三年、幽王、褒姒を嬖愛す。……太子の母は申侯の女にして后たり」とあり、申国が孝王・幽王の時代に「侯」を称していることからすれば、「南𤕌（申）伯」や『詩』大雅崧高に「王、申伯に命じて、是の南邦に式たらしむ」とある「申伯」の「伯」は、申国国君一族内における支族の区別を示すものとして理解される。

南陽市城区万家園二〇二号墓（表1⑥）からは、輔伯戈一点が出土した。報告者は「輔」「甫」、「甫」「呂」がそれぞれ通仮することから、「輔伯」を「呂伯」、呂国国君とし、輔伯戈を被葬者への賵贈品とする。呂国の所在について、『史記』斉太公世家の裴駰集解引徐広の言に「呂は南陽宛縣の西に在り」とある。

南陽新野県古墓葬（表1⑦）、夏響鋪鄂国貴族墓地（表1⑧）については次節で取り上げる。

第二節　湖北地区

（1）武漢黄陂魯台山西周墓

魯台山西周墓（表2①）では、三〇号墓出土の有銘器四点に「公大史、姫⿱龹土の寶尊彝を作る」とあり、公大史が姫⿱龹土のために作器したことが記されている。張亜初・劉雨氏によれば、公大史は王官、史官の長で、西周金文では諸侯の下に設けられた大史は見られない。[28] 従って、公大史が作器した四点は媵器で、公大史は非姫姓と考えられる。また三〇号墓出土の長子狗鼎には「長子狗、文父乙の尊彝を作る」とあり、長子狗は前述した鹿邑太清宮長子口墓の長子口と同様、「長子某」をその名号とし、かつ先考を「文父乙」と干名を用いて称しており、殷系氏族と考えられる。

（2）随州市・棗陽市・荊門市

随州市随県安居鎮羊子山墓群（表2②）では、出土した青銅器の中に「噩（鄂）侯」「噩仲」「噩侯弟曆季」（「曆季」は私名）を作器者とするものが見られる。また、南陽市の夏響鋪鄂国貴族墓地（表1⑧）からは、「噩侯」「噩侯夫人」などの銘を持つ青銅器が多数出土している。このほか西周金文では、鄂国の国君に関わる称謂に「噩叔」「噩叔朮」「噩季奞父」「噩侯馭方」等が見られ、[29] 鄂国が「侯」として周王朝に服属していたこと、族内部において仲・叔・季などの支族に分かれていたことが知られる。徐中舒氏の考証によれば、噩の所在地は河南南陽市の南。[30] また、噩侯簋（集成三九二八～三九三〇西周後期）に「噩侯、王姞の媵簋を作る」とあるのによれば、噩は姞姓、周王室と通婚関係にあった。

随州市浙河鎮の葉家山西周墓地（表2③）は曽侯家族の墓地で、報告によれば、少なくとも三組の曽侯夫婦併穴合葬墓が確認されており、出土青銅器の中には、「曽侯諫」（二五点）、「曽侯坑」（二点）、「曽侯」（一一点）を作器者とするものが見られる。また、棗陽郭家廟墓地（表2⑧）から出土した有銘器には「曽侯絆伯」「曽伯陭」などの称謂が見られる。このほか、随州市・棗陽市・河南省南陽市一帯からも西周後期～春秋前期の曽国墓葬が発見されており、多くの青銅礼器が出土した（表1⑦・表2④～⑩）。これら青銅器と採集品・伝世品を含めた西周～春秋前期の曽国青銅器で曽国国君に関わる称謂には、「曽侯」（集成四五九八西周後期）、「曽伯」（表2⑥）、「曽伯宮父」（集成六九九西周後期）、「曽伯文」（表2④）、「曽伯従寵」（集成二五五〇春秋前期）、「曽仲」（集成一〇〇九七西周後期）、「曽侯仲子斿父」「曽仲斿父」（表2⑨）、「曽仲大父𧊒」（表2④）、「曽仲子敔」（集成二五六四春秋前期）、「曽子仲謱」（表1⑦）、「曽子伯𦣞」（集成一〇一五六・一〇二〇七春秋前期）、「曽子伯誩」（集成二四五〇春秋前期）、「曽子軓」（集成二五二七春秋前期）、「曽子単」（表2⑩）などが見える（表4の曽国の項も参照されたい）。これら称謂のうち、「曽侯」「曽侯某」を曽国国君とすることに問題はない。伯・仲・子を含む称謂については、「曽伯」「曽仲」とあるもの、「曽伯某」「曽仲某」とあるもの、「曽子伯某」「曽子仲某」「曽子某」とあるものとの三つに大別される。張昌平氏は、「曽伯某」「曽仲某」を作器者とする人物の青銅器の組合せが「曽子伯某」「曽子仲某」「曽子某」のそれよりも規格が高いこと、さらに「曽仲斿父」は「曽侯仲子斿父（曽侯の仲子の斿父）」とも称し（表2⑨）、曽侯の仲子（次子）であることから、「曽伯某」「曽仲某」は曽侯直系の大宗、「曽子伯某」「曽子仲某」「曽子某」は傍系の小宗で、その身分は非嫡出の曽侯の子、曽侯の後裔で、これら称謂は曽侯家族内部の異なる組織構造を示していると指摘する。[31]これに従えば、曽国は「侯」を称するとともに、族内部では直系が伯・仲の支族に分かれ、さらに傍系（「曽子」）も伯・仲の支族に分かれていたと理解される。曽国の族姓については、春秋後期の曽子原彝簠（集成四五七三）[32]に「曾子原彝、孟姫𨛜の爲に媵簠を鑄る」とあり、姫姓である。この姫姓曽国については、二〇〇九年に随州市の文峰塔墓地一号春秋後期墓から出土した曽侯与鐘の検討により、『左伝』などにみえる随国のこととする見解が極めて有力になった。[33]

（3）荊州市

江陵万城西周墓（表2⑪）から出土した有銘器七点は、「北子」の銘を持つもの（四点）と小臣が作器したもの（三点）とに分けられる。北子諸器三点のうち二点に「」の族徽が見られ、これは北子卣蓋（集成五一六五殷代）にも見える。白川静・馬承源氏は「北子」の「北」を文献に見える紂王の子・武庚禄父が封ぜられた「邶」とし、江陵出土の北子諸器は、武庚が滅ぼされた後、この地に遷された殷の旧貴族後裔が残したものとする。[34] また、白川氏は、小臣を殷の王族出自を示す身分称号とする。[35]

第三節　山西地区

（1）天馬―曲村遺跡

天馬―曲村遺跡には、遺跡西部偏北（曲村北）の中小型墓葬が密集する邦墓区（表3①）と遺跡中心部偏北（北趙村南）の大型墓葬が集中する公墓区（北趙晋侯墓地、表3②）とがある。邦墓区から出土した有銘器には「父丁」「父乙」などの干名や族徽を持つもののほか、六三八四号墓からは被葬者への賵贈品とみられる晋仲韋父盉と家父盤が出土しており、[36] この墓地を残した集団には晋侯一族と親しい関係にあった者や殷系氏族が含まれていたことが知られる。

北趙晋侯墓地（表3②）は、墓葬の規模と分布状況、および副葬された有銘器の多くに「晋侯」「晋侯某」とあることなどから、この墓地の被葬者は晋侯とその夫人、および晋侯の親族とされ、年代は西周前中期の際（穆王期）～春秋初年とされる。[37] 有銘器には「晋侯」に関わる称謂として「晋侯僰馬」「晋侯喜父」「晋侯䊵」「晋侯穌」「晋侯昕」「晋侯邦父」「晋叔家父」が確認され、そのうち、八号墓出土の晋侯穌編鐘には、王の夙夷討伐に従った晋侯穌が、夙夷の追撃を命ぜられ、戦果を挙げたことが記されており、[38]晋侯穌が周王朝の蕃屏として「侯」の役割を果たした具体的事例と理解される。なお、近年発表された覭（音は尭）公簋に「覭公、妻姚の簋を作る。王の唐伯に令して晉に侯たらしむるに遘う。唯れ王の廿又八祀。⋈」とあり、「唐伯」が王命により晋に侯として封ぜられたことが記されている。朱鳳瀚氏は、『史記』晋世家「唐叔の子燮、是を晉侯と爲す」の張守節正義引『括地志』に「……徐才宗『國都城記』に云う、唐叔虞の子燮父、居を晉水の傍に徙す」とあることから、簋銘の「唐伯」は唐叔虞の子の燮父で、「王の唐伯に令して晉に侯たらしむるに遘う」とは、燮父が「唐」から「晋」へ「侯」として移封されたことを述べたもので、銘末の「王廿又八祀」を成王二八年とする。[39]

また、北趙晋侯墓地からは楚国青銅器が出土している。六四号墓出土の楚公逆編鐘六点の銘には、楚公逆が祭祀に用いる人牲を獲得するために出征したことが記されており、「楚公逆」は宣王後半期に楚君であった熊咢（鄂）とされる。[40]このほか、西周時期の楚国銅器で国君に関わる称謂には、「楚伯」（令簋、集成四三〇〇・四三〇一西周前期：生史簋、集成四一〇〇・四一〇一西周中期）、「楚公㒸」（楚公㒸鐘、集成四二〜四五、及び扶風召陳村五号窖蔵出土一点：[41]楚公㒸戈、集成一一〇六四西周後期）などが見える。令簋には「楚伯」が王の討伐を受けたこと、生史簋では召伯の命を受けた生史が「楚伯」の下に派遣されたことが記されている。「楚公㒸」については、これを熊渠・[42]熊摯・[43]熊儀（若敖）[44]などとする見解があるものの、銘文はいずれも作器したことを記したのみで、不詳。以上から、西周期の楚は、前中期に「伯」、後期に「公」を称したことが知られる。しかし、前述の令簋で「楚伯」が王の討伐を受けているほか、㝬馭簋（集成三九七六西周中期）に「㝬馭、王の南征に従い、楚荊を伐ち、得たる有り」、『初学記』巻七地部下引『古本竹書紀年』に「昭王十六年、楚荊を伐つ」とあるように、楚は周王朝と敵対した時期があり、さらに『史記』楚世家に「周夷王の時に當り、王室微にして、諸侯或は朝せず、相伐つ。熊渠、甚だ江漢の間の民の和を得たり。……熊渠曰く、我は蠻夷なり。中國の號謚に與らず、と。

乃ち其の長子康を立てて句亶王を爲し、中子紅を鄂王と爲し、少子執疵を越章王と爲す。……周厲王の時に及び、暴虐なり。熊渠、其の楚を伐たんことを畏れ、亦た其の王を去る」とあり、夷王期に王号を使用したが、後に厲王の討伐を恐れて王号を廃している。楊寛氏によれば、「楚公冢」「楚公逆」が「公」を称したのは、楚が厲王期に「王」号を廃して以後のことである。[45] 従って、楚国が「公」を称したのは、周王朝の他の諸侯（有力氏族）のそれとは異なる特殊な事例と解されよう。

天馬―曲村遺跡の東南四・五㎞にある羊舌墓地（表3③）からは、これまでに中字形大墓二基と陪葬墓一五基が整理されており、一号中字形大墓の被葬者は平王の東遷を補佐した晋文侯と推測されている。

（2）臨汾市・運城市

絳県横水西周墓地（表3⑤）は、報告によれば、文献には見られない倗国の墓地で、一号・二号大墓の被葬者はそれぞれ国君倗伯（二号墓）とその夫人（一号墓）である。一号墓出土の倗伯鼎に「倗白、畢姫の寶旅鼎を作る」とあり、倗伯が畢姫のために作器したことが記されており、倗国は姫姓と通婚関係にあった。また一号墓出土の倗伯爯簋には倗伯爯が王の卿士である益公から[46]蔑暦（政治上の功績に対する激励・表彰[47]）されたことが記されており、倗伯が周王朝に服属していたことが知られる。倗国の族姓については、倗仲鼎（集成二四六二西周中期）に「倗仲、畢媿の賸鼎を作る」とあり、倗仲が畢国へ嫁いだ女の畢媿のために作器していることから、[48] 媿姓である。このほか倗国青銅器には、倗伯甗簋（集成三八四七西周後期）・倗季鳥尊（保利芸術博物館二〇〇四年購入品、殷末周初）などがあり、作器者名から倗族が伯・仲・季の支族に分かれていたことが知られる。

大河口西周墓地（表3④）について、報告者は大型墓から出土した有銘器の多くに「覇伯」の称謂が見えることから、「覇」を同墓地の国族名、「覇伯」をその国君とする。一〇一七号墓から出土した盉の銘文には、覇伯が王臣の井叔から蔑暦されたことが記されており、周王朝に服属していたことが知られる。また、一号墓出土の簋銘には「覇仲」の名が見え、覇族は伯・仲の支族に分かれていたことが知られる。覇族の出自について、報告者は同墓地に見られる腰坑・殉犬や被葬者の葬式などの埋葬習俗が横水西周墓地と似ていること、副葬された土器の組合せや青銅器の作風が明らかに周文化の特徴を備えていることなどから、中原商周文化に同化した狄人と推定する。

洪洞永凝堡遺跡（表3⑥）で発掘された西周墓には、腰坑墓が一〇基あり、出土有銘器には「父丁」の干名や族徽「戉箙」等が確認されており、被葬者には殷系氏族が含まれていたとみられる。李伯謙氏は、洪洞県が漢代の楊県であること、『漢書』地理志上・河東郡楊県条の師古注に引く応劭の言に「楊侯國」とあることなどから、永凝堡・坊堆村一帯の遺跡を楊国のものと推測する。[49] 楊国は『新唐書』世系表一下に「楊氏、姫姓より出づ。周宣王の子尚父、封ぜられ楊侯と爲る」とあり、周宣王の子の尚父が「侯」として封ぜられている。また、陝西眉県楊家村出土の宣王期とされる四二年逨鼎に「王若く曰く、……余肇めて長父を建てて楊に侯たらしむ[50]」とあり、孫亜冰氏は長・尚が通仮することから、逨鼎銘の「長父」を『新唐書』の「尚父」とする。[51]

聞喜県桐城鎮上郭村古墓群（表3⑦）からは、有銘器二点が出土しており、作器者は「筍侯稽」「貯子己父」で、銘文はいずれも作器のことを記したのみであるが、「筍侯」は、張家坡銅器窖蔵出土の筍侯盤に「筍侯、叔姫の賸盤を作る」とあり、[52] 姫姓である。この「筍」は文献の郇（荀）と解され、[53]『左伝』僖公二四年に「文の昭なり」とある。筍国の所在については、運城市新絳県と同市臨猗県臨晋鎮とする説があるが、[54] いずれも山西省西南部である。

（4）長治市

黎城県黎国墓地（表3⑧）は、これまでに墓道を持つ大墓二基が発見されており、八号墓から「⿱虍林（楷）侯宰[illegible]」の銘を持つ銅觚二点、「⿱虍林（楷）宰中考父」の銘を持つ鼎一点が出土した。報告者は、「⿱虍林（楷）」「黎」両字がともに古音で同一韻部に属し、同音と解しうること、及び当地が『尚書』西伯勘黎に見える黎国の所在地と符合することから、当該墓地を黎国の墓地とする。(55) しかし、楷の上古復元音は ked（平声）・k'ed（上声）、黎は lied（平声）で、理論上は通仮しない。(56) 𪊨（楷）国銅器は伝世器にも見え、「𪊨侯」（楷侯簋蓋、集成四一三九西周前期・楷侯壺、集成九五三三西周中期）、「𪊨伯」（献簋、集成四二〇五西周前期）、「𪊨仲」（楷仲鼎、集成二四〇五西周前期・楷仲簋、集成三三六三西周中期・[illegible]敳鼎、集成二七二九西周前期）、「楷叔夋父」（楷叔夋父鬲、集成五四二西周前期）等の称謂が確認され、𪊨（楷）一族は「侯」を称し、伯・仲・叔の支族に分かれていたことが知られる。また、陳夢家・郭沫若氏は「𪊨伯」を畢公の子、白川静氏は畢公の族としており、(57) これに従えば、𪊨（楷）族は姫姓となるが、師趛盨には「隹れ王の正月既望、師趛、𪊨姫の旅盨を作る」（集成四四二九西周中期）とあり、「𪊨姫」については、「𪊨」に嫁いだ姫姓の女性、「𪊨」国出身の姫姓の女性との双方の解釈が可能で、𪊨一族が非姫姓である可能性もある。

第四節　周王と服属氏族の関係

本章では、これまで検討してきた内容を周王朝と諸侯（有力氏族）の関係のあり方という点から、総合的に考察したい。そこで注目されるのは、諸侯（有力氏族）の称謂に用いられた「公」「侯」「伯」「子」等の称号である。表4はこれらを整理したものである。

「公」を称した氏族は、康・応・鄧・虢・覞・楚で、前述したように、「楚公」が「公」を称したのは特殊な事例であるので、ここでは例外とする。それ以外の五氏族の出自について、姫姓は康・応・虢の三氏族、非姫姓は殷系氏族の覞と曼姓の鄧で、覞の詳細は不明であるが、鄧国は姫姓の応国と通婚関係にある。西周時期の「公」について、王世民氏は王の卿士、平勢隆郎氏は周王朝の政治機構において特別の地位を得た諸侯の称謂とする。(58) 本稿で検討した「康公」「応公」「鄧公」

「虢公」に関する青銅器銘では、「康公」が冊命儀礼の右者として見える以外は、みな作器のことを記しただけでその詳細を知り得ない。しかし「虢公」については、前述したように、文献に「虢公」（『後漢書』西羌伝）、「虢公長父」「虢公鼓」（『呂氏春秋』仲春紀当染）、「虢公翰」（『左伝』昭公二六年孔穎達疏引『古本竹書紀年』）、「虢文公」（『史記』周本紀・『国語』周語上）、「虢仲」「虢叔」（『左伝』僖公五年・『後漢書』東夷伝）などが見え、これらはみな王の卿士と解された。また、『史記』周本紀には「幽王、虢石父を以て卿と爲し、事を用いしむ」とあり、卿士となった虢石父が国政を掌握したこと、『後漢書』西羌伝には「夷王衰弱し、荒服朝せず。乃ち虢公に命じて六師を率いて太原之戎を伐たしむ」とあり、虢公が周王朝直属軍である六師の総師として太原之戎の征伐にあたったこと、また、西周金文で虢仲が王の南征に従って南淮夷を征伐したことや（虢仲盨蓋、集成四四三五西周中期）、賞賜儀礼において右者を務めたこと（何簋、集成四二〇二西周後期）、虢季子白が玁狁征伐で戦果を挙げ、王から賜与をうけたことを記念して、長さ一三七・二cm、幅八六・五cm、重さ二一五・三kgにも及ぶ巨大な青銅盤（虢季子白盤、集成一〇一七三西周後期）を作り得たことなどは、王の卿士として「公」を称した虢氏一族が、周王朝の政治機構において特別な地位にあったことを如実に物語るものであろう。従って、王世民・平勢隆郎氏が指摘するように、「公」とは基本的に王の卿士として周王朝の政治機構において特別な地位にあった氏族が用いた称号と理解される。

「侯」を称した氏族は、康・応・蔡・申・曽・噩（鄂）・晋・筍・𤞷である。また、四二年逑鼎には「長父を建てて楊に侯たらしむ」とあり、「楊侯」という称謂は見られないが、楊国についても「侯」を称した氏族と考えられる。その出自については、𤞷が確言できないものの、それ以外の九氏族のうち、姫姓は康・応・蔡・曽・晋・筍（郇）楊の七氏族、非姫姓は申・噩（鄂）の二氏族で、申は姜姓で宣王の舅、噩（鄂）は姞姓、周の王族と通婚関係にあった。従って、「侯」を称した氏族は、姫姓が多いこと、非姫姓でも王の近親関係にあるという特徴が指摘される。これら諸「侯」のうち、「康侯」については、沬司土疑簋（集成四〇五九西周前期）に「王、商邑を束伐す。令を康侯に征だして衞に啚つくらしむ」とあり、王の商邑征伐に際して、康侯が衛地に兵站基地を作ることを命ぜられたことが記されている。また、「蔡侯」が王の卿士であった虢仲の命を受けた柞（胙）伯に従って戎の討伐を行ったこと、晋侯穌が王に従って夙夷討伐を行ったこと、応侯見工が王命を奉じて南夷（淮南夷）の征伐を行ったことなどは、みな周王朝の蕃屛として「侯」の役割を果たした具体的な事例として理解される。さらに四二年逨鼎には「余（＝宣王）肇めて長父を建て楊に侯たらしむ。余、女（＝逨）に令して長父を奠め、休せしむ。女克く厥の𠂤を奠め、女隹れ克く乃の先祖考に刑り、玁狁を闢きて出て井阿に曆巖に捷つ。女丕いに戎を〓す。女、長父を〓して以て戎を追博し、乃ち即きて弓谷に宕伐す。女、執訊獲馘あり、器・車馬を俘る。女、戎工に敏にして、朕が親令に逆かず」とあり、宣王が長父を楊に封建した際に、逨がこれを補佐して軍隊（𠂤）を整え、玁狁を征伐して戦果を挙げたことが記されている。孫亜冰氏が指摘するように、宣王が長父を楊に封建した目的は、玁狁の侵攻を防ぐため(59)、即ち蕃屛とすることであったと考えられる。また、西周金文における「侯」の特色として、四二年逨鼎に「余肇めて長父を建て楊に侯たらしむ」、覗公簋に「王、唐伯に令して晋に侯たらしむ」とあるように、「侯于某（某に侯たらしむ）」という形で王から某地に「侯」となることを命ぜられるということが指摘される(60)。これに対して、「公」「伯」「子」については、西周金文で「公于某」「伯于某」「子于某」という形で、公・伯・子になることを命ぜられる例は見られない。このことは、「侯」が「公」「伯」「子」とは異なる、周王朝の蕃屛という特殊な役割を担った存在であったことを如実に示すものであろう。したがって、「侯」とは旧殷勢力や戎・夷などの異民族による周王朝への侵攻・叛乱を防ぐために、王命によって蕃屛として特定の地に配置されたものであり、そのような特殊な役割を担った氏族が用いた称号と考えられる。

「伯」を称した氏族は、康・虢・応・柞（胙）・鄧・楚・申・輔・曽・唐・倗・霸・〓（楷）である。その出自について、〓は確言できないが、それ以外の十二氏族のうち、姫姓は康・虢・応・柞（胙）・曽・唐の六氏族、非姫姓は鄧（曼姓）・申（姜姓）・楚（羋姓）・倗（媿姓）の四氏族で、また「輔伯」については、「輔」を「呂」と解せるならば姜姓で、「霸伯」もその出自は狄人とされる。従って、「伯」を称した氏族の出自は、姫姓・非姫姓がほぼ半ばするといえよう。また、「伯」を称した氏族は、その多くが「伯」以外に「仲」「叔」「季」等をもって称しているという特徴がある。即ち、「康伯」には「康季」、「応伯」には「応叔」、「鄧伯」には「鄧孟」「鄧仲」「鄧小仲」、「鄭鄧伯」には「鄭鄧叔」、「曽伯」には「曽仲」、「𧆞伯」には「𧆞仲」「𧆞叔」、「虢伯」には「虢仲」（及び「城虢仲」「鄭虢仲」）「虢叔」「虢季」、「倗伯」には「倗仲」「倗季」などがある。また、晋に「侯」として封ぜられた「唐伯」は「唐叔」の後であり、他に「晋叔家父」・「晋仲韋父」の名がみえ、噩に「噩伯」は見られないが、「噩叔」「噩季」の名が見える。この伯・仲・叔・季は、松井嘉徳氏が指摘するように、単なる兄弟間の排行ではなく、氏族内部の分族を表現する氏族制的秩序を示す語と考えられる。[61]「伯」は、『説文』人部に「伯、長なり」とあり、段注に「載芟《さん》の傳に云う、伯、長子なり。伯兮の傳に云う、伯、州伯なり。一義の引伸なり。凡そ長たる者は皆な伯と曰う」とある。これをふまえれば、本稿で検討した「伯」は、氏族の長たる族長が用いた称謂で、氏族内における直系・傍系などの支族を区別するために、「伯」に対して「仲」「叔」「季」が用いられたと考えられる。従って、「伯」は本来は周王朝に服属した諸氏族の族長が族長たることを示すために用いた称号で、そのような諸「伯」の中で、周王朝の政治機構において特殊な役割を担ったり、特別な地位にあった氏族が、「伯」とは別に「公」「侯」といった称号を用いたと考えられる。これに対して、「公」や「侯」にならなかった氏族は、周王朝の政治機構においては、「公」や「侯」の属下にあって、軍事組織や行政組織などの運営に従事していたと考えられる。

「子」を称した氏族は「長子口」「長子狗」「北子」「曽子」で、前三者はみな殷系氏族であり、「長子口」は殷の王族と深い関わりを持つ氏族、「長子狗」も「長子口」との関係から、殷の王族との関わりを持つものと推測され、さらに北子諸器は紂王の子・武庚禄父が封ぜられた邶との関わりが指摘されており、いずれも単なる殷系氏族ではなく、殷の王族との関わりが指摘される氏族である。また、「曽子」は非嫡出の曽侯の子、曽侯の傍系子孫たちが称した名号で、国君一族の支族である。この四例だけをもって西周時代に「子」を称した氏族を総括することはできないが、少なくともこれら四例の「子」は、殷の王族内や諸侯国君一族内における傍系に用いられた名号である可能性が指摘される。

むすび

本稿では、河南省・湖北省・山西省一帯における西周墓とそこから出土した青銅器銘を検討し、これら諸氏族が西周王朝の政治機構にどのように関わっていたのかを諸氏族の称謂に用いられた「公」「侯」「伯」「子」等の称号に着目して検討した。その結果、「公」「侯」といった称号は、服属氏族の周王朝に対する関わり方を示す称号、「伯」は「仲」「叔」「季」とともに氏族内部の族区分を示す称号と理解され、「子」は用例が少なく今回の検討からは確言はできなかったが、殷の王族や諸侯国君一族内における傍系に用いられた名号である可能性が指摘された。したがって、本稿で検討の対象となった諸氏族の中で、康国に「康公」「康侯」、応国に「応公」「応侯」の称謂が見られるのは、これら氏族の周王朝内で担った役割が時代によって変化した、あるいは氏族内部の支族レベルで担った役割が異なっていたためであると理解される。また、「公」「侯」を称した氏族の称謂に「伯」や「仲」「叔」「季」の称謂が見られるのは、その族が周王朝において担った役割をもって称したか、族内部の区別をもって称したかの違いに起因するものと考えられる。

本稿で検討した問題は、西周王朝の支配が及んだ全域を対象として総合的に考察されるべきものであるが、それは今後の課題としたい。

注

（1）ここでいう殷系氏族とは、殷滅亡後の殷人（殷遺民）、および長期にわたって殷文化の影響を強く受けた人々を指す。

（2）拙稿「関中地区における西周王朝の服属氏族について」（工藤元男・李成市編『東アジア古代出土文字資料の研究』アジ

ア研究機構叢書人文学篇第一巻、雄山閣、二〇〇九年）：拙稿「洛陽地区における西周時代の服属氏族について」（『史滴』第三一号、二〇〇九年）。

（3）西周期の王畿の範囲については、朱鳳瀚『商周家族形態研究（増訂本）』（天津古籍出版社、二〇〇四年）二八六頁の注（1）を参照。

（4）呉鎮烽『金文人名彙編（修訂本）』（中華書局、二〇〇六年）二九二頁。

（5）以下、本稿で金文を引用する際には、必要に応じて中国社会科学院考古研究所編『殷周金文集成』（全一八冊、中華書局、一九八四～一九九四年）の番号と年代を表記してある。

（6）呉鎮烽『金文人名彙編（修訂本）』二九二頁。

（7）侯俊傑・王建明「三門峡虢国墓地二〇〇九号墓獲重大考古成果」（『光明日報』一九九九年一一月二日）。

（8）蔡運章「虢国的分封与五个虢国的歴史糾葛」（『中原文物』一九九六年第二期）、任偉『西周封国考疑』（社会科学文献出版社、二〇〇四年）二二五～二五六頁。

（9）呉鎮烽『金文人名彙編（修訂本）』二三二、三七七～三七九、三八六頁。

（10）松井嘉徳『周代国制の研究』（汲古書院、二〇〇二年）二〇八～二五一頁。

（11）梁寧森「从青銅銘文看虢国貴族姓氏名字結構」（『中原文物』二〇〇七年第四期）、楊海青・常軍「虢石父銅鬲与銅匜銘文及相関問題」（『中国歴史文物』二〇〇八年第二期）。

（12）貝塚茂樹「殷代金文に見えた図象文字[illegible]に就て」（『貝塚茂樹著作集』第二巻、中央公論社、一九七七年）、白川静「殷の基礎社会」（『甲骨文と殷史』白川静著作集第四巻、平凡社、二〇〇〇年）。

（13）王恩田「鹿邑太清宮西周大墓与微子封宋」（『中原文物』二〇〇二年第四期）、同「鹿邑微子墓補証―兼釈相侯与子口尋（腯）」（『中原文物』二〇〇六年第六期）、松丸道雄「河南鹿邑県長子口墓をめぐる諸問題」（『中国考古学』第四号、二〇〇四年）。

（14）楊肇清「長国考」（『中原文物』二〇〇二年第四期）、林歓「試論太清宮長子口墓与商周〝長族〟」（『華夏考古』二〇〇三年第二期）、楊升南「商代的長族―兼説鹿邑〝長子口〟大墓墓主」（『中原文物』二〇〇六年第五期）。

(15) 表1④に挙げた参考文献、及び呉鎮烽『金文人名彙編（修訂本）』四一二～四一三頁。
(16) 河南省文物考古研究所等『平頂山応国墓地Ⅰ』（大象出版社、二〇一二年）三三七～三四一頁。
(17) 河南省文物研究所・平頂山文物管理委員会「平頂山応国墓地九十五号墓的発掘」（『華夏考古』一九九二年第三期）。
(18) 李朝遠「応侯見工鼎」（『上海博物館集刊』第一〇期、二〇〇五年）。
(19) 首陽齋等編『首陽吉金—胡盈瑩、范季融藏中国古代青銅器』（上海古籍出版社、二〇〇八年）一一二～一一四頁。
(20) 『白虎通』姓名に「嫡長稱伯、……庶長稱孟」とあるのによれば、「孟」は傍系支族の用いた称号と解されよう。
(21) 呉鎮烽氏は「鄧小仲」を「鄧国小宗」と解する（同『金文人名彙編（修訂本）』三八八頁）。
(22) 松井嘉徳『周代国制の研究』二三九～二四二頁。
(23) 周永珍「西周時期的応国、鄧国銅器及地理位置」（『考古』一九八二年第一期）。
(24) 王龍正・姜涛・袁俊傑「新発現的柞伯簋及其銘文考釈」（『文物』一九九八年第九期）。
(25) 朱鳳瀚「柞伯鼎与周公南征」（『文物』二〇〇六年第五期）。
(26) 陳槃『春秋大事表列国爵制及存滅表譔異（三訂本）』（中央研究院歴史語言研究所、一九八八年）四九～五一頁。
(27) 李学勤「論仲爯父簋与申国」（『中原文物』一九八四年第四期）。
(28) 張亜初・劉雨『西周金文官制研究』（中華書局、一九八六年五月）二六～二七頁。
(29) 呉鎮烽『金文人名彙編（修訂本）』三九四頁。
(30) 徐中舒「禹鼎的年代及其相関問題」（『考古学報』一九五九年第三期）。
(31) 張昌平「曽国〝子〟、〝伯〟、〝仲〟等称謂的性質」（『曽国青銅器研究』文物出版社、二〇〇九年）三五二～三五三頁。
(32) 湖北省文物考古研究所編『曽国青銅器』（文物出版社、二〇〇七年）三八二頁。
(33) 凡国棟「曽侯與編鐘銘文柬釈」（『江漢考古』二〇一四年第四期）、徐少華「論随州文峰塔一号墓的年代及其学術価値」（『江漢考古』二〇一四年第四期）、李学勤「曾国之謎」（『光明日報』一九七八年一〇月四日）、石泉「古代曽国—随国地望初探」（『武漢大学学報』（哲学社会科学版）一九七九年第一期）。

(34) 白川静『金文通釈』七（平凡社、二〇〇五年）二一〇～二一一頁、馬承源主編『商周青銅器銘文選』三（文物出版社、一九八八年）二五五～二五六頁。
(35) 白川静「小臣考」（『甲骨文と殷史』白川静著作集第四巻、平凡社、二〇〇〇年）。
(36) 周亞「晋韋父盤与盤盉組合的相関問題」（『文物』二〇〇四年第二期）。
(37) 李伯謙「晋侯墓地発掘与研究」・徐天進「晋侯墓地的発現及研究現状」（共に上海博物館編『晋侯墓地出土青銅器国際学術研討会論文集』〔上海書画出版社、二〇〇二年〕所収）、角道亮介「西周時代晋国墓地の研究―晋国青銅器を中心として―」（『中国考古学』第七号、二〇〇七年）等。
(38) 馬承源「晋侯㓝編鐘」（『上海博物館集刊』第七期、一九九六年）。
(39) 朱鳳瀚「覞公簋与唐伯侯于晋」（『考古』二〇〇七年第三期）。
(40) 李学勤「試論楚公逆編鐘」（『文物』一九九五年第二期）、黄錫全・干炳文「山西晋侯墓地所出楚公逆鐘銘文初釈」（『考古』一九九五年第二期）、唐珊「晋侯墓地出土楚公逆鐘銘文新探」（『中国歴史文物』二〇〇六年第六期）。
(41) 羅西章「陝西周原新出土的青銅器」（『考古』一九九九年第四期）。
(42) 張亜初「論楚公豪鐘和楚公逆鎛的年代」（『江漢考古』一九八四年第四期）、劉彬徽『楚系青銅器研究』（湖北教育出版社、一九九五年七月）二八五～二八九頁。
(43) 高至喜「晋侯墓出土楚公逆編鐘的幾個問題」（上海博物館編『晋侯墓地出土青銅器国際学術研討会論文集』上海書画出版社、二〇〇二年七月）。
(44) 郭沫若『両周金文辞大系図録考釈（二）』（郭沫若全集考古編第八巻、科学出版社、二〇〇二年）三五四頁。
(45) 楊寛『西周史』（上海人民出版社、二〇〇三年）六四一頁。
(46) 呉鎮烽『金文人名彙編（修訂本）』二七三頁。
(47) 王文耀『金文簡明詞典』（上海辞書出版社、一九九八年）四〇五頁。
(48) 呉鎮烽『金文人名彙編（修訂本）』四六二頁。

(49) 李伯謙「晋国始封地考略」(『中国文物報』一九九三年一二月一二日)。
(50) 陝西省考古研究所・宝鶏市考古工作隊・眉県文化館楊家村聯合考古隊「陝西眉県楊家村西周青銅器窖蔵発掘簡報」(『文物』二〇〇三年第六期)、同「陝西眉県楊家村西周青銅器窖蔵」(『考古与文物』二〇〇三年第三期)。
(51) 孫亞冰「眉県楊家村卌二、卌三年逨鼎考釈」(『中国史研究』二〇〇三年第四期)。
(52) 中国科学院考古研究所『長安張家坡西周銅器群』(考古学専刊乙種第一五号、文物出版社、一九六五年)。
(53) 郭沫若「長安県張家坡銅器群銘文彙釈」(『考古学報』一九六二年第一期)。
(54) 陳槃『春秋大事表列国爵制及存滅表譔異(三訂本)』六六五〜六六八頁。
(55)「山西黎城出土銘文:西周黎国地之謎被破解」(『山西日報』二〇〇七年三月二八日)、張崇宇「山西黎城黎国墓地」(国家文物局主編『二〇〇七中国重要考古発現』、文物出版社、二〇〇八年)。
(56) 董同龢『上古音韻表稿』(中央研究院歴史語言研究所、一九九七年)二二二・二二四頁。
(57) 陳夢家『西周銅器断代』上冊、五三〜五五頁、郭沫若『両周金文辞大系図録考釈(二)』一〇八〜一〇九頁、白川静『金文通釈』一[下]五〇九〜五一三、五一九〜五二八頁。
(58) 王世民「西周春秋金文中的諸侯爵称」(『歴史研究』一九八三年第二期)、平勢隆郎『左伝の史料批判的研究』(汲古書院、一九九八年)四四五頁。
(59) 孫亜冰「眉県楊家村卌二、卌三年逨鼎考釈」(『中国史研究』二〇〇三年第四期)。
(60)「侯于某」という形式は、麦尊(集成六〇一五西周前期)、伯晨鼎(集成二八一六西周中期)、宜侯夨簋(集成四三二〇西周前期)、克罍・克盉(中国社会科学院考古研究所・北京市文物研究所「北京琉璃河一一九三号大墓発掘簡報」『考古』一九九〇年第一期)などにもみえるほか、『詩』魯頌閟宮に「王曰、叔父、建爾元子、俾侯于魯、大啓爾宇、爲周室輔」とある。
(61) 松井嘉徳『周代国制の研究』二〇八〜二五一頁。

表1　河南地区主要西周墓

遺跡名	発掘年代	墓数	被葬者の出自・身分など	墓葬年代	青銅礼楽器・有銘器の出土	備考	出典
①辛村衛国墓地（鶴壁市淇浜区金山街道辛村，旧濬（浚）県辛村）	1932-33	65基	衛国貴族	西周中後期～東周初年	7基から16点:（鼎5, 甗2, 簋4, 尊1, 卣1, 爵1, 盉1, 方彝1）；有銘器6点	○有銘青銅器は他に戈2, 戟3, 甲泡1点、および採集品の鬲1点がある。 ○腰坑墓1基	*1
②三門峡虢国墓地（三門峡市上村嶺）	1956-57；1990-99	252基	虢国公墓地（国君，貴族，平民）	西周後期～春秋前期（下限前655年）	50基から439点：鼎111, 鬲52, 甗10, 簋69, 豆6, 盨6, 簠13, 鋪5, 罐6, 盆1, 壺26, 尊4, 方彝11, 盉15, 爵9, 觚1, 觶9, 盤35, 匜17, 編鐘8, 鐘10, 編鐘鈎8, 鉦2, 方壺蓋2, 残片3；有銘器66点	○有銘器はこのほかに接収品が6点ある。 ○腰坑墓8基	*2
③鹿邑太清宮長子口墓（周口市鹿邑県太清宮鎮）	1997-98	1基	長子口（殷遺民貴族）	西周初年（成王以前）	85点：鼎22, 鬲2, 甗2, 簋3, 觚8, 爵8, 角2, 斝3, 尊5, 觥3, 卣6, 壺2, 觶5, 罍2, 斗4, 盤1, 盉1, 編鐃6；有銘器54点	○腰坑墓	*3
④平頂山応国墓地（平頂山市新城区滍陽鎮北滍村）	1986-97；2002-07	25基	応国貴族（姫姓）	西周前期～春秋前期	17基から137点：鼎30, 簋29, 盂1, 鬲6, 盨4, 甗4, 壺7, 尊7, 卣3, 爵5, 觶6, 方彝3, 盤9, 盉6, 匜4, 匕4, 豆形器1, 残片3以上；有銘器49点	○他にM86出土の斧2点、及び採集品3点が有銘。	*4
⑤南陽市北郊磚瓦廠内墓葬	1981	1基	仲爯父？（姫姓）	西周後期～春秋前期	4点：鼎1, 簋2, 盤1；有銘器3点	○仲爯父鼎1, 仲爯父簋2	*5
⑥南陽市区万家園M202	2005	1基	呂国高級貴族	西周後期	なし	○ M202出土戈1点が有銘（輔伯戈）	*6
⑦南陽新野県古墓葬（南陽市新野県城関鎮小西関）	1971；1974	2基	曽国奴隷主貴族	西周末春秋初	2基から25点：鼎5, 簋4, 鬲4, 壺2, 甗2, 簠2, 盞2, 盤2l, 匜2、うち有銘器1点	○曽国青銅器 ○曽子仲謱甗1点	"7
⑧夏響鋪鄂国貴族墓地（南陽市宛城区新店郷夏響鋪村）	2012	20基	鄂国貴族	西周後期～春秋前期	6基から66点以上：鼎，簋，鬲，簠，尊，壺，方彝，觶，盉，盤，匜，鐘，鈴，三足器	○有銘器には「鄂侯」「鄂侯夫人」「鄂」「鄂姜」「養伯」など称謂が見られるという。	*8

【参考文献】

*1：郭宝鈞『濬県辛村』（科学出版社、1964年）

*2：中国科学院考古研究所『上村嶺虢国墓地』（科学出版社,1959年）；河南省文物考古研究所等『三門峡虢国墓』第1巻（文物出版社,1999年）；河南省文物考古研究所等「上村嶺虢国墓地M2006的清理」『文物』1995年第1期；河南省文物考古研究所等「三門峡虢国墓地M2010的清理」「三門峡虢国墓地M2013的発掘清理」『文物』2000年第12期；河南省文物考古研究所等「河南三門峡虢国墓地M2008発掘簡報」『文物』2009年第2期

*3：河南省文物考古研究所等編『鹿邑太清宮長子口墓』（中州古籍出版社,2000年）

*4：河南省文物考古研究所等『平頂山応国墓地I』（大象出版社、2012年）；平頂山市文管会「河南平頂山市発現西周銅簋」『考古』1981年第4期；張肇武「河南平頂山市又出土一件鄧公簋」『考古与文物』1983年第1期；張肇武「平頂山市出土周代青銅器」『考古』1985年第3期；河南省文物研究所等「平頂山応国墓地九十五号墓的発掘」『華夏考古』1992年第3期；河南省文物管理所等「平頂山市北滍村両周墓地一号簡報」『華夏考古』1988年第1期；河南省文物考古研究所等「河南平頂山応国墓地八号墓発掘簡報」『華夏考古』2007年第1期；王蘊智・陳淑娟「応国有銘青銅器的初歩考察」『中原文物』2008年第4期；婁金山「河南平頂山出土的応国青銅器」『考古』2003年第3期

*5：崔慶明「南陽市北郊出土一批申国青銅器」『中原文物』1984年第4期

*6：南陽市文物考古研究所「河南南陽市万家園M202発掘簡報」『中原文物』2007年第5期

*7：鄭杰祥「河南新野発現的曾国銅器」『文物』1973年第5期

*8：「河南南陽夏響鋪鄂国貴族墓地」（2013年2月27日）中国文物信息網 http://www.ccrnews.com.cn/archives/view-44829-1.html

表２　湖北地区主要西周墓

遺跡名	発掘年代	墓数	被葬者の出自・身分など	墓葬年代	青銅礼楽器・有銘器の出土	備考（採集品等）	出典
①黄陂魯台山西周墓（武漢市黄陂区前川街道）	1977-78	5基	不明	西周前期～中期前段	5基から29点：鼎7, 甗2, 簋2, 爵9, 尊1, 觶5, 觚1, 卣2；有銘器10点		*1
②随州安居羊子山墓群（随州市随県安居鎮羊子山）	1976; 1980; 2007	3基	鄂国貴族	西周前期	3基から31点：鼎5, 簋5, 甗1, 尊4, 罍1, 卣4, 彝1, 爵5, 斝1, 觶2, 盤1, 盉1；有銘器12点		*2
③葉家山西周墓地（随州市淅河鎮蒋家寨村八組）	2011; 2013	140基	曽侯家族	西周前期	20基から203点：鼎65, 簋40, 鬲9, 甗8, 匕1, 罍4, 尊10, 爵16, 觚4, 觶14, 卣9, 斝2, 觥1, 盤4, 盉3, 壺7, 鐘5, 棒形器1；有銘器103点	○詳細な墓葬資料の報告は10基のみ。 ○有銘器に17種の族徽	*3
④熊家老湾墓群（随州市随県均川鎮）	1970; 1972	2基	曽国貴族？	西周後期～春秋前期	2基から15点：鼎3, 簋6, 甗1, 鑐2, 卣1, 盤1, 匜1；有銘器9点	○曽伯文簋（4点）；曽伯文鑐（1点） ○他に黄国青銅器が出土	*4
⑤周家崗墓葬（随州市万店鎮）	1976	1基（残）	曽国貴族？	春秋	10点：鼎2, 簋2, 鬲2, 壺2, 盤1, 匜1；有銘器7点	○曽太保簋（2点）	*5
⑥義地崗墓地M83（随州市東城区）	1993	1基	曽国貴族？	西周後期～春秋前期	3点：鬲1, 盤1, 匜1；有銘器1点	○曽伯鬲（1点）	*6
⑦熊集段営古墓（襄陽地区棗陽市熊集鎮段営村）	1972	1基	曽国貴族？	西周後期～春秋前期	9点：鼎3, 簋4, 壺2；有銘器3点	○曽子仲謱鼎（1点） ○他に戈1点有銘。銘文「□□伯之□執□」	*7
⑧棗陽郭家廟曽国墓地（襄陽地区棗陽市呉店鎮東趙湖村）	1972; 1983; 2002-03	29基	曽国高級貴族	西周末～春秋前期	10基から40点：鼎10, 簋8, 鬲1, 壺6, 鑐1, 杯1, 盤3, 匜3；有銘器8点	○曽伯陭鉞（1点）；曽侯絴伯戈（1点，採集品）	*8
⑨蘇家壠墓地（京山県坪壩鎮）	1966	[1基]	曽国貴族？	春秋前期	33点：鼎9, 鬲9, 甗1, 簋7, 豆2, 壺2, 盉1, 盤1, 匜1；有銘器10点	○曽仲斿父豆（2点）；曽仲斿父壺（2点）；曽侯仲子斿父鼎（1点） ○他に黄国銅器が出土	*9
⑩檀梨樹崗出土銅器群（荊門市京山県坪壩鎮）	1973	？	不明	西周後期～春秋前期	2点：鼎1、鬲1；有銘器2点	○曽太師鼎（1点）；曽子単鬲（1点）	*10
⑪江陵万城西周墓（荊州市李埠鎮万城村）	1961	1基	殷の旧貴族後裔？	西周中期	17点：鼎2, 甗2, 簋2, 爵3, 尊1, 罍2, 卣1, 觶1, 觚2, 勺1；有銘器7点	○北子諸器	*11

【参考文献】
*1：黄陂県文化館等「湖北黄陂魯台山両周遺址与墓葬」『江漢考古』1982年第2期
*2：王少泉「随県出土西周青銅単鋬尊」『江漢考古』1981年第1期；随州市博物館「湖北随県発現商周青銅器」『考古』1984年第6期；随州市博物館「湖北随県安居出土青銅器」『文物』1982年第12期；随州市博物館編『随州出土文物精粋』（文物出版社、2009年）
*3：湖北省文物考古研究所等「湖北随州葉家山西周墓地発掘簡報」『文物』2011年第11期；湖北省文物考古研究所等「湖北随州葉家山M65発掘簡報」『江漢考古』2011年第3期；湖北省文物考古研究所等「湖北随州市葉家山西周墓地」『考古』2012年第7期；湖北省文物考古研究所等「随州葉家山西周墓地第二次考古発掘的主要収穫」『江漢考古』2013年第3期；湖北省文物考古研究所等「随州葉家山M28発掘報告」『江漢考古』2013年第4期
*4：鄂兵「湖北随県発現曾国銅器」『文物』1973年第5期
*5：随州市博物館「湖北随県発現商周青銅器」『考古』1984年第6期
*6：随州市考古隊「湖北随州義地崗又出土青銅器」『江漢考古』1994年第2期
*7：湖北省博物館「湖北棗陽県発現曾国墓葬」『考古』1975年第4期
*8：襄樊市考古隊［等］『棗陽郭家廟曽国墓地』（科学出版社、2005年）
*9：湖北省博物館「湖北京山発現曾国銅器」『文物』1972年第2期
*10：湖北省文物考古研究所編『曽国青銅器』（文物出版社、2007年）pp.7-10
*11：王毓彤「江陵発現西周銅器」『文物』1963年第2期；李健「湖北江陵万城出土西周銅器」『考古』1963年第4期

表3　山西地区主要西周墓

遺跡名	発掘年代	墓数	被葬者の出自・身分など	墓葬年代	青銅礼楽器・有銘器の出土	備考	出典
①天馬 - 曲村墓地（臨汾市曲沃県・翼城県）	1971,79；1980-89；1994；2004	673基	晋国貴族及び平民（邦墓）	西周前期〜戦国前期	48基から174点：鼎62,鬲11,甗8,簋38,簠1,盆2,盉5,爵8,觚1,觶8,角1,方彝3,尊6,卣6,斗1,盤8,匜2,壺1,鐘1,支架1；有銘器54点	○腰坑墓10基 ○J7H23井戸址出土の罍1点に銘文	*1
②北趙晋侯墓地（臨汾市曲沃県・翼城県）	1992-2000	19基	晋侯・晋侯夫人墓	西周〜春秋初	18基から274点：鼎61*,鬲2,簋46*,甗8*,盨8*,盂2*,豆1,簠1,鋪1,尊12,壺18,卣5,方彝4,爵9,斝1,觶7,觚1,盤13,盉7,匜6,編鐘48*,鐃1,三足甕1,双耳罐1,方盒2,筒形器1,琮形器2,器残片5*）以上；有銘器72点	○「*」印は出土品の正確な数量が報告されていないもので、少なくとも表中に記した数量以上あるもの	*2
③曲沃羊舌墓地（臨汾市曲沃県史村鎮羊舌村）	2005-06	20基以上	晋侯	両周の際〜春秋前期	2基から5点：鼎2,匜1,盤1,鼎足1；有銘器なし	○詳細な墓葬資料が報告されているのはM1・M2の中字形大墓2基のみ	*3
④翼城大河口西周墓地（臨汾市翼城県隆化鎮大河口村）	2007-08；2009-11	579基	覇国貴族墓地（狄人小国）	西周中期前段〜後期	7基から160点：鼎48,鬲10,簋22,盨2,盆3,豆4,甗4,罐1,斗2,觶10,爵13,斝1,盂1,罍2,壺1,卣7,尊5,盉4,觚4,盤4,鐘・鐃・勾鑃12；有銘器26点	○墓葬資料が報告されているのは10基。 ○腰坑墓5基。	*4
⑤絳県横水西周墓地（運城市絳県横水鎮横北村）	2004-06	193基	倗国貴族・国人	西周前期〜春秋初年	2基から41点：鼎8,鬲1,簋6,甗2,盂1,尊1,卣1,爵1,壺2觶1,觚1,盤3,盉3,甬鐘10；有銘器16点	○墓葬資料が報告されてるのは2基（M1・M2）	*5
⑥洪洞永凝堡遺跡（臨汾市洪洞県大槐樹鎮永凝堡村）	1957；1980	57基	恒父家族，屯鼉家族	西周前期〜後期	10基から39点：鼎13,簋15,鬲1,甗1,壺3,盤1,匜2,鑑1,鐘2；有銘器7点	○詳細な墓葬資料が報告されているのは23基。 ○腰坑墓10基	*6
⑦運城聞喜上郭村古墓群（運城市聞喜県桐城鎮上郭村）	1974；1975-76；1989	66基	?	西周後期〜春秋中期	27基から64点：鼎23,甗1,鍑1,簋6,盂2,盆2,舟3,卮1,盉1,方彝1,罍1,壺2,椭杯3,盤8,匜7,鈉2：有銘器2点		*7
⑧黎城県黎国墓地（長治市黎城県黎侯鎮西関村）	2006	92基	黎国貴族？	西周中後期	3基から14点以上：鼎1,甗1,簋4,壺4,盤2,匜2；有銘器3点	○2006年に10基を発掘。 ○腰坑墓1基	*14

【参考文献】

*1：北京大学歴史系考古専業山西実習組等「翼城曲沃考古勘探記」（北京大学考古系編『考古学研究』(1)、文物出版社、1992年）；北京大学考古学系商周組等『天馬―曲村 1980―1989』（科学出版社、2000年）；山西省考古研究所「1994年山西省曲沃県曲村両周墓葬発掘簡報」『文物』2003年第5期；吉琨璋「曲村晋国高級貴族墓葬」（中国考古学会編『中国考古学年鑑2005』文物出版社、2006年）

*2：北京大学考古系等「1992年春天馬―曲村遺址墓葬発掘報告」『文物』1993年第3期；「天馬―曲村遺址北趙晋侯墓地第二次発掘」『文物』1994年第1期；「天馬―曲村遺址北趙晋侯墓地第三次発掘」『文物』1994年第8期；「天馬―曲村遺址北趙晋侯墓地第四次発掘」『文物』1994年第8期；北京大学考古学系・山西省考古研究所「天馬―曲村遺址北趙晋侯墓地第五次発掘」『文物』1995年第7期；「天馬―曲村遺址北趙晋侯墓地第六次発掘」『文物』2001年第8期

*3：山西省考古研究所等「山西曲沃羊舌晋侯墓地発掘簡報」『文物』2009年第1期

*4：山西省考古研究所大河口墓地聯合考古隊「山西翼城県大河口西周墓地」『考古』2011年第7期；謝尭亭『発現覇国：講述大河口墓地考古発掘的故事』（山西人民出版社、2012年8月）

*5：山西省考古研究所等「山西絳県横水西周墓発掘簡報」『文物』2006年第8期

*6：解希恭「山西洪趙県永凝東堡出土的銅器」『文物参考資料』1957年第8期；山西省文物工作委員会等「山西洪洞永凝堡西周墓葬」『文物』1987年第2期；臨汾地区文化局「洪洞永凝堡西周墓葬発掘報告」『三晋考古』第1輯、1994年

*7：朱華「聞喜上郭村古墓群試掘」；山西省考古研究所「1976年聞喜上郭村周代墓葬清理記」「聞喜県上郭村1989年発掘簡報」『三晋考古』第1輯 1994年

*8：張崇宇「山西黎城黎国墓地」（国家文物局主編『2007中国重要考古発現』文物出版社、2008年）

表４　河南、湖北、山西省服属諸氏族称謂一覧

国名	公	侯	伯	仲、叔、季	子	族姓	備考
康	康公	康侯 康侯丰	康伯	康季		姫姓	表１①
虢	虢公鼓 虢公長父 虢公翰		虢伯	虢仲 虢叔 虢季 城虢仲 鄭虢仲		姫姓	表１②
応	応公	応侯 応侯爯 応侯見工	応伯	応叔		姫姓	表１④
鄧	鄧公		鄧伯 鄭鄧伯	鄧孟 鄧仲 鄧小仲 鄭鄧叔		曼（嫚）姓	表１④
覞	覞公					?	表３①②
楚	楚公逆 楚公冢		楚伯			芈姓	表３②
蔡		蔡侯				姫姓	表１④
申		申侯	申伯 南申伯			姜姓	表１⑤
曽		曽侯 曽侯諫 曽侯坑 曽侯絴伯	曽伯 曽伯陭 曽伯従寵	曽仲 曽仲斿父 曽仲大父螽 曽子敔	曽子伯沓 曽子伯誩 曽子仲謱 曽子𣪘 曽子単	姫姓	表１⑦，表２③④⑤⑥⑦⑧⑨⑩
噩		噩侯 噩侯馭方		噩仲 噩叔 噩叔朩 噩季		姞姓	表１⑧，表２①
晋		晋侯 晋侯僰馬 晋侯喜父 晋侯斲 晋侯樵 晋侯断 晋侯邦父	（唐伯）	（唐叔） 晋仲韋父 晋叔家父		姫姓	表３①②
筍		筍侯				姫姓	表３⑦
𠫑		𠫑侯	𠫑伯	𠫑仲 𠫑叔		?	表３⑧
楊		楊侯				姫姓	表３⑥
柞			柞伯			姫姓	表１④
輔			輔伯			姜姓？	表⑥
倗			倗伯 倗伯爯 倗伯偃	倗仲 倗季		媿姓	表３⑤
覇			覇伯	覇仲			表３④
長					長子口 長子狗	殷系	表１③，表２①
邶					北子	殷系	表２⑪

「息嬀説話」考
―その変遷から見た春秋時代における女性の再婚の位置づけ―

平林　美理

はじめに

「未亡人」という語の伝世文献における最も古い用例の一つである、春秋時代前期の陳の公女・息嬀は、悲劇的な運命を辿った「貞女」として知られ、後代の中国では「桃花夫人」という異称を与えられ様々な詩歌の題材とされた。息嬀がはじめ嫁いだ息は、現在の河南省信陽市息県に位置した姫姓諸侯で、楚の文王によって滅ぼされた後、いわゆる楚県の一つとされた。この時息嬀は文王の夫人とされたが、『左伝』によるとその経緯は以下のようなものであった。

魯の荘公一〇年（前六八四）、息嬀は陳から息に嫁ぐ途中、義兄である蔡の哀侯によって蔡に足止めされて非礼を働かれた。これを知った息侯は、楚の文王と共謀して哀侯を騙し討ちし、蔡は楚に敗れた。その後、哀侯は敗戦を恨み、息嬀の美貌を文王に教え、文王は息嬀を得るために息を滅ぼした。息嬀は文王と再婚して堵敖と成王の二子を産んだものの、文王に対して全く口を開かず、ついに文王がその理由を尋ねると、「吾一婦人而事二夫。縦弗能死、其又奚言」と、再婚して二人の夫を持った自分を恥じていることを告白した。これを聞き、蔡の哀侯によって息を滅ぼすよう仕向けられていたことに気付いた文王は、荘公一四年（前六八〇）に蔡を討った。

この事件は後代の詩人によってしばしば詩や絵画のモチーフとされた。例えば王維「息夫人」には、

莫以今時寵　能忘旧日恩　看花満眼涙　不共楚王言

今時の寵を以て　能く舊日の恩を忘るる莫からんや　花を看て眼に涙を満たし　楚王と言を共にせず

と、息侯への恩を忘れず楚王と口をきかない息嬀の姿が詠まれており、杜牧「題桃花夫人廟」も同じ故事を踏まえ、

細腰宮裏露桃新　脈脈無言度幾春　至竟息亡縁底事　可憐金谷堕楼人

細腰の宮裏露桃新たなり　脈脈言無く幾たびの春をか度る　至竟息の亡ぶは底事にか縁る　憐む可し金谷堕楼の人

と詠んでいる。

このように再婚した身を恥じて口を閉ざした息嬀は後代「貞女」として賞賛された。ただし陳顧遠氏は、寡婦の再婚に対する非難が強まるのは特に宋代以降のことで、寡婦を貫くこと自体は理想的な規範とされて国家からの顕彰対象ともなったが、現実の婚姻において厳格に守られるものではなかったと指摘する。(1)春秋時代の婚姻関係においては、少なくとも男性側に関しては、媵や妾といった形で複数の妻を持つことや、夫人の死後新たに同じ一族から夫人を迎える婚姻習慣（「繼室」）は礼に則った婚姻として扱われ、後代に非礼視される同時に二人の「夫人」を持つ事例も、特に問題視されていない。一方、筆者が前稿で検討した「烝」や「報」などの婚姻関係は、寡婦が夫の近親者と再婚するという点で媵や「繼室」と対応するような婚姻習慣だが、(2)杜預の注釈などでは「淫」であると解釈されてきた。また、『左伝』に数多く見える「通」と称される男女関係には当事者が寡婦である例も多いが、「烝」を含め、離縁した女性や寡婦の再婚や「通」事例は、従来は春秋社会の婚姻規範の乱れとして解釈されることが多かった。そのような解釈の前提には、春秋社会において寡婦を貫く事があるべき姿であったという認識がある。しかし前稿までで指摘したように、「烝」や「通」は必ずしも当時の社会において非難の対象だったとは言えず、(3)『左伝』の「息嬀説話」の場合も、当初からこのような内容であったのかという点には検討の余地がある。

息嬀に関する一連の事件については、『呂氏春秋』や『史記』・『列女伝』などの伝世文献に加え、近年公表された出

土史料である清華簡「繫年」にも類似した記事が見えるが、これらの記事には異同が多く、特に息嬀の再嫁に関わる箇所には問題がある。そこで本論では、『左伝』の「息嬀説話」に特徴的な「女性の再婚の否定」という婚姻倫理の春秋社会における位置づけについて、諸史料に見える「息嬀説話」を比較しつつ考察する。

第一節　『左伝』に見える「息嬀説話」の概要

『左伝』の文章については小倉芳彦氏や平勢隆郎氏によって、内容や形式に基づいて記述を分類する試みがなされている(4)。このような分類は、原『左伝』の文章に段階的に文章が付加され、現行の『左伝』が成立したという想定に基づくものであり、本稿では両氏の分類を参考に、以下のような分類を行った。

①『春秋』経文をそのまま引用した【経文引用】、経文を言い換えた【経文換言】
②経文に無い内容を補う【説話】（これらのうち、本文を【説話・地の文】、会話文を【説話・会話文】とする）
③「君子」による事件の評価である【君子評】
④凡例を記した【凡例】

このような区分に基づいて、『左伝』に見える「息嬀説話」を整理すると、以下の通りである。

【史料A】『左伝』荘公一〇年
蔡哀侯娶于陳、息侯亦娶焉。息嬀将歸、過蔡。蔡侯曰、「吾姨也」。止而見之、弗賓。息侯聞之、怒使謂楚文王曰、「伐我。吾求救於蔡。而伐之」。楚子從之。秋九月、楚敗蔡師于莘、以蔡侯獻舞歸。
蔡の哀侯、陳より娶り、息侯も亦た焉より娶る。息嬀、将に歸がんとし、蔡を過ぎる。蔡侯曰く【A1説話・地の文】、「吾が姨なり」と【A2説話・会話文】。止めて之を見、賓せず。息侯、之を聞き、怒りて楚の文王に謂わしめて曰く【A

3説話・地の文】、「我を伐て。吾、救いを蔡に求めん。而して之を伐て」と【A4説話・会話文】。楚子、之に従う【A5説話・地の文】。秋九月、楚、蔡の師を莘に敗り、蔡侯獻舞を以て歸る【A6経文換言】。

【史料B】『左伝』荘公一四年

蔡哀侯爲莘故繩息嬀、以語楚子。楚子如息、以食入享遂滅息、以息嬀歸。生堵敖及成王焉、未言。楚子問之。對曰、「吾一婦人而事二夫。縱弗能死、其又奚言」。楚子以、蔡侯滅息。遂伐蔡。秋七月、楚入蔡。君子曰、「『商書』所謂惡之易也、如火之燎于原。不可鄉邇。其猶可撲滅者、其如蔡哀侯乎」。

蔡の哀侯、莘の故の爲に息嬀を繩め、以て楚子に語る。楚子、息に如き、食を以て入りて享し、遂に息を滅し、息嬀を以て歸る。堵敖と成王を生むも、未だ言わず。楚子、之を問う。對えて曰く【B1説話・地の文】、「吾、一婦人にして二夫に事う。縱い死すること能わずとも、其れ又た奚ぞ言わん」と【B2説話・会話文】。楚子、以えらく、蔡侯、息を滅ぼさしむと。遂に蔡を伐つ【B3説話・地の文】。秋七月、楚、蔡に入る【B4経文換言】。君子曰く、『商書』謂う所の、惡の易ぶるや、火の原を燎くが如し。鄉い邇づく可からず。其れ猶お撲滅す可けんやとは、其れ蔡の哀侯の如きか」と【B5君子評】。

息・蔡・楚の息嬀を巡る一連の事件の概要は「はじめに」で述べた通りだが、『春秋』荘公一〇年には、

秋九月、荊敗蔡師于莘、以蔡侯獻舞歸。

秋九月、荊、蔡師を莘に敗り、蔡侯獻舞を以て歸る。

とあり、同じく荘公一四年には、

秋七月、荊入蔡。

秋七月、荊、蔡に入る。

とあるように、『左伝』に見えるような蔡・楚の戦争に対する息の関与は、『春秋』の記事からは読み取れない。また、

荘公一〇年の蔡の敗戦後、今度は息が楚の侵攻を受けて滅んだことは『左伝』荘公一四年に見えるが、その時期については遅くとも荘公一四年九月以前であることしか分からず、『春秋』にも息の滅亡に対する言及はない。

一方で『公羊伝』や『穀梁伝』にも息についての文言は無く、息を巡る記述は、『春秋』三伝の中でも『左伝』独自の史料に拠るものと考えられる。この事件に先立ち『左伝』隠公一一年（前七一二）には、

鄭・息有違言。息侯伐鄭、鄭伯與戰于竟。息師大敗而還。君子是以知息之将亡也。不度徳、不量力、不親親、不徴辭、不察有罪、犯五不韙、而以伐人。其喪師也、不亦宜乎。

鄭・息、違言有り。息侯、鄭を伐ち、鄭伯與に竟に戰う。息師大敗して還る。君子是を以て息の將に亡びんとするを知るなり。徳を度らず、力を量らず、親に親しまず、辭を徴かにせず、罪有るを察せず、五の不韙を犯して、以て人を伐つ。其の師を喪うや、亦た宜ならずや。

という事件が見える。鄭と息の紛争における息の行動に対して、君子評はこれを後に息が滅ぶことの兆候と解釈しており、『左伝』が楚による息滅亡という事件に注目していることが窺える。また、文王の息征服については『左伝』宣公四年（前六〇五）に、以下のような記述もある。

秋七月戊戌、楚子與若敖氏戰于皋滸。伯棼射王。汰輈及鼓跗、著於丁寧。又射。汰輈以貫笠轂。師懼退。王使巡師曰、「吾先君文王克息、獲三矢焉。伯棼竊其二。盡於是矣。鼓而進之、遂滅若敖氏。

秋七月戊戌、楚子、若敖氏と皋滸に戰う。伯棼、王を射る。輈を汰ぎて鼓跗に及び、丁寧に著く。又た射る。輈を汰ぎて以て笠轂を貫く。師懼れて退く。王、師に巡えしめて曰く、「吾が先君文王、息に克ち、三矢を獲たり。伯棼其の二を竊む。是に盡きたり」と。鼓して之を進め、遂に若敖氏を滅ぼす。

これは楚の荘王の時代に発生した、若敖氏の子越（伯棼）による内乱に関する記述だが、かつて文王が息を滅ぼした際に手に入れたという「三矢」が象徴的に扱われており、楚の歴史上、文王の息征服は特別な意味を有していたらしい。

さて、息嬀は荘公一〇年に蔡の哀侯に非礼を働かれたことに始まり、蔡・息・楚の思惑に振り回された結果、楚の文王夫人となったが、特に詩歌の題材とされたのは、荘公一四年の記事に見える息嬀の「生堵敖及成王焉、未言」という行動と「吾一婦人而事二夫。縱弗能死、其又奚言」という言葉である。これによって、息嬀は息侯に操立てし、文王との再婚を拒否した「貞女」であると理解されてきた。しかし一方で息嬀は、文王の死後の荘公二八年（前六六六）の記事では、文王の弟・令尹子元に誘惑された際に、子元が先君の敵討ちをせず自身の気を引こうすることを批判している。

【史料C】『左伝』荘公二八年

楚令尹子元欲蠱文夫人、爲館於其宮側而振萬焉。夫人聞之、泣曰、「先君以是舞也、習戎備也。今令尹不尋諸仇讎、而於未亡人之側、不亦異乎」。御人以告子元、子元曰、「婦人不忘襲讎。我反忘之」。秋、子元以車六百乘伐鄭。

楚の令尹子元、文夫人を蠱さんと欲し、館を其の宮の側に爲りて萬を振わす。夫人、之を聞き、泣きて曰く【C1説話・地の文】、「先君、是の舞を以いしや、戎備を習わせるなり。今、令尹、諸を仇讎に尋いずして未亡人の側に於いてするは、亦た異ならずや」と【C2説話・会話文】。御人、以て子元に告げ、子元曰く、【C3説話・地の文】「婦人、讎を襲うを忘れず。我反って之を忘る」と【C4説話・会話文】。秋、子元、車六百乘を以いて鄭を伐つ【C5経文換言】。

この時の息嬀はあくまで先君文王の「未亡人」を自認し、先君夫人としての立場から、その敵討ちを子元に要求している。ここで用いられる「未亡人」という自称は、『左伝』中には息嬀の自称を含め三例見える。

『左伝』成公九年（前五八二）

夏、季文子如宋致女、復命。公享之、賦韓奕之五章。穆姜出于房、再拜曰、「大夫勤辱、不忘先君、以及嗣君、施及未亡人、先君猶有望也。敢拜大夫之重勤」。

夏、季文子宋に如き女を致し、復命す。公、之を享し、韓奕の五章を賦す。穆姜、房より出で、再拜して曰く、「大夫勤辱して、先君を忘れず、以て嗣君に及び、施きて未亡人に及ぶ。先君猶お望むこと有らん。敢えて大夫の重勤を拜す」と。

『左伝』成公一四年（前五七七）

十月、衞定公卒。夫人姜氏既哭而息。見大子之不哀也、不内酌飲、歎曰、「是夫也、將不唯衞國之敗、其必始於未亡人……」。

十月、衞の定公卒す。夫人姜氏、哭を既えて息む。大子の哀しまざるを見るや、酌飲を内れず、歎じて曰く、「是の夫や、將に唯だ衞國を之れ敗るのみ、其れ必ず未亡人より始まらんとす……」と。

息嬀の場合を含め、『左伝』における「未亡人」の語はいずれも、魯の宣公夫人であった穆姜や衛の定公夫人姜氏のような先君夫人の自称として、その発言中で用いられている。息嬀の場合も、「未亡人」という言葉から、荘公二八年の記事における息嬀の自己認識は、あくまで「文王夫人」であったと解される。

『左伝』の説話中の会話文について、平勢氏は、特に思想を論じるような内容は、説話の骨子が成立した後に付加された場合があることを指摘している。(5) 息嬀に対する「貞女」という評価と特に密接に結びついていると思われる、文王に対して口をきかない理由を「吾一婦人而事二夫。縱弗能死、其又奚言」と述べた【B2】、自身を「未亡人」と称して子元を批判する【C2】の発言についても、その成立時期には注意が必要であろう。

『左伝』荘公一四年には、「息嬀説話」の評価に関わる箇所として、一連の事件に対する君子評（【B5】）がある。この評では蔡の哀侯の行動が批判されている。ただし、蔡と息嬀の出身国・陳の間にはこれ以前から密接な通婚関係があり、事件の発端となった息嬀に対する哀侯の非礼行為について江頭廣氏は、哀侯の行動は夫人の姉妹を媵として娶る当時の春秋諸侯の習慣を背景とした行動であると指摘している。(6) 内容上、「君子」評の多くは収録された説話より後の時期に付加されたものとみられ、【B5】の君子評も、当初から「息嬀説話」に存在した文言とは考えにくい。つまり、『左伝』の「息嬀説話」における、再婚の否定や「未亡人」として貞節を重視する姿勢などの要素は、同時代の婚姻観を反映していない可能性が高い箇所に見えており、これを無批判に当時の一般的認識と解することはできない。息嬀の行動については、確かに文王の妻となった際には再婚を恥じる発言が見える。しかし一方で、文王に対してもその死後は「未亡人」と自称し、その敵討ちを重視する発言をするなど、荘公二八年の記事の中では文王夫人の立場から振る舞っている。「息嬀説話」が史実であるか否かはさておき、『左伝』に見える息嬀の行動は、必ずしも息侯に対する貞節だけに基づくものではないことにも注目すべきだろう。

また、荘公二八年の事件に関しては、当時の楚の政治的混乱もその背景として考慮する必要がある。息嬀の産んだ堵敖（『史記』では「荘敖」）と成王は、文王の死去時点では恐らく八歳にも満たない子供であり、当初は堵敖が後を継いだものの、『史記』楚世家文王一三年条（前六七七）には王位を巡る次のような事件が見える。

十三年、卒、子熊囏立。是爲荘敖。荘敖五年、欲殺其弟熊惲。惲奔隨、與隨襲弒荘敖代立。是爲成王。

（楚の文王）十三年、卒し、子の熊囏立つ。是れ荘敖為り。荘敖五年、其の弟熊惲を殺さんと欲す。惲、隨に奔り、隨と與に襲いて荘敖を弒して代わりて立つ。是れ成王為り。

息の滅亡を楚と息の共謀の翌年である荘公一一年（前六八三）から荘公一四年と仮定すると、文王の死去時点で堵敖と成王は五歳以下、成王の即位時点でも八歳以下となり、王位を巡る陰謀を画策するには幼いため、童書業氏や肖発栄氏のように、『左伝』に見える息嬀と楚の関係を史実と見ることに疑問を呈す見解もある。[7]ただ、この点については吉本道雅氏が指摘するように[8]、両者の対立の実態は、堵敖と成王両者を推戴する勢力同士の内部抗争を想定すべきであろう。『左伝』の記述からは、成王即位後は公子元が令尹に就任し、実質的には公子元政権が成立したと考えられる。

文王死後の令尹子元と息嬀の関係については、荘公二八年の記事以外に明記された箇所は無く推測するしかない。しかし、このような王位を巡る混乱を経た荘公二八年に、子元が息嬀と接触しようとし、息嬀の指摘を受けて鄭攻撃を決断していることからは、その政権維持には息嬀の協力も不可欠であったことが窺える。息嬀の批判を受けて子元は同年のうちに鄭攻撃を実施したが、結果的にはこれに失敗した。しかし『左伝』荘公三〇年（前六六四）に、

楚公子元歸自伐鄭、而處王宮。鬭射師諫。則執而梏之。秋、申公鬭班殺子元。鬭穀於菟爲令尹、自毀其家、以紓楚國之難。

楚の公子元、鄭を伐つ自り歸りて、王宮に處る。鬭射師諫む。則ち執りて之を梏す。秋、申公鬭班、子元を殺す。鬭穀於菟、令尹と爲り、自ら其の家を毀ちて、以て楚國の難を紓くす。

とあるように、子元はこの行軍から戻ると、息嬀が居住していたであろう楚の王宮に入っている。[9] その二年後（荘公三〇年）には闘穀於菟を始めとする闘氏によって子元は殺害され、子元の政権は崩壊したが、王位を巡る政治背景を踏まえると、息嬀を「蠱」したという子元の行動や、息嬀の文王の敵討ちを要求する発言だけでなく、帰国後の子元が王宮に住むようになったという行動も、単に子元の倫理的な問題行動を示すものではなく、本来は成王の摂政としての子元の立場と強く結びついた動きであったと考えられる。

第二節　諸史料に見える「息嬀説話」

伝世文献のうち、『左伝』以外に「息嬀説話」を取り上げているのは『呂氏春秋』と『史記』、そして『列女伝』である。ただし、『列女伝』についてはその内容が他の史料と大きく異なるため、節を改めて論じることとし、まずは、『呂氏春秋』と『史記』について『左伝』と比較しつつ記述内容を検討する。以下、『左伝』の記述と対応する箇所には本文中に『左伝』で用いた【A1】などの凡例を挿入し、対応する文章がない箇所については【対応なし】と記した。

『呂氏春秋』孝行覧長攻篇

楚王欲取息與蔡。乃先佯善蔡侯、而與之謀曰、「吾欲得息、奈何」。蔡侯曰、「息夫人、吾妻之姨也。吾請爲饗息侯與其妻者、而與王俱、因而襲之」。楚王曰、「諾」。於是與蔡侯以饗禮入於息、因與俱、遂取息。旋、舍於蔡、又取蔡。

楚王、息と蔡を取らんと欲す。乃ち先ず佯りて蔡侯に善くして、之と謀りて曰く、「吾、息を得んと欲す、奈何」と【対応なし】。蔡侯曰く、「息夫人、吾が妻の姨なり【A2】。吾、請いて、爲りて息侯と其の妻者とを饗し、而して王と俱にし、因りて之を襲わん」と。楚王曰く、「諾」と【対応なし】。是に於いて蔡侯と與に饗禮を以て息に入り、因りて與に俱にし、遂に息を取る【B2】。旋って蔡に舍り、又た蔡を取る【B4】。

『呂氏春秋』の場合、『左伝』の記述と比較すると、中心となっているのは荘公一四年に見える息への侵攻とその後の蔡攻撃に関する内容であるが、蔡侯の「息夫人、吾妻之姨也」という発言は『左伝』では荘公一〇年の記事に見え、荘公一〇年と荘公一四年の事件が混在した記述とも言える。

『左伝』では楚王は意図的に息を滅ぼした訳ではなく、息滅亡はむしろ蔡侯の陰謀という側面が強く、君子評も蔡侯を批判対象としている。これに対して『呂氏春秋』は、事件全体を楚王による息・蔡の征服を目的とした策略とする。これは、荘公四年（前六九〇）に武王が随に侵攻し、荘公六年（前六八八）には文王によって申や、楚と姻戚であった鄧が攻撃され、鄧は荘公一六年（前六七八）に滅ぼされるなど、楚が武王・文王の時代に漢水周辺の諸侯の征服を推し進め、息や蔡もその過程で楚の勢力下に入ったという歴史的経緯を踏まえたものと考えられる。

一方、『史記』の「息嬀説話」に関わる記述は荘公一〇年の事件に限られており、荘公一四年の記事に対応する内容は見られない。

『史記』巻一四・十二諸侯年表周荘王一三年条（前六八四）

息夫人、陳女。過蔡、蔡不禮。惡之。楚伐蔡、獲哀侯以歸。

息夫人、陳女なり。蔡を過るも【A1】、蔡、禮せず。之を悪む【A3】。楚、蔡を伐ち、哀侯を獲て以て歸る【A6】。

『史記』巻三五管蔡世家哀侯一一年条（前六八四）
哀侯十一年、初、哀侯娶陳、息侯亦娶陳。息夫人將歸、過蔡。蔡侯不敬。息侯怒、請楚文王、「來伐我。我求救於蔡、蔡必來。楚因擊之、可以有功」。楚文王從之、虜蔡哀侯以歸。哀侯留九歳、死於楚。凡立二十年卒。蔡人立其子肸、是爲繆侯。
哀侯十一年、初め、哀侯、陳より娶り、息侯も亦た陳より娶る。息夫人、將に歸がんとし、蔡を過る【A1】。蔡侯、敬せず。息侯怒り、楚の文王に請い【A3】、「來たりて我を伐て。我、救いを蔡に求むれば、蔡、必ず來る。楚、因りて之を撃てば、以て功有る可し」と。楚の文王、之に從い【A5】、蔡の哀侯を虜とし以て歸る【A6】。哀侯、留まること九歳、楚に死す。凡そ立つこと二十年にして卒す。蔡人、其の子肸を立て、是を繆侯と爲す【対応なし】。

『史記』巻四〇楚世家文王六年条（前六八四）
伐蔡。虜蔡哀侯以歸、已而釋。
蔡を伐つ。蔡の哀侯を虜とし以て歸り、已にして釋す【A6】。

管蔡世家の記述は、事件の発端である蔡の哀侯と息侯の対立の経緯に関しては、『左伝』荘公一〇年とほぼ同内容である。しかし、楚に連行された後、蔡の哀侯はそのまま九年後に楚で亡くなったとある点が『左伝』とは異なる。また『史記』の中でも「已而釋」とある楚世家とは矛盾しており、当時この事件に関して複数系統の史料があったことが窺える。管蔡世家の記述は『左伝』荘公一〇年とほぼ同じであることから、『左伝』あるいは『左伝』と共通する原史料に基づく記述と推測される。これに対して、楚と密接に関わるにもかかわらず、息嬀に関する荘公一四年以降の事件が全く言及されない理由は不明だが、『左伝』と『呂氏春秋』において既にその内容が相違していることも考慮すると、息嬀が楚に連行された後の顛末については、史実ではない可能性を司馬遷が疑った可能性もあるだろう。

ここまで見てきたのは伝世文献における「息嬀説話」の例だが、息嬀と息・蔡・楚を巡る事件については、近年公表された戦国竹簡である清華簡「繫年」にも、『左伝』や『史記』と類似した記述が見える[10]。

清華簡「繫年」第五章二三〜三〇簡

蔡哀侯取妻於陳、息侯亦取妻於陳、是息嬀。息嬀將歸于息、過蔡。蔡哀侯命止之、曰、「以同姓之故、必入」。息嬀乃入于蔡。蔡哀侯妻之。息侯弗順、乃使人于楚文王曰、「君來伐我。我將求救於蔡。君焉敗之」。文王起師伐息、息侯求救於蔡。蔡哀侯率師以救息。文王敗之於莘、獲哀侯以歸。文王爲客於息、蔡侯與從。息侯以文王飲酒、蔡侯知息侯之誘己也。亦告文王曰、「息侯之妻甚美。君必命見之」。文王命見之、息侯辭。王固命見之。既見之、還。明歲、起師伐息、克之殺息侯、取息嬀以歸。是生堵敖及成王。文王以北啓出方城、急肆於汝、改旅於陳、焉取頓以坎陳侯。

蔡の哀侯、妻を陳より取り、息侯も亦た妻を陳より取る、是れ息嬀なり。息嬀、将に息に帰がんとし、蔡を過る。蔡の哀侯、之を命じて止め、曰く【A1】、「同姓の故を以て、必ず入れ」と【A2】。息嬀、乃ち蔡に入る。蔡の哀侯、之を妻さんとす。息侯、順わず、乃ち人を楚の文王に使わして曰く【A3】、「君來たりて我を伐て。我、将に救いを蔡に求めん。君、焉に之を敗れ」と【A4】。文王、師を起こして息を伐ち、息侯、救いを蔡に求む。蔡の哀侯、師を率いて以て息を救う【A5】。文王、之を莘に敗り、哀侯を獲り以て帰る【A6】。文王、息に客と爲り、蔡侯、與に従う。息侯、文王と飲酒し【B1】、蔡侯、息侯の己を誘うを知るなり【対応なし】。亦た文王に告げて曰く、「息侯の妻、甚だ美なり。君、必ず命じて之を見るべし」と【B1】。文王、命じて之を見んとし、息侯、辭す。王、固く命じて之を見る。既に之を見て、還る【対応なし】。明歳、師を起こして息を伐ち、之に克ちて息侯を殺し、息嬀を取り以て帰る。是れ、堵敖と成王を生む【B1】。文王以て北啓して方城を出て、急ぎて汝を肆え、旅を陳に改め、焉に頓を取り、以て陳侯を坎いしむ【対応なし】。

「繫年」の「息嬀説話」独自の特徴としては、伝世文献が「弗賓」あるいは「不敬」と表現する蔡の哀侯の行動について、「蔡哀侯妻之」という直接的な表現を用いている点や、「息と楚の共謀を蔡の哀侯が知る」という展開、一連の事件について、伝世文献では存在感の希薄な息嬀の実家・陳と楚の関係の視点から説明している点が挙げられる。一方で、①息嬀を巡る息・蔡間の対立、②息と楚の共謀による蔡への攻撃、③蔡の哀侯の息嬀に関する発言を発端とする楚による息滅亡、という全体の経緯自体は『左伝』と共通しており、さらに、『呂氏春秋』・『史記』には見えなかった、文王と息嬀の婚姻および堵敖と成王の誕生についての言及がある。しかし、息嬀が再婚を恥じて口をきかなかったという、『左伝』の「息嬀説話」の肝でもある「沈黙する息嬀」についての記述はここでも見えない。

「繫年」の記述の成立年代については、本文の内容からは楚の肅王（前三八〇年即位）あるいは宣王（前三六九年即位）の時代と推定されている。[11] また、『国語』周語中に見える、狄の女性を王后に迎えようとした周王を臣下の富辰が諫める文言の中には、息に嫁いだ「陳嬀」の名が見え、これは息嬀に当たると解される。[12] この箇所には他の伝世文献に見えない婚姻関係も多く挙げられており、現在残る各種史料とは異なる系統の史料が出典の可能性もあるが、息の滅亡と息嬀に関する何らかの史実や説話自体は、『国語』の成立時に既に存在していたと推測される。

以上のことから、少なくとも息嬀を巡る息と蔡の対立と、楚によって両国が滅ぼされる経緯に関して、「繫年」成立の上限となる戦国時代中期から『呂氏春秋』が編纂された前二三九年までの時期には、現在の『左伝』に近い形の史料が存在したことは想定される。ただ、それらの史料に『左伝』の「息嬀説話」の特徴である「沈黙する息嬀」の要素が存在したのかについては疑問が残る。そこで次節では、一旦「息嬀説話」そのものからは離れ、『左伝』に見える女性の再婚に関する史料から、『左伝』荘公一四年の「息嬀説話」が春秋史上でどのように位置づけられるかを検討したい。

第三節　『左伝』における女性の再嫁の位置づけ

息嬀の文王との再婚は、最初の嫁ぎ先とは敵対する相手との再婚であった。このような諸侯の婚姻事例として『左伝』

には、晉の懐公の妻であった懐嬴が、懐公にとって叔父に当たる文公の妻となった例や、鄭の文公が、父と対立していた叔父の妻・陳嬀を「報」じた例などが見えるものの、このような女性の再婚例は、「烝」や「報」のような夫の親族との再婚である事例が多い(13)。また、宣公一一年（前五九八）には、陳の夏御叔の寡婦・夏姫が、嫁ぎ先である夏氏を滅ぼされた結果、楚王の判断で連行先の楚で再婚している(14)。これらの婚姻関係については、後代の注釈などでは淫事であるとして批判の対象とされる例も多いものの、蔡の哀侯に対する「君子」評のような本文中での明確な批判はほぼ見えない。文公の妻・辰嬴（先述した懐嬴と同一人物又は共に嫁いだその姉妹）に対しては、二君に嬖されたことを「淫」とみなす評価が『左伝』文公六年（前六二一）に見えるが、その批判は、

賈季曰、「不如立公子樂。辰嬴嬖於二君。立其子、民必安之」。趙孟曰、「辰嬴賤、班在九人。其子何震之有。且爲二嬖、淫也。爲先君子、不能求大、而出在小國、辟也。母淫子辟、無威。陳小而遠、無援。將何安焉……」。

賈季曰く、「公子樂を立つるに如かず。辰嬴、二君に嬖せらる。其の子を立つれば、民、必ず之を安んず」と。趙孟曰く、「辰嬴、賤にして、班は九人在り。其の子、何の震か之れ有らん。且つ二嬖と爲るは、淫なり。先君の子爲るも、大を求むる能わずして、出でて小國に在るは、辟なり。母の淫にして子の辟なれば、威無し。陳は小にして遠く、援無し。將に何ぞ安ぜん……」と。

というもので、晉の襄公の後継者を決める議論の中でのことであった。この批判は辰嬴の子の対立候補を推す趙孟の発言であり、反対に、辰嬴の子を推す賈季は「辰嬴嬖於二君」を民の安定に寄与する事柄として挙げている。このため、肯定的意見にも十分説得力があったとみられ、女性の再婚が同時代において問題視されていたとは必ずしも言えない。

『左伝』において、息嬀のように女性が離縁や再嫁を拒否する例は非常に稀だが、『左伝』成公一一年（前五八〇）の、

聲伯以其外弟爲大夫、而嫁其外妹於施孝叔。郤犨來聘、求婦於聲伯。聲伯奪施氏婦以與之。婦人曰、「鳥獸猶不失儷、子將若何」。曰、「吾不能死亡」。婦人遂行、生二子於郤氏。郤氏亡。晉人歸之施氏、施氏逆諸河、沈其二子。婦人怒曰、

「已不能庇其伉儷而亡之、又不能字人之孤而殺之、將何以終」。遂誓施氏。

聲伯、其の外弟を以て大夫と爲して、其の外妹を施孝叔に嫁がしむ。郤犨來たりて聘し、婦を聲伯に求む。聲伯、施氏の婦を奪い以て之に與えんとす。婦人曰く、「鳥獸すら猶お儷いを失わず、子、將に若何せんとす」と。曰く、「吾、死亡する能わず」と。婦人、遂に行き、二子を郤氏に生む。郤氏亡ぶ。晉人、之を施氏に歸し、施氏、諸を河に逆え、其の二子を沈む。婦人、怒りて曰く、「已に其の伉儷を庇う能わずして之を亡い、又た人の孤を字う能わずして之を殺す、將た何を以て終らん」と。遂に施氏に誓す。

という記事はその数少ない例である。魯の声伯の異父妹は[15]、はじめ魯の施孝叔に嫁いだが、声伯によって離縁させられ晉の郤犨に再嫁した。この女性は成公一七年（前五七四）に郤氏一族が滅ぶと、施氏に帰された。しかし、郤犨との間に生まれた子供は施氏によって殺され、女性はこれを許さず、施氏と復縁しなかった[16]。郤犨へ嫁がせるため離縁を認めた施孝叔に対して、女性は「鳥獸猶不失儷」と述べて夫を非難している。また、『左伝』僖公二三年（前六三七）に見える、晉の文公が亡命先の狄を出発して流浪の旅に出る際の妻・季隗との会話では、

將適齊、謂季隗曰、「待我二十五年、不來而後嫁」。對曰、「我二十五年矣。又如是而嫁、則就木焉。請待子」。

（重耳）將に齊に適かんとし、季隗に謂いて曰く、「我を二十五年待ち、來たらずして而る後に嫁すべし」と。對えて曰く、「我は二十五年なり。又た是くの如くして嫁せば、則ち木に就かん。請う子を待たん」と。

というように、季隗は夫から再婚を勧められてもそれを拒否している。季隗は結局他の相手と再婚する事はなく、『左伝』僖公二四年（前六三六）に「狄人歸季隗于晉」とあるように、文公の即位後に晉へ迎えられた。なお、これらの記事の場合も、女性の離縁や再婚の否定に関わる文言は、あくまで会話文の中にのみ見えている。

『左伝』に見える離縁や女性の再嫁の事例には、夫側が離縁を申し出る例も当然あるが、先に挙げた成公一一年の例のように女性の実家側の意向に基づく例も少なくない。例えば『左伝』僖公三年（前六五七）の記事では、

齊侯與蔡姫乗舟囿。蕩公。公懼變色、禁之不可。公怒歸之、未絶之也。蔡人嫁之。

齊侯、蔡姫と舟に囿に乗る。公を蕩らす。公懼れて色を變え、之を禁ずるも可かず。公、怒りて之を歸すも、未だ之を絶たざるなり。蔡人之を嫁す。

とあるように、当初、桓公側は夫婦間の諍いから蔡姫を里帰りさせたが、離縁まではしていなかった。しかし蔡側は蔡姫が帰国すると、彼女を他の相手に再嫁させた。翌年、斉は蔡に攻撃を加え、『史記』ではこれを蔡姫の再婚を巡る事件が原因で発生したものとしている。(17) このほかにも、春秋末期の事例ではあるが、哀公一一年（前四八四）の衛の大叔疾の妻・孔姞に関する事例では、婚姻から離縁、その後の再嫁まで、孔姞の実家側が終始主導的な立場をとっていた。(18)

こういった事例からは、『左伝』に見える範囲では、女性自身の意志とは別に、女性の実家にとって娘の離縁や再嫁は政治的に必要であれば躊躇無く行われる行為であり、それらに対する忌避感情は希薄であったことが窺われる。

春秋時代前期の夫婦関係について、『左伝』桓公一五年（前六九七）には次のような記事も見える。

祭仲專。鄭伯患之、使其壻雍糾殺之。將享諸郊。雍姫知之、謂其母曰、「父與夫孰親」。其母曰、「人盡夫也、父一而已。胡可比也」。遂告祭仲曰、「雍氏舍其室而將享子於郊。吾惑之、以告」。祭仲殺雍糾、尸諸周氏之汪。

祭仲、專す。鄭伯、之を患い、其の壻の雍糾をして之を殺さしめんとす。將に諸を郊に享せんとす。雍姫、之を知り、其の母に謂いて曰く、「父と夫、孰れか親しき」と。其の母曰く、「人、盡く夫なり、父は一のみ。胡ぞ比ぶる可けんや」と。遂に祭仲に告げて曰く、「雍氏、其の室を舍てて將に子を郊に享せんとす。吾、之に惑い、以て告ぐ」と。祭仲、雍糾を殺し、諸を周氏の汪に尸す。

鄭の有力者であった祭仲の娘・雍姫は、夫・雍糾が国君の命令で父を暗殺しようとしていることを知り、夫と父の間で板挟みとなり、母親に相談を持ちかけた。これに対する母親の意見は、「人盡夫也、父一而已。胡可比也」というものであった。もちろん当時の鄭における祭仲の権勢という政治的背景や、暗殺対象となった側である妻の実家側の発言であることを抜きに、この言葉を解釈する事はできない。しかし、この発言は一度結婚すれば生涯夫を一人しか持たないという婚姻観とは全く異質なものであり、実際に雍姫が父に陰謀を教えることを選択していることは注目に値するだろう。

以上のような、『左伝』に見える女性の離縁や再婚を巡る事件や言説からは、『左伝』の「息嬀説話」に見える再婚を否定する記述は、春秋時代の婚姻の在り方としては非常に特殊な例であり、思想的にもまだ主流とは言えないものであったと考えられる。

第四節　『列女伝』における「息嬀説話」の改変

「息嬀説話」は前漢の劉向が著した女訓書『列女伝』にも取り上げられているが、その内容はここまで確認してきた『左伝』を始めとする史料とは大きく異なるものとなっている。

『列女伝』貞順伝息君夫人篇

夫人者息君之夫人也。楚伐息、破之。虜其君、使守門。將妻其夫人、而納之於宮。楚王出遊、夫人遂出見息君、謂之曰、「人生要一死而已、何至自苦。妾無須臾而忘君也、終不以身更貳醮。生離於地上、豈如死歸於地下哉」。乃作『詩』曰、「穀則異室、死則同穴。謂予不信、有如皦日」。息君止之、夫人不聽、遂自殺。息君亦自殺、同日俱死。楚王賢其夫人、守節有義、乃以諸侯之禮合而葬之。

夫人は息君の夫人なり。楚、息を伐ち、之を破る。其の君を虜とし、門を守らしむ。將に其の夫人を妻とせんとし、之を宮に納る。楚王、出遊し、夫人遂に出でて息君に見え、之に謂いて曰く、「人生、要らず一死のみ、何ぞ自ら苦しむに至らん。妾、須臾にして君を忘るること無く、終に身を以て更めて貳醮せず。生きて地上に離るは、豈に死して地下に歸るに如かんや」と。乃ち『詩』を作りて曰く、「穀きては則ち室を異にし、死せば則ち穴を同じくせん。予を信ならずと謂えば、皦日の如き有らん」と。息君、之を止むるも、夫人、聴かず、遂に自殺す。息君も亦た自殺し、同日、倶に死す。楚王、其の夫人の節を守り義有るを賢とし、乃ち諸侯の禮を以て合わせて之を葬す。『列女伝』と『左伝』を始めとする諸史料の「息嬀説話」との最大の相違点は、楚王が息嬀を妻にしようとするが、息嬀はそれを拒んで息侯とともに自害するという結末である。沈黙することで再婚の苦渋に耐え、文王によって蔡への復讐を果すという『左伝』の息嬀像とは異なり、『列女伝』の息嬀はあくまで息君の妻であることを望み、夫と共に死ぬ事を選んでいる。

勿論、『列女伝』の編纂された前漢時点では、『左伝』系統の「息嬀説話」とは異なるこのような異説が同時に伝わっていたということもあり得るが、『列女伝』、特に貞順伝の内容の傾向を踏まえると、これは劉向の手が大きく加わった説話である可能性が高い。下見隆雄氏は、劉向が『列女伝』編纂に当たって、「賢明」や「節義」などのテーマに合致した物語を作るため、『左伝』などの先行史料に取材しつつも意識的に史実を改変していることを指摘している[19]。特に、『列女伝』の中でも仁智伝などが先行文献に比較的忠実であるのと比べると、貞順伝の説話は直接の典拠が不詳のものがほとんどであり、『詩』に附会した内容や『儀礼』などの婚姻規範に基づく創作と考えられる篇が多い（【表二】参照）。

貞順伝の、女性の再婚を題材とした篇のうち、題材となった史実が確認できる息君夫人篇以外の例としては、楚の平王夫人を主人公とした楚平伯嬴篇がある。楚の平王夫人については、『左伝』昭公一九年（前五二三）に秦の公女が楚の平王に嫁いだ記録がある。また、『公羊伝』定公四年（前五〇六）には、

庚辰、呉入楚。呉何以不稱子。反夷狄也。其反夷狄奈何。君舍于君室、大夫舍于大夫室。蓋妻楚王之母也。

庚辰、呉、楚に入る。呉、何を以て子を稱せざるか。夷狄に反ればなり。其の夷狄に反るは奈何。君、君の室に舍り、大夫、大夫の室に舍る。蓋し楚王の母を妻すなり。

とあり、楚に呉が攻め込んだ際、楚王の母、すなわち既に寡婦であった平王夫人を呉王闔閭が妻としたという推測が示

されている。[20]『列女伝』楚平伯嬴篇はこの定公四年の事件に関する篇だが、その内容は以下のように大きく異なる。

伯嬴者、秦穆公之女、楚平王之夫人、昭王之母也。當昭王時、楚與呉爲伯莒之戰。呉勝楚、遂入至郢。昭王亡、呉王闔閭盡妻其後宮。次至伯嬴。伯嬴持刃曰、「妾聞、天子者天下之表也、公侯者一國之儀也。天子失制則天下亂、諸侯失節則其國危。夫婦之道、固人倫之始、王教之端。……且妾聞、生而辱、不若死而榮。若使君王棄其儀表、則無以臨國。妾有淫端、則無以生世。壹擧而兩辱、妾以死守之、不敢承命。且凡所欲妾者、爲樂也。近妾而死、何樂之有。如先殺妾、又何益於君王」。於是呉王慚、遂退舍。

伯嬴は、秦の穆公の女、楚の平王の夫人、昭王の母なり。昭王の時に當たり、楚、呉と伯莒の戰を爲す。呉、楚に勝ち、遂に入りて郢に至る。昭王亡げ、呉王闔閭、盡く其の後宮を妻とす。次に伯嬴に至る。伯嬴、刃を持ちて曰く、「妾聞く、天子は天下の表なり、公侯は一國の儀なりと。天子、制を失えば則ち天下亂れ、諸侯、節を失えば則ち其の國危うし。夫婦の道、固より人倫の始にして、王教の端なり。……且つ妾聞く、生きて辱しめらるるは、死して榮すに若かずと。若使、君王其の儀表を棄つれば、則ち以て國に臨む無し。妾、淫の端有れば、則ち以て世に生きる無し。壹擧にして兩辱あり、妾、死を以て之を守り、敢えて命を承けず。且つ凡そ妾に欲する所の者は、樂しみの爲なり。妾に近づきて死せば、何の樂しみか之れ有らん。如し先に妾を殺さば、又た何ぞ君王に益あらんや」と。是に於て呉王慚じ、遂に退舍す。

楚平伯嬴篇は、自分を妻にしようとする呉王闔閭を平王夫人が批判し、妻となることを拒絶するという内容である。[21]すでに確認したように、『春秋』三伝には楚の平王に嫁いだ秦の公女の存在や、平王夫人が呉王の妻となったという推測は見えるものの、『列女伝』のような平王夫人の行動は見えず、息嬀の例と同様、『列女伝』の記述は現在確認できる題材となった史料とは大きく異なる内容となっている。

息君夫人篇の場合、一人の女性が二人の夫を持つ事に対する忌避感情という点から見れば、『列女伝』の息嬀の「終不以身更貳醮」という言葉や再嫁より自死を選ぶという行動と、『左伝』の息嬀の「吾一婦人而事二夫。縱弗能死、其又奚言」という発言には、同じような思想的背景は窺える。しかし、『左伝』と『列女伝』の息嬀の行動には、最初の夫を失ったあとに実際に死を選ぶか否かという点で決定的な違いが見える。『礼記』郊特牲には、

壹與之齊、終身不改。故夫死不嫁。

壹たび之と與に齊すれば、終身改めず。故に夫死せども嫁せず。

という言葉が見え、この文言に対して鄭玄は、

齊、謂共牢而食、同尊卑也。齊或爲醮。

齊、牢を共にして食すを謂い、尊卑を同じくするなり。齊、或いは醮爲り。

と注している。貞順伝の諸篇の多くが『礼記』や『詩』の一節を元に創作された物語と考えられる点を踏まえると、『列女伝』における息嬀の発言もまた、この『礼記』の思想を念頭に置いたものと推測される。貞順伝にはほかにも、陳寡孝婦篇に「一醮不改」、蔡人之妻篇に「壹與之醮、終身不改」という形で、同様の思想が表明されている。特に、陳寡孝婦篇については劉向自身の頌の中でこの語が用いられており、劉向がこの思想を強く意識していたことが窺える。また、劉向が仕えた宣帝期の神爵四年（前五八）には、寡婦を守った女性が顕彰されており、このような同時代の動きも、劉向の執筆傾向に関係したのではないかと思われる。

再婚を否定するような傾向が『左伝』にほとんど見えないことは既に指摘した通りだが、劉向以前に見える寡婦を貫く事を推奨するような言説としては、『史記』巻六秦始皇本紀始皇三七年条（前二一〇）所載の会稽山の石刻文に、

飾省宣義、有子而嫁、倍死不貞。防隔内外、禁止淫泆、男女絜誠。夫爲寄豭、殺之無罪、男秉義程。妻爲逃嫁、子不得母、咸化廉清。

省ちを飾り義を宣べ、子有りて嫁し、死に倍きて貞ならず。内外を防隔し、淫泆を禁止し、男女絜誠なり。夫、寄

猥を爲せば、之を殺すも無罪く、男、義程を秉る。妻、逃嫁を爲せば、子、母とするを得ず、咸な廉清に化す。
という文章が見える。本箇所以外にも始皇帝の石刻文には男女の礼を重んじるような文言が散見し、少なくとも統治理念の上ではこのような倫理を重視していた事が窺える。ただし、ここでは女性が再婚することについて、子供がいた場合のみを批判しており、そうでない場合の再婚は批判対象ではなかったとも解釈できる。

また、秦から漢初にかけての寡婦の再婚などの扱いを考える上で注目されるのが、張家山漢簡『奏讞書』の一八〇〜一九六簡に見える裁判記録である。

張家山漢簡『奏讞書』案例二一

今杜濾女子甲夫公士丁疾死、喪棺在堂上、未葬、與丁母素夜喪、環棺而哭。甲與男子丙偕之棺後内中和奸。明旦、素告甲吏、吏捕得甲、疑甲罪。

今、杜の濾の女子甲、夫公士丁、疾死し、喪棺堂上に在り、未だ葬らずして、丁の母素と夜喪し、棺を環りて哭す。甲、男子と偕に棺の後に之きて内中に和奸す。明旦、素、甲を吏に告し、吏、甲を捕得するも、甲の罪を疑う。

事件の概要は以上のようなものであり、この後にその量刑に関する議論が続いている。この事例では、夫を亡くしたばかりの女子甲が男子丙と密通し、その事を夫の母から訴えられている。この事件について若江賢三氏は、秦代ではなく漢初の裁判事案であると指摘した上で、最初の結論では女子甲の密通行為に対して、「敖悍」と義母に対する「不孝」に関する律文を適用し、量刑は完為舂とされたが、最初の判決に参加していなかった廷史申が、寡婦が死んだ夫に対して義理立てする必要はなく、不孝罪は適用できないと主張したことで、「敖悍」罪のみで裁かれ、女性に対する減刑措置などの結果、女子甲は無罪となったと解している(22)。一度は「不孝」罪が適用されていることから、漢初の時点でも判断の難しい問題であったのだろうが、この判決に至るまでの議論からは、夫との死別後の再婚自体は法的に問題とはならなかったことが分かる。

断片的ではあるが、このような劉向の時代以前の社会状況を踏まえると、息君夫人篇や楚平伯嬴篇は、『左伝』など現存する史料とは別系統の原史料を元にしたものではなく、やはり劉向によって意図的に『礼記』などの思想を取り入れ、再婚を否定する考え方が強調された説話である可能性が高いように思われる。秦の石刻文に見える「有子而嫁、倍死不貞」という状況への非難や、「奏讞書」に見えるような寡婦の密通行為が「不孝」としては裁かれない結果から窺われるように、「壹與之齊、終身不改」は、当時必ずしも現実的な婚姻観では無かった。その一方で、『列女伝』の成立した時期には、寡婦を顕彰するような動きがあり、劉向自身がそのような時代状況の中で「貞女」像を構築しようとした結果が、特に先行史料に乏しく原史料からの改変が大きい、『列女伝』貞順伝の傾向に反映されていると思われる。

むすび

本稿では諸史料で内容が異なる「息嬀説話」を糸口に、春秋時代における「女性の再婚」の春秋社会での位置づけについて検討した。息嬀の文王との再婚は、『左伝』及び「繫年」にしか見えない事件であり、息嬀の貞女性の象徴とも言える、再婚相手に対して口をきかない「沈黙する息嬀」についての記述や、「未亡人」を自称する『左伝』荘公二八年に相当する内容は、『左伝』以外の史料には見られなかった。一方で、『左伝』には女性の再婚例自体は散見するものの、それを明確に批判する記述は決して多くなく、女性の実家側が離縁や再嫁を忌避しない傾向も窺えた。

このような『左伝』の婚姻記事の傾向や、戦国時代の「繫年」や『呂氏春秋』などの「息嬀説話」が、『左伝』とよく似た内容を持つ一方で、後代の息嬀像の象徴とも言える「沈黙する息嬀」のエピソードを欠いていることは、現在の『左伝』に見えるような、息嬀の「一婦人而事二夫」を恥じる婚姻観に関わる内容は、少なくとも『左伝』を除くと戦国中期の時点ではまだ存在しなかった可能性も示唆するものである。

また、『左伝』と『列女伝』の「息嬀説話」は再婚否定の思想自体には共通性があるが、『列女伝』では再婚を拒否する姿勢がより苛烈な手段へと変容しており、そこには劉向の意図的な改変があったと考えられる。春秋時代の事例では、「貞女」の象徴とも言える『左伝』の「息嬀説話」ですら、息嬀は自死を選ばず再婚した文王の子を産んでおり、第三節で取り上げた『左伝』成公一一年に見える女性も、最初の夫と別れることは拒もうとしたものの、再婚先でも子供を産んでいるなど、『礼記』の「壹與之齊、終身不改」の思想が、自死という形で実際に実行された例は見られない。戦国時代から秦漢期の事例に関してはまだ検討が不十分ではあるが、秦が石刻文によって女性の再婚を非難する必要があったことや、「奏讞書」の判例からは、少なくとも春秋時代以降、『列女伝』登場までの秦漢期の時点でも、寡婦の再婚や密通行為に批判的な見解はあっても、それらはまだ決定的な倫理違反ではなく、社会的に許容される余地のある行為であったことが窺える。劉向が貞順伝に関しては原典からの大幅な書き換え作業を必要としたのも、このような倫理観の相違が背景にあったと推測されるが、この点については今後さらに検討を進めたい。

表1　『列女伝』貞順伝の典拠

篇名	典拠と考えられる史料	題材となった人物
召南申女	『韓詩外伝』一、『穀梁伝』荘公二二年、『礼記』昏義、『詩』召南行露	
宋恭伯姫	『左伝』・『公羊伝』・『穀梁伝』成公八、九年、襄公三〇年、『儀礼』士昏礼	宋公夫人・伯姫
衛寡夫人	『詩』邶風柏舟	
蔡人之妻	『詩』周南芣苢、『太平御覧』引『韓詩外伝』	
黎荘夫人	『詩』邶風式微	
斉孝孟姫	『儀礼』士昏礼	
息君夫人	『詩』王風大車、『左伝』荘公一四年	息公夫人・息媯
斉杞梁妻	『礼記』檀弓下、『左伝』襄公二三年、『孟子』告子下	杞梁の妻
楚平伯嬴	『公羊伝』・『穀梁伝』定公四年	楚の平王夫人
楚昭貞姜	不明	
楚白貞姫	『左伝』襄公一六年・哀公一六年、『論語』泰伯、『史記』楚世家、『礼記』表記	
衛宗二順	不明	
魯寡陶嬰	不明	
梁寡高行	不明	
陳寡孝婦	不明	

注

（1）陳顧遠『中国婚姻史』（商務印書館、一九三七年）二二八頁参照。
（2）加藤常賢氏や江頭廣氏は、「烝」をレビレート婚、媵や「継室」をソロレート婚の習俗であると論じている。詳細は加藤常賢「媵考」（『支那古代家族制度研究』岩波書店、一九四〇年）、江頭廣『姓考—周代の家族制度—』（風間書房、一九七〇年）二三九～一四二頁参照。
（3）拙稿A「春秋時代における「烝」婚の性質」（『史観』第一七二冊、二〇一五年）およびB「春秋時代の「烝」・「報」・「通」事例から見た諸侯の婚姻習慣の変化について」（『早稲田大学文学研究科紀要』六一輯第四分冊、二〇一六年）参照。
（4）それぞれの分類については、小倉芳彦「『左伝』における覇と徳」（『小倉芳彦著作選〔Ⅲ〕春秋左氏伝研究』論創社、二〇〇三年）、平勢隆郎『左傳の史料批判的研究』（汲古書院、一九九八年）四八六頁参照。
（5）注（4）平勢隆郎前掲書、一五六頁参照。
（6）注（2）江頭廣前掲書、一四〇～一四一頁参照。
（7）童書業『春秋左伝研究（校訂本）』（中華書局、二〇〇六年）三三七～三三八頁、肖発栄『先秦女性社会地位研究』（黄河出版伝媒集団寧夏人民出版社、二〇一三年）八二頁参照。
（8）吉本道雅『中国先秦史の研究』（京都大学出版会、二〇〇五年）三三七頁参照。
（9）吉本氏は、この記事の中で闘氏の闘射師が子元に対する批判を行ったことが「諫」と表現されることに示されるように、武王の子であり文王の弟である子元は、王に次ぐ身分を保持するものと目されていたと指摘する。詳細は注（8）吉本道雅前掲書、三三八頁参照。
（10）「繫年」第五章の図版および釈文については李学勤主篇『清華大学蔵戦国竹簡（貳）』（中西書局、二〇一一年）五、五〇～五四、一四七～一四九頁参照。
（11）注（10）李学勤前掲書、一三五頁参照。
（12）『国語』周語中には、「王徳狄人、将以其女爲後。富辰諫曰、「不可。夫婚姻、禍福之階也。利内則福由之、利外則取禍。

今王外利矣、其無乃階禍乎。……昔鄢之亡也由仲任、密須由伯姞、鄶由叔妘、聃由鄭姫、息由陳嬀、鄧由楚曼、羅由季姫、盧由荊嬀、是皆外利離親者也」とあることから、この「陳嬀」は息を滅ぼす要因となった息嬀を示すとみられる。

（13）懐嬴と文公の婚姻については『左伝』僖公二三年に見え、文公と陳嬀の関係については、『左伝』宣公三年に、「文公報鄭子之妃、曰陳嬀。生子華・子臧」とある。「烝」・「報」や夫の親族との「通」事例の果たした政治的役割については注（3）拙稿A・B参照。

（14）楚での夏姫の処遇を巡る争いについては、『左伝』成公二年（前五八九）に見える。

（15）本文に挙げた『左伝』成公一一年の記事の前段によると、声伯の母親は、当初魯の宣公の弟の妻となり声伯を産んだが、正式な婚姻を結んだ夫人ではなかった事を理由に、宣公夫人穆姜によって離縁させられた。その後、改めて斉の管于奚に嫁いで二人の子を産んでおり、その一人が本文で取り上げる女性である。

（16）この事件について宇都木章氏は、声伯の一族と施氏の魯における立場や、晉の郤氏の置かれていた環境が要因となって発生したものであったことを指摘している。詳細は宇都木章「「左伝」中の一女性の悲劇をめぐって」（『春秋戦国時代の貴族と政治』名著刊行会、二〇一二年）参照。

（17）『史記』巻三二斉太公世家桓公二九年条（前六五七）には、「桓公與夫人蔡姫戯船中。蔡姫習水、蕩公。公懼止之、不止。出船、怒帰蔡姫、弗絶。蔡亦怒、嫁其女。桓公聞而怒、興師往伐。三十年春、齊桓公率諸侯伐蔡、蔡潰。遂伐楚」とあり、巻三五管蔡世家繆公一八年条（前六五七）にも、蔡側の視点で記述されたほぼ同内容の記事が見える。

（18）『左伝』哀公一一年には、「冬、衛大叔疾出奔宋。初疾娶于宋子朝、其娣嬖。子朝出、孔文子使疾出其妻而妻之。疾使侍人誘其初妻之娣、寘於犂而爲之一宮、如二妻。文子怒、欲攻之。仲尼止之。遂奪其妻。或淫于外州、外州人奪之軒以獻。恥是二者、故出。衛人立遺、使室孔姞」とあり、夫の問題行動によって妻の実家が離縁と再婚を強いたことが分かる。

（19）下見隆雄『劉向『列女傳』の研究』（東海大学出版会、一九八九年）七二～七四頁参照。

（20）『穀梁伝』定公四年も、同じ箇所にほぼ同内容の説明を加え、「君居其君之寝、而妻其君之妻、大夫居其大夫之寝、而妻其大夫之妻。蓋有欲妻楚王之母者。不正乘敗人之績而深爲利、居人之國，故反其狄道也」と述べている。

（21）この篇では楚の平王夫人は秦の穆公の公女とされているが、史実に見える平王夫人が穆公の公女であったとは年代上考えられず、これは劉向による事実誤認あるいは意図的な創作であろう。

（22）若江賢三「『張家山漢墓竹簡』奏讞書の和姦事件に関する法の適用—公子の贖耐について—」（『秦漢律と文帝の刑法改革の研究』汲古書院、二〇一五年）参照。

里耶秦簡よりみた秦辺境における軍事組織の構造と運用

小林　文治

はじめに

これまで秦の兵役研究は主に睡虎地秦簡と伝世文献を用いて考察が行われてきた。しかし、そもそも史料が断片的で非常に少なく、その考察も漢代兵役研究に付随して行われてきたか、あるいは漢代兵役研究の成果から秦の兵役を推測するという方法がとられてきたごとくであり、概括的なものに留まっている。このようななか、二〇〇三年に出土した里耶秦簡は統一秦期を中心に、兵役に関する様々な文書を含んでおり、これまでの兵役研究を大幅に進展させる可能性を持つ。それらを見ると、当時の辺境防備を担った戍卒の他、「県卒」・「乗城卒」など、これまで存在こそ知られていたものの、資料的制約により考証ができなかった各種兵卒の名称が見える。そもそも兵卒の名称は彼らが所属する軍事組織の構成をよく反映している。例えば前漢中後期の居延地方では兵卒の名称にそれぞれ職務・所属等が用いられ、細分化されていた（例えば「田卒」、「河渠卒」など）。これに対し秦の洞庭郡遷陵県では職務を冠する兵卒の名称はほとんど見えず、自らの出自や所属を冠する名称が多数を占める。更に興味深いのは、同一種の兵卒の名称が場面に応じて異なる名称に言い換えられることがある。これはどのような理由によるものなのか。この点をてがかりに、本稿では秦代地方軍事組織の最末端である兵卒がどのような統属関係のもと配置されていたのか、さらにそのような卒は軍事行動時どのように組織に組み込まれたのかを探る[1]。

第一節　県卒と乗城卒

里耶秦簡を見てみると、当時の洞庭郡遷陵県には大別して二種の兵卒が存在していた。ひとつは戍卒である。戍卒については居延漢簡の検討を中心にこれまで多くの先行研究がある。里耶秦簡でも戍卒に関する資料が多数含まれていることから、今後は秦における戍卒の研究が進展することが期待されている。筆者もこの戍卒については別稿で触れており、また第二節でも若干触れることになる[2]。もうひとつは「乗城卒」で、これは従来より「正卒」のひとつとされている「県卒」と深い関係にある兵種とされている。乗城卒はこれまで出土資料にわずかに資料が残っているのみで、その実態はほとんど不明だった。しかし里耶秦簡の公表後、そこに乗城卒が多数見えることから若干の類推が可能になった。すなわち、二〇〇三年に公表された里耶秦簡の釈文のひとつに、以下のような記述が含まれていたのである[3]。16-5簡に、

廿七年二月丙子朔庚寅、洞庭守禮・縣嗇夫卒史嘉・假卒史穀・屬尉に謂う。令に曰く、「傳送・委輸は必ず先ず悉く城旦舂・臣妾・居貲贖債を行《や》れ。急時は留むべからず、乃ち徭を興せ」と。●今、洞庭の兵、内史及び巴・南郡・蒼梧に輸《おく》る。甲兵を輸るに、傳に當る者多し。即し之を傳うるや、必ず先ず悉く乘城卒・隸臣妾・城旦舂・鬼薪白粲・居貲贖債・司寇・隱官・縣に踐更する者を行れ。田時なるや、黔首を興すを欲せず。嘉・穀・尉、各〻謹みて部する所の縣卒・徒隸・居貲贖債・司寇・隱官・縣に踐更する者の簿を案じ、甲兵を傳わしむべくして、縣の之を傳わしめずして黔首を興す、黔首を興すに省き少なくすべきを省き少なくせずして多く興す者有らば、輒ち劾して縣に移し、縣、亟かに律令を以て具さに坐するに當る者を論じて名を言い、泰守に史せ。……。

以上の資料が公開された後、先行研究では乗城卒が後段で県卒と言い換えられていることから、乗城卒と県卒は同義、

もしくは乗城卒は県卒の一種と考えられてきた。[4] この関係は、徒隷と城旦舂・隷臣妾が総称と具体名の関係と考えられている点から類推して、県卒と乗城卒もこれと同様の関係（総称と具体名）と見られたからである。県卒については前述のごとく伝世文献にわずかながら記載があり、これまで兵役研究において最大の問題である正卒の実態をめぐる議論の中で取り上げられ、その輪番方式・徴発体系が考察されるべきと言われてきた。

以上のように、乗城卒・県卒はいずれも不明な点が多く、不明なもの同士を比較検討したところで進歩的な解釈が導かれる訳ではない。従って有効な考証方法とはどちらか一方の定義を確定した上で改めて両者の関係を見極めることであろう。本節ではまず、これまでに出土資料の発見により比較的関連資料が増えた乗城卒の性質について、①乗城卒とは結局どのような兵卒なのか、②乗城卒の組織内の位置、③乗城卒の出身地について検討したい。

（1）里耶秦簡から見た乗城卒の性質

まず、「乗城」とはどのような意味で、どのような文章において用いられる用語なのか。これについては既に楊振紅氏による詳細な研究がある。[5] 楊氏は乗城卒を①県卒の一種、②「乗城」とは城などに駐屯して守備を担うことで、乗城卒はそれを専門に行う卒、としている。楊氏が参照しているのは『塩鉄論』本議篇及び結和篇や『漢書』巻七〇陳湯伝及びその顔師古注であるが、出土資料中にも乗城卒の性質をうかがえる記述が見える。例えば張家山漢簡「二年律令」賊律第一・第二簡には以下のようにある。[6]

城・邑・亭・障を以て反して諸侯に降る、及び城・亭・障に守乗し、諸侯の人、來りて攻盜するに、堅守せずして之を棄去す、若しくは之に降る、及び謀反する者は、皆な要斬。

ここでは「守乗城亭障」という表現がみられ、「城」・「亭」・「障」が列記されている。これらは卒が駐屯する軍事施設を指すので、「守乗城亭障」する卒のひとつがまさに乗城卒と言える。

以上のような「乗＋軍事施設」という表現は張家山漢簡中に他にも見られ、津関令第四九〇・四九一簡には、

縣邑の塞に傳う、及び備塞都尉・關吏・官屬・軍の吏卒の塞に乘る者の禁（?）其の□弩・馬・牛出、田・陂・苑（?）・牧、塞を繕治する、郵・門亭の書を行る者は符を以て出入するを得。●制して曰く、可と。

とあり、「乘塞」という表現も見える。塞は主に辺境に設置される軍事施設。以上から、「乘塞」という語は「塞に駐屯する」という意味になるだろう。要するに、軍事施設で守備に就くことを「乘」と表すのである。

以上の検討をまとめると、当時の洞庭郡遷陵県には県卒が配置され、そのひとつとして乗城卒が資料中に見えるということになる。ただしこれまでに公表されている里耶秦簡の中に県卒はあまり見えない。わずかに8-648簡に、

正

卅一年七月辛亥朔甲子、司空守□敢えて之を言う。今、初めて縣卒と爲る𤺺の死及び槥を傳うるの書を以て案致するに、此の人名に應《あた》る者毋し。真書を上る。書は癸亥に到り、甲子起つ。留むること一日。案致して治を問うて留む。敢えて之を言う。

背

章、手す。

と見えるのみである。本木牘は司空が送った上行文書で、県卒「𤺺」の死亡と棺の輸送に関し、司空の管理下にはそのような者は見えないということを報告している(7)。「初爲縣卒」という表記をどう理解すべきか、ここでは何故県卒と表記されるのか等(8)、本木牘をめぐる問題は多いが、関連資料が乏しく、今後の資料の公表を俟つ他ない。

（2）乗城卒の組織内の位置・統属関係

以上のように、乗城卒は県卒の一種であり、彼らは洞庭郡遷陵県各地に配置されたとみられる。上掲の乗城卒に関す

る論説は、里耶秦簡の正式報告書出版前で、他の里耶秦簡を参照することができなかった時点のものだが、現在公表されている里耶秦簡には乗城卒の資料も少なからず見える。そこには乗城卒が労役に従事している様子もうかがえ、彼らの労働実態や県内での統属関係を見る上で貴重である。まずは8-1516簡を見てみたい。

正

廿六年十二月癸丑朔庚申、遷陵守禄、敢えて之を言う。沮守瘳、言う、「廿四年畜の息子を課す。銭を得ること殿。沮守周、主る。新地の吏爲るや、縣をして論じて事を言わしめよ」と。●之を問うに、周は遷陵に在らず。敢えて之を言う。●荊山道丞の印を以て行う。

背

丙寅水下三刻、啓陵の乗城卒秭歸□里士伍順、旁に行る。　任、手す。

本資料は秦始皇二六年の遷陵県守令の上奏を「啓陵乗城卒秭歸□里士伍順」が配達したことを示している。「啓陵」は遷陵県内の郷名。すると「啓陵乗城卒」は「啓陵郷に駐屯する乗城卒」という意味であろうから、この乗城卒は郷に駐屯していることになる。するとこの資料は「郷卒」という兵種が存在し、しかもそのひとつが乗城卒であると解釈することもできる。これについては、岳麓書院蔵秦簡「数書」〇九四三号簡にも、(9)

凡そ三郷、其の一郷の卒は千人、一郷は七百人、一郷は五百人。今、千人を上歸し人數を以て之を衰えんと欲す。問うこと幾何か。歸すること幾何か。曰く、千ならば歸一……。

とあり、郷に卒が駐屯している様子がうかがえる。すると乗城卒は岳麓書院蔵秦簡に見えるような郷に配置される卒であったようである。しかしそもそも従来説によれば、乗城卒は県卒の一種とされているため、前引二史料と食い違う。では、当時軍と郷はどのような関係にあったのか。実は里耶秦簡中には軍と郷の深い関係を示す資料が散見する。例えば8-198, 213, 2013簡に、

正

……□遷陵丞昌、郷官に下して曰く、各〻軍吏に別て。●郷官をして書を軍吏に別たしむるに當らざるは、軍吏及び郷官、聴くに當らず。……其の官の此の書を軍吏に下すを問う。下に下さずんば、坐するに當る者の名吏里・它の坐・訾の入るる能う貲の能はざるを定め、遣して廷に詣せ。……□獄、東す。／義、手す。

背

…【者】。／萃、手す。／旦、守府昌、廷を行る。

とある。これは遷陵県丞が郷官に宛てた文書である。「別軍吏」とは、後文に見える「別書軍吏」と同じ意味であろう。従って本文書冒頭は「郷官はそれぞれの軍吏に文書を分けて送付するように」、その後文は「郷官が軍吏に送付するのに該当しない文書に関しては、郷官及び軍吏はその命令に従ってはならない」という意味になる。すると本文書は郷官が文書を軍吏に送付することを記すものということになる。もともと軍事関係の命令系統については、漢代においてはよく知られている。すなわち、尉官が中心に庶務を管理し、大規模な軍事行動が起こると県令・丞が直接把握するという、県レベルについては知られていた。これに対し、里耶秦簡は県の長官以下の命令系統を復原できる可能性を持つ。軍の末端と郷の関係を示唆する資料は他にも8-657簡に以下のようにある。

正

……亥朔辛丑、琅邪假守□、敢えて内史・屬邦・郡守の主に告ぐ。琅邪尉徙りて即【黙】を治め……琅邪守四百卌四里、卒の縣官をして辟有らしむるべき・吏卒の衣用及び卒の物故して辟・徴・遝に當る有らば……琅邪尉に告ぐも、琅邪守に告ぐ毋し。琅邪守に告げて固く費を留め、且つ輒ち卻けて吏の坐するに當る者を論ぜよ。它は律令の如し。敢□……□一書。●蒼梧尉の印を以て事を行う。／六月乙未、洞庭守禮、縣嗇夫に謂う、「書を聴き從事□……。□軍吏の縣界中に在る者は各〻之を告げよ。新武陵は四道に別ち、次を以て傳えよ。書を別ち寫して洞庭尉

背
に上れ。皆な留むる勿れ。／葆、手す。／驕、手す。／八月甲戌、遷陵守丞膻之、敢えて尉官の主に告ぐ。律令を以て従事せよ。傳うるに書を貳春に別ち、卒長に下して官に奢せ。／□、手す。／丙子旦、食走印、行る。〼
〼【月庚】午水下五刻、士五（伍）宕渠道平邑疵、以て來る。／朝半。　洞〼

これは琅邪郡仮守から発せられ洞庭郡に送られてきた、琅邪郡尉の処遇をめぐる文書と思しいが、前後が欠損しており全体の文意がとりにくい。本文書の後段から背面にかけては、これをどのように下達すればいいかが記されており、当時の文書伝達方式を理解する上でも重要である。まず正面四行目から背面一行目にかけては、洞庭郡守が県嗇夫に「軍吏で県境に駐屯している者はそれぞれこれを連絡せよ」と命じ、「新武陵」は四道（辺境の行政区画である「道」とみられる）に分けて送り、洞庭郡尉にも文書を書き写して上奏すべし、と命令を下している。背面二行目から三行目にかけては遷陵県守丞が尉官に律令の通りに処理するように命じ、本文書を貳春郷に送付し、さらに「卒長」に下すよう命じている(10)。以上のように、本文書のような軍事関係の文書を「郷」に送付する必要があるのは、8-198, 213, 2013簡と同様である。これも軍の末端が文書を受け取る際は郷官を通していたことがうかがえる。

以上の資料から軍吏と郷の関係を読み取ると、軍吏は郷官を介して文書を受け取っている。すなわち、軍吏は県から直接命令を受けるのではなく、郷を介して命令を受けるということになる。これは軍（全体ではなく、その一部であろう）が郷の管理下に置かれているともとれる。しかし、そもそも軍は県単位に配置されると言われてきたことに鑑みると、軍の末端が郷官の統制を受けると判断するのは慎重になる必要があるだろう。前掲の岳麓書院蔵秦簡を分析した水間大輔氏も、郷駐屯の卒は県から派遣されていたと想定しており(11)、現時点では、軍の末端は県が管理し、命令そのものは郷を通して受けていたと考えるのが妥当ではないだろうか。また乗城卒についても、本稿では郷に駐屯しているものについて検討したが、他にも県城に駐屯するものもいておかしくはない。それらについては里耶秦簡のさらなる公表を俟つ他ない。

（3）乗城卒の出身地

では次に乗城卒の本籍地を見てみたい。そもそも、乗城卒が正卒の一種であるならば、本籍地で輪番徴発されるはずである。そして文書中で現地の者が記される場合、その名県爵里は「爵＋里＋名」となり、県が省略されるのが普通である。では、乗城卒の名県爵里はどのように表記されているのか。まず、8-1516簡を見ると、乗城卒は「啓陵乗城卒秭歸□里士伍順」と表記されている。この中の「秭歸」は県名として見られ、『漢書』巻二八地理志上に南郡の属県として見える。ただしこれは漢代における帰属であり、后暁栄氏は秦代の「秭歸」を巫黔郡に入れている(12)。

次に8-1452簡を見てみると、

正　廿六年十二月癸丑朔己卯、倉守敬、敢えて之を言う。西廥の稲五十□石六斗少半斗を出して輸る。粢粟二石は以て乗城卒夷陵士伍陽□に稟し□□□。今、中辨券廿九を上り出す。敢えて之を言う。　□、手す。

背　□申水十一刻刻下三、走屈をして行らしむ。　操、手す。

とある。本資料で乗城卒の名県爵里は「乗城卒夷陵士伍陽□」となっており、「夷陵」は県名と考えられる。この「夷陵」も『漢書』地理志上に南郡の属県として見え、后氏によれば秦でも南郡の属県であるという(13)。

以上二例を見てみると、双方とも他県はおろか他郡から派遣された者であった。すると乗城卒も戍卒と同様、他郡出身者だったと言える。この点は本籍地の者が就役するという正卒の従来説と食い違う点である。では、この違いをどのように解釈すべきか。

例えば戍卒の場合、その派遣には一定の規則があった。里耶秦簡中でも更戍、罰戍など様々な戍卒の各形態についてそれぞれ出身地に偏りがあり、また律令中でも岳麓書院蔵秦簡に戍辺刑を科された者をどこに派遣すべきかが規定されている律文が見える。(14)では、乗城卒の場合はどうだろうか。上記二例を見る限りでは、その出身地には一定の偏りがあるように見える。すなわち、上記二例の「秭歸」・「夷陵」は秦代でそれぞれ異なる郡に所属しているものの、漢代では双方とも南郡に属し、洞庭郡との距離も比較的近い。では当時、正卒でも就役地に他郡から派遣されることがあったのだろうか。

この点に関して興味深い内容を持つのが二〇〇四年に湖北省荊州市紀南鎮で出土した松柏漢墓簡牘である。本木牘は前漢武帝期の戸口簿・免老簿・新傅簿等を含み、南郡属下の各県の詳細な状況が反映されている第一級の資料である。(15)その中に「南郡卒編更簿」と呼ばれる資料が見える。(16)その内容は以下のごとくである。

巫卒千一百一十五人、七更、更百卌九人。余卌九人
秭歸千五十二人、九更、更百一十六人、其十七人助醴陽、余八人
夷陵百廿五人、參更、更卌六人、余十七人。
夷道二百五十三人、四更、更五十四人、余卅七人。
醴陽八十七人、參更、更卌二人、受秭歸月十七人、余十二人。
(以下略)

本資料では南郡各県の「卒」の人数、交替回数(数字+更で示される)、一回の交替で入れ替わる人数、備考が記されている。これより、前漢武帝期には「秭歸」・「夷陵」は南郡の属県だったことが確認される。注目すべきは備考の部分で、例えば秭帰の欄には末尾に「其十七人助醴陽」とある。「其十七人」とは交代(「更」)で入れ替わる一一六人のうちの一七人のことであるから、本句は交代の際、交代要員のうち一七人を醴陽県に派遣して補うという意味であろう。醴陽県の欄

を見ると、末尾に「受秭歸月十七人」とあり、秭歸県から一七人受け入れているとあるので、上記の欄と合致する。

以上のような記述は当時醴陽県の人員が何らかの理由で不足し、他県から派遣してもらわねば行政に影響が出る現状を反映しているのだろう。このような処置はこれまでに文献からうかがうことができなかったもので、今後の徭役・兵役関係の研究にとって重要な意味を持つ。

前掲の松柏漢墓簡牘からは人員の不足を補いあう様子がうかがえる。このような状況は、秦の遷陵県も同じだったのではないだろうか。というのも、遷陵県の人口が県としてはあまりに少ないことが指摘されているからである。すなわち、鷹取祐司氏の分析によると、当時遷陵県の戸数は一六〇戸あまり、人口は千人程度、これに戍卒や刑徒が加わり、全人口が構成されている。[17] ここから見ると、現地で民を徴発することは難しい状況だった可能性があるのである。遷陵県がそのような状況のため、南郡一帯からは多くの人員が遷陵県に派遣されてきたのではないか。里耶秦簡中には巫黔郡巫県（漢代の南郡巫県）・南郡夷陵県・夷道等の本籍を持つ者が見える。8-1563簡には、

正

廿八年七月戊戌朔癸卯、尉守竊、敢えて之を【言】う。洞庭尉、巫の居貸公卒安成の徐を遣して遷陵に署せしむ。今、徐、壬寅を以て事え、倉をして食を貣し、尉に移して以て約日を展せしむることを謁《こ》う。敢えて之を言う。

七月癸卯、遷陵守丞膻之、倉の主に告ぐ。律令を以て従事せよ。／逐、手す。即ち徐□入□。

背

癸卯、朐忍宜利錡以て來る。／敞半。　齮、手す。

とあり、ここでは洞庭郡尉の命により巫県から「居貸公卒安成徐」が遷陵県に派遣されている。この人物に関し、『校釈』は安成を巫県の里名、徐を人名とする。[18]「署遷陵」とあるので、徐は遷陵県のある部署に配属され、労役に従事したと見られるが、具体的な状況は不明。ここでも洞庭郡と南郡一帯の深い関係をうかがうことができる。

以上のように、洞庭郡遷陵県の主要な兵力の一つである「乗城卒」の性質を見ると、以下のことがわかった。すなわち、①県卒の一種だが、郷に配置されることがある。上級機関からの命令も軍の末端は郷を通して受け取っている。従って、今後は軍の末端と郷との関係に注目する必要がある。②遷陵県の乗城卒は他郡出身者が多数存在する。この点については必ず本籍地の者を徴発するという県卒の従来説と異なる。これは遷陵県の人口が少ないことが関係しているためである。

以上の乗城卒と戍卒が当時の洞庭郡遷陵県に常置される兵卒の主要部分であり、労働力の一端であった。洞庭郡遷陵県に駐屯している戍卒の性質については別稿で論じたが[19]、彼ら戍卒をより系統的に理解するためには、以上のような制度的側面のほか、戍卒がどのような軍事行動に参加し、またそのような軍事行動はどのように組織されていたのかという運用的側面も検討する必要があろう。次節ではその点について検討を加えたい。

第二節　戍卒の身分表記と「屯」

そもそも戍卒の形態に関しては居延漢簡に豊富に資料があり、そこでは「戍卒」、「田卒」、「河渠卒」、「障卒」等、主に戍卒の労役内容や配属部署を用いて分類していた。これに対し、里耶秦簡では、「更戍」（輪番交代の戍卒）、「罰戍」（「戍辺刑」により派遣された戍卒）、「謫戍」など、戍卒の労役内容ではなく就役形態や就役理由を用いて分類していた[20]。このような違いは、漢代居延地方はある程度辺境防備組織が整っているため、各卒を系統化して把握しなければならず、必然的に以上のような表記方法となった。これに対し秦・洞庭郡遷陵県は、漢代居延のような系統化された辺境防備組織は整備されておらず、戍卒の分類も職務内容を記すのではなく、身分や来歴を示すに留まっている、という理由によるのだろう。

このようななか、里耶秦簡中では上記のような戍卒の分類の他、「屯」字を冠した職名が散見する。主なものとして「屯戍」、「屯卒」が挙げられる。そもそも戍卒労役は伝世文献で「屯戍」とも呼ばれ、これは屯田開発及びそれに従事する戍卒の総称とされているが、里耶秦簡のような行政文書で使用される語とは意味が異なる。すなわち、里耶秦簡で使用される「屯戍」・「屯卒」は何らかの身分記号であるはずで、その使用方法が検討されなければならない。例えば8-140簡には、

正

☐朔甲午、尉守傰、敢えて之を言う。遷陵丞昌、曰く、「屯戍の士伍桑・唐・趙、歸りて……日已、酒十一月戊寅を以て之を遣して署す。遷陵、曰く、「趙、到らず、具さに報を爲せ」と。●問う、審以卅……署、趙の到らざる故を知らず、遷陵に告げて以て從事せんことを謁う。敢えて之を言う」と。／六月甲午、臨沮丞禿、敢えて遷陵丞主・令史に告ぐ、律令を以て從事すべし。敢えて主に告ぐ。／胥、手す。

九月庚戌朔丁卯、遷陵丞昌、尉主に告ぐ、律令を以て從事せよ。／氣、手す。／九月戊辰旦、守府、快行す。

背

☐倍、手す。

とある。本資料は遷陵県に配属された「屯戍」桑・唐・趙のうち、趙が任地に到着していないことが判明し、その趙の行方をめぐって県尉と遷陵県丞、及び臨沮県丞の間で交わされた文書である。臨沮県は『漢書』地理志上では南郡の属県とされており、后氏の地理比定も同様[21]。本文書で臨沮県丞が関係しているのは「屯戍」が南郡から派遣されてきたからかもしれない。

他に「屯」と冠する職名として「屯卒」が見える。8-445簡には、

屯卒公卒朐忍固陽失、自言す。室、廿八年衣用を遺るも未だ得ず。今固陵……

とある。本資料は文書の冒頭で、「屯卒公卒朐忍固陽失」の自言文書であることはわかるが、(22) 後半部分は見つかっておらず全体の文意は判然としない。朐忍は巴郡の属県であるから、この屯卒も他郡出身者である。(23) では、この「屯戍」・「屯卒」と、「更戍」・「罰戍」にはどのような区別があるのだろうか。この問題を解釈する手がかりとして注目されるのが、別稿でも触れた8-781, 1102簡と8-1574, 1787簡の二資料である。(24) そこには以下のようにある。

8-781, 1102

卅一年六月壬午朔丁亥、田官守敬・佐郤・稟人娙、出して罰戍簪裛褱徳中里悍に貣す。

令史逐、視平す。　郤、手す。

8-1574, 1787

徑廥粟米一石八斗泰半。　卅一年七月辛亥朔癸酉、田官守敬・佐壬・稟人蓉、出して屯戍簪裛褱完里黑・士伍朐忍松塗增に稟す。

六月食、各九斗少半。　令史逐、視平す。　敦長簪裛褱徳中里悍、出す。　壬、手す。

上記二例は穀物を倉から出す時に記された資料（穀物出倉簡）である。『校釈』も指摘しているように、ここでは8-781, 1102簡で「罰戍簪裛褱徳中里悍」と記された人物が、8-1574, 1787簡では「敦長簪裛褱徳中里悍」と記されている点に注目される。(25) これより、戍辺刑を科されて就役した「罰戍」も、戍卒を取りまとめる「敦長」となることができたことがわかる。これは言い換えれば「更戍」も「罰戍」も身分の違いはなかったことを示す。

では、上記二例に見えるような、ある時に「罰戍」と表記されたり、また別の時に「敦長」と表記されるのは一体なぜか。この点については、8-1574, 1787簡の内容が参考になろう。すなわち、本簡は「屯戍簪裛褱完里黑」と、「士伍朐忍松塗增」に食糧を支給する際、田官守、佐、稟人が倉から出す際、「敦長簪裛褱徳中里悍」も穀物取り出しに関わっているという内容である。「士伍朐忍松塗增」は職名が記されていないが、前者の「屯戍」が省略されているのだろう。

そもそも、当時の遷陵県に派遣されてきた戍卒は様々な労役を担っており、必ずしも辺境防備に従事している訳ではなかった。例えば8-106簡を見てみると、

……遷陵戍卒は多く吏僕と爲り、吏僕……

とあり、遷陵県所属の戍卒は多くが「吏僕」となっていたとある。吏僕は官吏の身辺の雑務を担う者であるので(26)、吏僕となった戍卒は辺境防備に従事することはなかったと考えられる。このような状況に鑑みると、文書行政上、戍卒を職務によって振り分け、文書に記す際、「辺境防備施設に配属された戍卒」という用語を必要とするのではないだろうか。それを指すのが「屯戍」であり、それらを末端で取りまとめるのが「敦長」なのだろう。

この「屯」字は辺境防備関連に限定される訳ではない。「屯」はそもそも軍隊の発動及び軍隊そのものを表したもののようである。その「屯」が誰の命令のもと、どのように組織されるのかという点は地方軍事組織を復原する際、重要な意味を持つ。以上のような「屯」の様子が非常に詳細にうかがえる資料が張家山漢簡「奏讞書」案例一である。以下ではこの案例一を見ることにより、「屯」の実態を探りたい(27)。

十一年八月甲申朔己丑、夷道㳍・丞嘉、敢えて之を讞す。六月戊子、發弩九、男子毋憂を詣らしめて告ぐ、「都尉の屯と爲り、已に致書を受け、行くも未だ到らず、去りて亡ぐ」と。●毋憂、曰く、「蠻夷の大男子、歳ごとに五十六錢を出して以て傜賦に當つ、屯と爲るに當らず」と。尉窯、毋憂を遣わして屯と爲し、行かしむるも未だ到らず、去りて亡ぐ。它は九の如し。●窯、曰く、「南郡尉、屯を發するに令有り、蠻夷律は屯と爲しむること勿かれと曰わず、即ち之を遣すに、亡ぐる故を知らず、它は毋憂の如し。……

すなわち、この蛮夷の男子毋憂は「屯卒」として徴発されるも拒否し、結局は処罰されている。その一連の経緯の中には彼がどのような過程を経て屯卒として徴発されたのかという詳細な記述が残っている。従ってこの過程を追えば民が「屯卒」としていかなる手続きを経て軍隊に組み込まれるのかということが明確になるはずである。

本稿では重要な部分を抄出して見ていくことにする。まずは「六月戊子發弩九詣男子毋憂、告爲都尉屯、已受致書、行未到、去亡」の部分。本部分では、高祖一一年六月に発弩九が男子毋憂を出頭させて「「都尉の屯」となり、致書を受け取ったが、集合場所に行かず、逃亡した」と申告している。「都尉の屯」の「都尉」は、『二年律令与奏讞書』当該箇所の注によれば、馬王堆帛書「駐軍図」に散見する軍事官である「都尉」のこと。(28)「南郡尉發屯有令」は南郡尉が「屯」の組織を発令したことを示す。この南郡尉が発令した「屯」は以下の様な過程を経て組織されている。すなわち、「南郡尉發屯有令」とある部分より、南郡尉はまず「屯」を起こすために「令」を発する。冒頭では毋憂が屯卒として徴発されるにあたり「已受致書」とあるので、屯を組織すべき郡県の末端には文書が届けられ、その文書をもとに民が徴発され、「屯卒」となる。その役割は「尉窯遣毋憂爲屯」とある点から見ると尉官が担当していた。最後に、「屯卒」となることを命じられた民は集合場所に赴いて任務に就いた。

南郡尉が軍事行動を発令し、郡県の末端にまで文書が及ぶその伝達経路は本案例からはうかがうことができない。ただ第一節で触れたように、統一秦では軍系統の文書は郷にまで届けられて最後に郷が軍の最末端に文書を伝達していた。このことに鑑みると、統一秦にそう遠くない本案例の時期も文書は郷にまで届けられ、郷が「屯」の末端を組織したのかもしれない。ただしそうなると「尉窯遣毋憂爲屯」の部分と整合的に解釈しづらくなる。すなわち、尉官は県の官吏であるので、郷まで届けられた文書を県官が受け取り、徴発の指揮をするという過程は考えにくい。本問題は関連資料の増加を俟って再検討する必要がある。

さらに8-1574,1787簡に見えるような敦長は、この「屯」など軍事組織の中で「屯戍」・「屯卒」を取りまとめる職として存在していたと思しい。ただし敦長は8-1574,1787簡に見られるように罰戍が就任したり、8-349簡に、

☒☐假追盗敦長更戍☒

とあり、敦長に更戍が就任している例が見えることから、「屯戍」・「屯卒」と「敦長」の間には身分の差は存在しなかっ

た。このような敦長の性質をみてくると、伝世文献に見える最も有名な敦長であろう陳勝・呉広も、ともに徴発された閭左九〇〇人と身分の違いはなかったのだろう。

第三節　奔命の検討

第二節で見たように、地方郡県で軍事行動を起こす際、軍隊を組織することを「爲屯」・「發屯」と称した。これには郡尉の正式な発令が必要であり、発令から文書の伝達、兵の徴発まで長い時間を必要とした。言い換えれば、この一連の過程は郡県の軍事系統の頂点から命令が下るという点で正式な、通常の軍隊組織方法と言える。しかし群盗や反乱の発生など、緊急を要する場合、このような時間のかかる組織方法は採用されない。緊急時には迅速に組織できる効率的な方法が存在したはずである。そのような緊急時の軍隊組織方法の一端を示すと思しい資料が近年公表された。それが岳麓書院蔵秦簡第一二五二簡である。そこには以下のようにある。(29)

奔敬（警）律に曰く、先鄰の黔首の奔警に當る者は、五寸符を爲り、人ごとに一、右は【縣官】に在り、左は黔首に在り、黔首、之を佩せ。……

ここでは「奔敬（警）律」という律の一部が引用されており、その律の内容は民で「奔敬（警）」に当たる者には「五寸符」を一人ひとりに所持させる。その「五寸符」は割符のようで、右側は未読字となっており誰が所有すべきか記されていないが、左は民が所持することになっている。「奔敬（警）律」については、最初の陳松長氏の釈文紹介時点では第一二五二簡以降の内容がわからなかったが、『岳麓書院蔵秦簡（肆）』では、第一二五二、一二五三、一三六九、一三八簡の四簡からなる条文として復元されている。

この「奔敬（警）」は、本簡公表時から「奔命」との関係が非常に深いものとして注目された。(30) そもそも奔命は郡県

における緊急の軍事行動に関する語として見える。『漢書』巻七昭帝紀昭帝始元元年条の顔師古注を見ると、

> 應劭、曰く、「舊時の郡國は皆な材官・騎士有りて以て急難に赴く。今、夷、反するや、常に兵、以て之を討つに足らず、故に權選して精勇を取る。命を聞きて奔走す、故に之を奔命と謂う」と。李斐、曰く、「平居、發するは二十以上五十に至るまでを甲卒と爲すも、今は五十以上六十以下を奔命と爲す。奔命は、急を言うなり」と。師古、曰く、「應説、是なり。犇は、古の奔字なるのみ。鞬の音は虔、又た音は鉅言の反」と。

とある。顔師古注引応劭及び李斐の言を見ると、応劭は「当時蛮夷が反乱を起こした際、兵の不足を補うため、勇猛果敢な人士を選んだ。彼らは命を受けて奔走したため、奔命という」とし、李斐は「通常は二〇歳以上五〇歳以上の者を「甲卒」として徴発していたが、この時は五〇歳以上六〇歳以下を奔命として徴発した。奔命は緊急という意である」としており、両者で解釈の食い違う点がある。このため、先行研究では奔命を兵種の一つとするものもある(31)。

このように奔命はもともと伝世文献に散見するため、様々に議論がされてきた。以上の解釈の中で共通する点は奔命が非常事態の際に発令・組織されるという点であろう。このような奔命の特徴は張家山漢簡「二年律令」興律にも見える。すなわち第三九九簡に、

> 奔命に當るも逋げて行かずんば、完して城旦と爲せ。

とある。これは第三九八簡の、

> 戍に當り、已に令を受くも逋げて行かざること七日に盈つ、若しくは戍して盜かに署を去る及び亡げ、盈つること一日より七日に到らば、贖耐。七日を過ぎば、耐して隷臣と爲せ。三日を過ぎば完して城旦と爲せ。

とあるのと比較すると、より奔命の緊急性が際立つ。すなわち、第三九八簡で戍卒の逃亡に関しては時間を基準として段階的な罰則が設けられているのに対し、奔命の場合は一旦逃亡すれば逃亡期間に関係なく完城旦と非常に重い刑罰を科される。これは緊急の危険に対処する奔命を国家が重視しているあらわれと言えよう。

このような点を踏まえ、里耶秦簡を見てみると、これまでの議論から一歩踏み込んだ、奔命の実態を検討できる資料が見える。すなわち、8-439, 519, 537 簡に、

> 廿五年九月己丑、奔命を將いるの長、周の爰書。敦長買・什長嘉、皆な告げて曰く、「徒の士伍右里繚可、行きて零陽廡谿橋に到りて亡ぐ、不知□□……繚可、年は廿五歳ばかり、長は六尺八寸ばかり、赤色、多髪未だ須を産せず、衣絡袍一、絡單胡衣一、操具弩二、絲弦四、矢二百、鉅劍一、米一石……

とある。これは秦王政二五年の「將奔命校長周」の爰書である。「將奔命校長周」とは、「奔命を率いる校長」という意味に違いなく、従って本資料は奔命の実態の一端を記すものである。ここでは、「敦長買、什長嘉皆告曰」とあるように、奔命には敦長・什長という軍事組織中に見られる者も徴発されている。

いずれにせよ、本文書は奔命として組織された兵卒の報告であることが示され、その内容は「徒士伍右里繚可」が「零陽県廡谿橋」に赴いた後、行方がわからなくなったというものである。繚可の名県爵里には県名が記されていないため、彼は遷陵県に本籍を持つ者である。すると奔命に参加する徒には現地の者が徴発されていたことになる。

このように、秦代の奔命は校長以下、敦長・什長というように、軍の末端と同様の編成が組まれ、その統率下に徒がいた。このような奔命の様子は、岳麓秦簡の「奔敬（警）律」が用いられた実際例であろう。すなわち、緊急に軍事行動が必要となった時のために、あらかじめ民の出兵当番を決めておき、いざ発生した場合すぐに部隊を組織して対応するのが「奔敬（警）律」及び奔命のねらいであった。奔命とは「爲屯」と並ぶ、民に負担させる軍事行動のひとつなのである。

では、このような奔命はいつ発令されるのか。前掲の『漢書』巻七昭帝紀には、

> 益州の廉頭・姑繒、牂柯の談指、同に二十四邑を並せ皆な反す。水衡都尉呂破胡を遣して吏民を募り及び犍爲・蜀郡の犇命を發し益州を撃たしめ、大いに之を破る。

とあり、益州の廉頭・姑繒、牂柯の談指等が反乱を起こした際、奔命が派遣されている。この昭帝紀のように地方で

反乱が起きた際、奔命を発動することは、上記の奔命の性質からみて妥当なものと言える。部隊の組織方法は上記の8-439, 519, 537簡のようなものだったのだろう。

このように反乱のように軍事行動を発動して早急に鎮圧を図らなければならない点、その組織構成は校長・敦長・什長・徒が派遣されている点に鑑みると、この奔命の実態は出土資料に散見する「群盜」の鎮圧に酷似していることに気づく。現在公表されている出土資料を見ると、群盜発生に際し、郡県がどのように対応したかという具体的な様子を示す資料が散見する。それは「二年律令」捕律や、「奏讞書」案例一八、及び岳麓書院蔵秦簡「爲獄等状四種」癸・瑣相移謀購案などであるが[32]、これによれば、秦漢時代、群盜の発生は国家の大事とされ、直ちに鎮圧隊が組織されていた[33]。このような緊急性は奔命とも共通する点である。さらに群盜発生の実際例を見ると、地方郡県に常置される兵卒とは別に民が徴発され鎮圧に赴いていることがわかる。すなわち資料に見える「徒」がそれである。「二年律令」捕律第一四〇簡に、

羣盜の人を殺傷す・人を賊殺傷す・強盜、即し縣・道に發せば、縣・道、亟かに爲に吏・徒の以て之を追捕するに足るを發せ。……

とあるように、群盜が発生した場合は県・道が官吏と徒を派遣することを律で明確に規定している。これは群盜は人数が多く組織的であるため、捕縛隊も多くの人数を要するためである。従って時には常置されている兵卒では足らず、民も徴発される。この民が徴発されるという点も奔命と合致する。さらに群盜捕縛は緊急を要するため、迅速な捕縛隊の組織が必要である。その際、上記の「奔敬（警）律」のように予め徴発される民が決まっていれば非常に迅速に捕縛隊を組織できる。つまり「奔敬（警）律」の内容は群盜捕縛に関して適用されていても不自然ではなく、むしろ非常に合理的なのである。

このように、郡県における群盜捕縛の様子と奔命は共通点が多く、さらに互いに比較検討することにより双方の関係、及びその違いがはっきりしてくるはずである。では上記の「二年律令」捕律や「奏讞書」案例一八などの資料は奔命の

実態を示すものなのか。それについては資料中に「奔命」の語が見えないため明らかではない。この点は今後の資料の増加を俟って再検討したい。

むすび

以上、秦・洞庭郡遷陵県の軍事組織について、県卒の実態、屯の組織方法、奔命の運用方式を手がかりに検討してきた。これらは軍事組織における兵卒の性質・その統属関係・組織そのものの運用にわたる包括的な検討である。さらにここに地域性が加わることにより、当時の軍事組織の実態がより立体的に把握できるようになる。今回の検討結果をまとめれば、以下のようになる。

乗城卒は県卒の一種で、洞庭郡遷陵県の兵力の一翼を担っていた。県卒はそもそも当地の民が輪番交代すると考えられてきたが、その出身を見ると、南郡附近から派遣されていた。また乗城卒は郷に駐屯するものが存在し、彼らは郷官を通して命令を受けていた。これは軍の末端が郷に配置されていたことによる。ただし県卒という語があるように、郷に配置されていながらも県の統轄を受けていた。以上が里耶秦簡からうかがえる軍事組織の一端である。このような構成のもと、軍事行動の発動及び非常時の対処には軍隊が組織される。通常の軍事行動時には「爲屯」・「發屯」という語に見られるように、「屯」を単位とした軍隊が組織される。反乱の発生等の非常時には「奔命」が発令され、組織される。これらは県クラスの官吏→敦長→什長→徒（卒）という統属関係が編成される。

このように、秦・洞庭郡遷陵県の軍事組織の性質・運用を見てくると、他郡出身者と遷陵県の民の徴発バランスに注目される。すなわち、遷陵県は人員不足などの理由で兵卒をあまり徴発することができず、他郡から補助的に兵卒を派遣してもらっていた。時代は異なるが人手不足を補い合う資料が松柏漢墓簡牘に見え、このような通例が秦漢時代に存在していたことをうかがわせる。これに対し、群盗捕縛や奔命に徴発される「徒」には遷陵県の民が動員されていた。この違いに鑑みると、労働力の徴発は郡県の人口構成に左右されるということになろう。人口構成は郡県の特性が直接反映されるのである。従って今後の課題は、洞庭郡の人口構成及び洞庭郡に流入する人（労働力）にはどのような傾向があり、それは何を意味するのかという点になろう。

注

（1）本稿で使用する里耶秦簡の図版・釈文は湖南省文物考古研究所編『里耶発掘報告』（岳麓書社、二〇〇七年）、湖北省文物考古研究所編『里耶秦簡〔壱〕』（文物出版社、二〇一一年）、釈文及び接合は陳偉主編『里耶秦簡牘校釈』第一巻（武漢大学出版社、二〇一二年、以下『校釈』と称す）によった。

（2）拙稿「里耶秦簡からみた秦の辺境経営」（『史観』第一七〇冊、二〇一四年）。

（3）湖南省文物考古研究所・湘西土家族苗族自治州文物所・龍山県文物管理所「湖南龍山里耶戦国―秦代古城一号井発掘簡報」（『文物』二〇〇三年第一期）、湖南省文物考古研究所・湘西土家族苗族自治州文物所「湘西里耶秦代簡牘選釈」（『中国歴史文物』二〇〇三年第一期）。なお訳注として里耶秦簡講読会「里耶秦簡訳注」（『中国出土資料研究』第八号、二〇〇四年）がある。

（4）藤田勝久『中国古代国家と郡県社会』（汲古書院、二〇〇五年）、第二編第五章「漢代の徭役労働と兵役」、四六六―四六七頁、楊振紅「繇・戍為秦漢正卒基本義務説―更卒之役不是〝繇〟」（『中華文史論叢』総第九七期、二〇一〇年）。

（5）注（4）楊振紅前掲論文。

（6）張家山漢簡の図版・釈文は張家山二四七号漢墓竹簡整理小組編『張家山漢墓竹簡〔二四七号墓〕』（文物出版社、二〇〇一年）及び陳偉・彭浩・工藤元男主編『二年律令与奏讞書』（上海古籍出版社、二〇〇七年）によった。

（7）死亡した兵卒の遺体及び棺を本籍地に輸送することは秦漢を通じて普遍的に見られるものである。『漢書』巻一高帝紀下高祖八年条に「十一月、令士卒従軍死者爲槥、歸其縣。縣給衣衾棺葬具、祠以少牢、長吏視葬」とあり、これに如淳・臣瓚・顔師古が注しているが、特に臣瓚は「初以槥致其尸於家、縣官更給棺衣更斂之也。金布令曰「不幸死、死所爲櫝、傳歸所居縣、賜以衣棺」也」と、金布令に関連記述が存在したとしている。また敦煌懸泉置漢簡：(I 0309(3)：237)に「神爵四年十一月癸未、丞相史李尊、送獲(護)神爵六年戍卒河東・南陽・潁川・上黨・東郡・濟陰・魏郡・淮陽國詣敦煌郡・酒泉郡。因迎罷卒送致河東・南陽・潁川・東郡・魏郡・淮陽國、并督死卒傳槥。爲駕一封軺傳。御史大夫望之謂高陵、以次爲駕。當舍傳舍、如律令」とあり、前漢における棺の輸送の実際例が見える。

(8) 本木牘は司空が卒の死亡及び棺桶の処置について報告しているもので、尉官が軍事関連のことを述べている文書ではない。従って具体的な兵種を書く必要がなく、ただ「県卒」とのみ書かれたのかもしれない。

(9) 岳麓書院蔵秦簡「数書」については朱漢民・陳松長編『岳麓書院蔵秦簡(貳)』(上海辞書出版社、二〇一一年)参照。

(10) 「奢官」については用例がなく不明。

(11) 水間大輔「秦・漢における郷の治安維持機能」(『史滴』第三一号、二〇〇九年)。

(12) 后晓栄『秦代政区地理』(社会科学文献出版社、二〇〇九年)、四二四頁。

(13) 注(12)后晓栄前掲書、四〇三頁。なお、『史記』巻四〇楚世家には「二十一年、秦将白起遂抜我郢、焼先王墓夷陵」とあり、その『索隠』に「夷陵、陵名。後爲縣、屬南郡」とある。これによればそもそも夷陵は楚国の王陵があった場所で、抜郢後に秦の版図に加えられた。

(14) 岳麓書院蔵秦簡〇七〇六号簡に「綰請許而令郡。有罪罰當戍者、泰原署四川郡。東郡・參川・穎川署江湖郡。南陽・河内署九江郡」、〇三八三号簡に「河内署九江郡。南郡・上黨□邦、道當戍東故徼者、署衡山郡」とある。

(15) 松柏漢墓簡牘の詳細は荊州博物館「湖北荊州紀南松柏漢墓発掘簡報」(『文物』二〇〇八年第四期)に収録されているが、本文書の釈文は掲載されていない。釈文は彭浩「読松柏出土的四枚西漢簡牘」(『簡帛』第四輯、二〇〇九年、初出は簡帛網、二〇〇九年四月一二日付、http://www.bsm.org.cn/show_article.php?id=1019)によった。

(16) 張金光「説秦漢傜役制度中的〝更〟—漢牘「南郡卒編更簿」小記」(『魯東大学学報〔哲学社会科学版〕』第二期、二〇一一年)。

(17) 鷹取祐司「里耶秦簡に見える秦人の存在形態」(愛媛大学「資料学」研究会編『資料学の方法を探る(12)』、二〇一三年)六七・七〇頁。
(18)『校釈』三六一頁。ただし地名としての「安成」は『漢書』地理志上に前漢汝南郡属下の侯国として、同地理志下には前漢長沙国の属県として見える(双方とも后氏の言及はなし)。ここで『漢書』の記載に従い「安成」を侯国名もしくは県名としてしまうと「居貸公卒安成徐」は他郡から南郡巫県に送られ、そこから更に洞庭郡遷陵県に送られたと解釈せざるを得ない。このような措置が当時本当に存在していたのかは現在では判然としないが、あまり現実的ではないだろう。よってここでは『校釈』の解釈に従っておく。
(19) 注(2)前掲拙稿参照。
(20) 注(2)前掲拙稿参照。
(21) 注(12)后暁栄前掲書、四〇三頁。
(22) 自言文書に関しては籾山明『中国古代訴訟制度の研究』第四章「爰書新探―古文書学と法制史」(京都大学出版会、二〇〇六年)参照。
(23) 朐忍の地理比定は注(2)前掲拙稿参照。
(24) 注(2)前掲拙稿参照。
(25)『校釈』三六三頁。ただし8-1574, 1787簡の「襄」字については誤字かどうかよくわからない。
(26) 注(2)前掲拙稿参照。
(27) 案例一についての研究は数多いが、注釈として池田雄一編『奏讞書:中国古代の裁判記録』(刀水書房、二〇〇二年)、学習院大学漢簡研究会「秦漢交替期のはざまで―江陵張家山漢簡『奏讞書』を読む―」(『中国出土資料研究』第五号、二〇〇一年)がある。
(28) 注(7)前掲『二年律令与奏讞書』三三三・三三四頁。
(29) 岳麓書院蔵秦簡第一二五二簡については陳松長「岳麓書院所蔵秦簡総述」(『文物』二〇〇九年第三期)、陳松長主編『岳麓書院蔵秦簡（肆）』（上海辞書出版社、二〇一五年）によった。
（30）陳偉「岳麓書院秦簡考校」（『文物』二〇〇九年第一〇期）参照。
（31）胡大貴・馮一下「試論秦代徭戍制度」（『四川師範大学学報』一九八七年第六期）、重近啓樹『秦漢税役体系の研究』（汲古書院、一九九九年）第六章「兵制の研究」、一二九頁。
（32）岳麓書院蔵秦簡「爲獄等状四種」の釈文・図版は朱漢民・陳松長編『岳麓書院蔵秦簡〔参〕』（上海辞書出版社、二〇一三年）によった。
（33）群盗捕縛をめぐる研究は石岡浩「張家山漢簡『二年律令』盗律にみる磔刑の役割―諸侯王国を視野におく厳罰の適用―」（『史学雑誌』一一四‐一一、二〇〇五年）、黎明釗「漢代亭長与盗賊」（『中国史研究』二〇〇七年第二期）、水間大輔「秦・漢における郷の治安維持機能」（『史滴』第三一号、二〇〇九年）などがある。

〔付記一〕本稿は「歴史学的省思与展望―第三届清華青年史学論壇」（二〇一三年一一月二三・二四日、於中国清華大学）発表報告「従里耶秦簡看秦辺境軍事組織的構成与運用」を基に論文としてまとめたものである。

〔付記二〕本稿脱稿後、二〇一五年に『岳麓書院蔵秦簡（肆）』が出版された。本書には秦の律令が多く含まれ、特に本稿第三節「奔命」に関する条文も含まれている。本来ならば本新資料も本稿中に反映させるべきだが、時間の都合上、反映させることができなかった。この点は次回以降触れることとしたい。

秦漢「県官」考

水間　大輔

はじめに

戦国時代以降の伝世文献及び出土文献には「県官」という語が見える。『漢書』巻六八霍光伝の如淳注に、

縣官とは天子を謂う。

『史記』巻五七絳侯周勃世家の『索隠』に、

縣官とは天子を謂うなり。國家を謂いて縣官と爲す所以は、夏官に「王畿の内縣は即ち國都なり」とし、王者は天下を官とす、故に縣官と曰うなり。

とあるのによると、県官とは「天子」を指す。しかし、その一方で『周礼』秋官司厲の賈公彦疏に、

漢の時、官を名づけて縣官と爲す、州縣を謂うに非ざるなり。

明・于慎行『穀山筆麈』巻一三称謂に、

西漢の臣子は朝廷を稱して縣官と爲す。

とあるように、「官」・「朝廷」を指すとする解釈もある。さらに、明・董説『七国考』巻一秦職官には、『史記』に「秦王、穰侯の印を收め、陶に歸らしめ、因りて縣官をして車牛を給して以て從わしむ」と。『玉海』に

云う、「周官に縣正有り」と。春秋の時、縣大にして郡小たり。縣邑の長は宰と曰い、尹と曰い、公と曰い、大夫と曰うも、其の職は一なり。戰國、郡大にして縣小たり。故に甘茂、秦の武王に謂いて曰く、「宜陽は大縣、名は縣と曰うも、其の實は郡なり」と。

とあり、董説は県官を県邑の長と解しているごとくである。他にも先行研究ではさまざまな解釈がなされている。私も以前、少なくとも法制用語としての県官は県に属する官府の総称であるという解釈を示したことがあったが[1]、専修大学『二年律令』研究会より御批判をいただいた[2]。さらに、近年県官の語義を知るうえで重要な史料が発表されたこともあり、本稿では改めて県官の語義について検討したい。

第一節　県官の語義

『漢書』霍光伝の如淳注や『史記』絳侯周勃世家の『索隠』は県官を天子の意とするが、県官が実際に天子の意として用いられている例は、漢代以降の文献に散見する。最もわかりやすい例としては、以下のような史料が挙げられる。すなわち、『漢書』巻八〇宣元六王伝東平思王宇条には、

宇立つこと二十年、元帝崩ず。宇、中謁者信等に謂いて曰く、「漢の大臣議すらく『天子少弱にして、未だ天下を治むること能わず』と。以爲らく『我れ文法を知る』と。建じて我れをして天子を輔佐せしめんと欲す。我れ尚書の晨夜に極めて苦しむを見る。我れをして之を爲さしめば、能わざるなり。今暑熱、縣官年少にして、服を持して處る所無きを恐る。我れ危く之を得ん」と。

とあり、「天子少弱」が「県官年少」と言い換えられている。張晏注に、

敢て成帝を指斥せず、之を縣官と謂うなり。

とあるように、ここでいう県官は、具体的には成帝を指すのであろう。

また、『史記』周勃世家には、

居ること何も無くして、條侯の子、父の爲に工官尚方の甲楯五百被の以て葬る可き者を買う。庸を取りて之を苦しめ、錢を予えず。庸、其の盜かに縣官の器を買うを知り、怒りて變を上りて子を告す。

とあり、条侯周亜夫の子が工官尚方の埋葬用の甲と楯五〇〇領を購入したが、彼に雇われた者は彼が不正に「県官の器」を購入したことを知り、これを告発したと記されている。前掲の『索隠』はこの記述に対して付された注釈である。『索隠』はここでいう県官が天子の意であることを示した後、県官が「国家」の意として用いられる理由について説明している。先行研究の中にはここでいう国家を今日でいう「国家」、つまり「国」の意と解しているものもある[3]。しかし、それでは県官が天子の意であることを示した直後、なぜ国の意として用いられる理由について説明しているのかが問題となる。例えば、『晉書』巻六六陶侃列伝に、

侃、色を厲して曰く、「國家年小にして、胸懷を出でず。（以下略）」と。

とあるように、「国家」も天子の意として用いられることがある。『索隠』でいう「国家」も天子を言い換えた語に過ぎない。

周勃世家では「工官尚方の甲楯五百被の以て葬る可き者」が「県官の器」と言い換えられている。尚方とは少府の属官であり、皇帝の刀剣やその他器物を作成することを司る[4]。それゆえ、確かにここでいう県官は天子を指し、県官の器は天子の器物の意と解せなくもない。

しかし、県官は明らかに天子以外の意として用いられている例もある。例えば、『史記』巻三〇平準書には、

而るに胡の降る者は皆な縣官に衣食するも、縣官給せず。天子乃ち膳を損じ、乗輿の駟を解き、御府の禁藏を出して以て之を贍す。

とあり、漢に投降した匈奴の人々は「県官」から衣食を支給されていたが、「県官」が支給し切れなくなったので、「天子」はみずからの食事や車馬を削減し、私財を投げ打って彼らに衣食を支給したと記されている。ここでは明らかに県官が天子と区別されている。また、『漢書』巻九九王莽伝中には、

縣官に命じて酒を酤り、鹽鐵の器を賣り、錢を鑄らしめ、諸そ名山大澤の眾物の者を采取して之を税す。

とあり、県官は命令の対象となっている。ここでいう県官は天子の意であるはずがない。

それでは、県官は天子の他にいかなる意味を有しているのであろうか。県官という名称からすると、県署あるいは県に属する官署の意のようにも見える。董説が県官を県邑の長と解しているのもそのためであろう。現に史料の中には、一見すると県官が県署あるいは県に属する官署などを指すと解される用例もある。すなわち、睡虎地秦簡「語書」には[5]、

廿年四月丙戌朔丁亥、南郡守騰、縣道の嗇夫に謂う、「（中略）今且に人をして之を案行し、令に從わざる者を擧劾し、致すに律を以てし、論じて令・丞に及ばしめんとす。有（又）た且に縣官を課し、獨《たれ》か多く令を犯すも令・丞の得えざる者なるか、令・丞を以て聞せしめんとす。（以下略）」と。（第六〇簡・六一簡）

とあり、南郡守が属県・道に対して通達し、法令を多数犯しているにもかかわらず、県令・丞が逮捕していない吏がいれば、令・丞を通してこれを報告するよう「県官」に対して義務づけている。睡虎地秦墓竹簡整理小組はここでいう県官を県中の吏と解している[6]。確かに、本文書は郡守が属県・道に対して通達したものであるから、ここでいう県官は県・道の吏か、あるいは県・道全体、県・道に属する各官署などの意が可能性として考えられる。また、『漢書』巻七二龔舎伝には、

之を頃くして、哀帝、使者を遣して楚に即きて舍を拜して太山太守と爲す。舍、家居して武原に在り。使者、縣に至り舍を請い、令して廷に至り印綬を拜授せしめんと欲す。舍曰く、「王者は天下を以て家と爲す。何ぞ必ずしも縣官においてせんや」と。遂に家に於て詔を受け、便ち道《ゆ》きて官に之く。

とあり、哀帝の使者が龔舎を泰山太守に任命するとき、龔舎の住む楚国武原県へ赴き、龔舎を県廷へ呼び出して印綬を授けようとしたが、龔舎は「王者は天下を家としているのであるから、どうして必ずしも「県官」で印綬を授かる必要があろうか」といい、自宅で泰山太守任命の詔を受けたと記されている。この記述では県廷が「県官」と呼ばれていることになる。

しかし、その一方で県官が明らかに県を意味しない用例もある。例えば『史記』平準書には、

> 式既に位に在り、郡國多くは縣官の鹽鐵を作るを便とせず、鐵器苦惡にして、賈貴し、或いは彊いて民をして之を賣買せしむるを見る。

とあるが、当時塩と鉄を生産していたのは「塩官」と「鉄官」であって、県ではない。

そこで注目されるのは、県官がしばしば「民」と対をなす語として用いられていることである。例えば、張家山漢簡「二年律令」の「賊律」には、[7]

> 城・官府及び縣官の積冣（聚）を賊燔せば、棄市。寺舍・民の室屋・廬舍・積冣（聚）を賊燔せば、黥して城旦舂と爲す。（第四簡）

という条文が見える。専修大学『二年律令』研究会は「県官の積聚」が「民の……積聚」と対になっていることを指摘している。この指摘を踏まえれば、県官は民と対をなす概念ということになる。このような県官の用例は他にも見える。例えば、『史記』平準書に、

> 縣官往往にして多銅の山に即きて錢を鑄、民も亦た間かに盜かに錢を鑄ること、勝げて數う可からず。

とあるごとくである。また、『後漢書』巻四三何敞列伝では、

> 百姓愁苦し、縣官用いること無し。

とあり、「百姓」と対をなす語として用いられている。さらに、『塩鉄論』本議篇に、

是を以て縣官、實を失わず、商賈、貿利する所無し、故に平準と曰う。

とあるように、「商賈」と対をなす語として用いられることもある。

前掲二年律令「賊律」の県官について、張家山二四七号漢墓竹簡整理小組は官の側を指すと解している。(8) この解釈によれば、県官とは中央・地方を問わずあらゆる官署を指すことになる。県官が民と対をなす概念として用いられていることからすると、従うべきであろう。(9) このような解釈は県官を官の意とする『周礼』秋官司厲の賈公彦疏とも一致する。

それでは、県を意味する県官の用例はどのように理解すべきであろうか。趙伯雄氏は前掲の睡虎地秦簡語書などを根拠として、漢代より前では県官が県級の官吏の意として用いられていたとされる。(10) しかし、私はこれらの県官の意も官の域を出ないものと考える。確かに、前掲の語書では県の官署など、『漢書』龔舎伝では県廷を指すとも読めるが、それは事実上そのように読めるというだけであって、県官自体は官の意として用いられていると解される。すなわち、語書の「又た且に県官を課し、独か多く令を犯すも令・丞の得えざる者なるか、令・丞を以て聞せしめんとす」は「また官を審査し、令を多く犯しているにもかかわらず、令・丞が捕えていない者がいれば、令・丞を通してこれを報告させるものとする」という意味であろう。もっとも、本文書は郡守が県・道に対して通達した文書であるから、ここでいう「県官」は事実上県・道の各官署を指すことになる。また、『漢書』龔舎伝の龔舎の言は「どうして必ずしも（家ではなく）官で印綬を授かる必要があろうか」という意味であろう。もっとも、哀帝の使者は県廷で印綬を授けようとしているので、ここでいう「県官」は事実上県廷を指す。

ちなみに、例えば二年律令「盗律」に、

諸そ縣道官より叚（假）ること有り、事已らば、叚（假）當に歸すべし。（第七八簡）

とあるように、中央・地方の諸官署の中でも、県・道の諸官署を示す際には「県道官」という表現がしばしば用いられている。また、二年律令「行書律」に、

諸そ獄の辟書五百里以上、及び郡縣官相財物を付受して當に校計すべき者の書は、皆な郵を以て行れ。（第二七六簡）

『続漢書』礼儀志上に、

立春の日、夜漏未だ五刻を盡きざるに、京師の百官皆な青衣を衣、郡國縣道官下は斗食令史に至るまで皆な青幘を服し、青幡を立て、土牛耕人を門外に施し、以て兆民に示す。

とあるように、「郡県官」や「郡国県道官」という表現も見える。これらは具体的に郡・国・県・道の諸官署を指すのであろう。以上の他、睡虎地秦簡秦律十八種「属邦律」には、

道官、隷臣妾・收人を相輸《おく》るに、必ず其の已に稟するの年日月、衣を受くるや未だ受けざるや、妻有りや有ること毋きやを署《しる》せ。受くる者は律を以て續けて之を食衣せしめよ。　屬邦（第二六八簡）

とあり、「道官」という語が見える。県官と類似した語であるが、官全般を指すわけではなく、道の官署を指すのであろう。

以上の検討によれば、県官には天子と官の意があることになる。しかし、県官の用例を見ると、いずれの意とも解しうるものがほとんどである。例えば、『後漢書』巻四孝和帝紀章和二年条には、

先帝、之を恨む、故に郡國に遺戒して鹽鐵の禁を罷め、民の煮鑄するを縱し、税を縣官に入るること故事の如くせしむ。

とあり、税を「県官」に納入するという表現が見える。これについて李賢注には、

『前書音義』に曰く、「縣官とは天子を謂う」と。

とあり、県官を天子の意と解している。しかし、ここでは必ずしも天子の意と解する必然性はなく、官の意とも解しうる。とはいうものの、官は天子が民を統治するために設けたものであり、いわば天子の手足のようなものであるから、官といえども最終的には天子へと繋がっていることになる。それゆえ、天子と官は必ずしも相対立する概念ではなく、

県官は天子と官を意味する幅広い概念ということができる。前掲『史記』周勃世家の「県官の器」も確かに事実上天子の器物を指すが、語義自体は天子と官の器物の意として用いられているのであろう。もっとも、先述の通り、県官の用例の中には天子のみを指すもの、官のみを指すものもあるが、多くの場合、天子と同時に官の意としても用いられていると解される。

ところで、劉徳増氏、李珩氏は、前漢の武帝期以降の県官は皇帝・朝廷を指すが、秦の昭王期から前漢の武帝期までの県官は少府が管轄する皇帝財政を指すとされる。[11] しかし、このように解すると、さまざまな記述において解釈上問題が生じる。例えば、前掲の二年律令「賊律」（第四簡）では「県官」の積聚を焼くことが罪に問われているが、もしここでいう県官が皇帝財政の意とすると、国家財政の積聚を焼くことについては本条の適用外ということになる。しかし、民の積聚を焼くことさえ本条で定められているのであるから、国家財政の積聚だけが別条で定められていたとも考えがたい。また、同「賊律」には、

毒矢若しくは謹（堇）毒・糴（蘸）を挾すること有り、及び和して謹（堇）毒を爲る者は、皆な棄市。（中略）詔して令する所の縣官爲に之を挾するは、此の律を用いず。（第一八簡）

とあり、毒矢や毒物を所持してはならないが、詔によって毒矢・毒物を所持するよう命令を受けている「県官」は本条の適用外であると定められている。しかし、皇帝財政が命令を受けることはできない。他にも皇帝財政とする解釈と齟齬を来たしている県官の用例は枚挙に暇がない。

また、次節で述べる通り、戦国時代の秦では県官が「公」と呼ばれていたが、「公馬牛苑」と「禁苑」は区別されていた。前者は官の馬牛苑、後者は君主の私的な苑囿であって、皇帝財政に属するのはむしろ後者であった。

確かに、『史記』周勃世家では尚方の管理する甲・楯が「県官の器」と呼ばれているが、それは事実上皇帝財政に属する器物を指すに過ぎず、県官自体にそのような意味があるわけではない。よって、県官が皇帝財政を指すとする解釈

は成り立ちえない。

第二節　県官と「公」

竜崗秦簡には、(12)

縣官の馬・牛・羊を牧して盜□之、□□▨（第一〇〇簡）

とあり、「県官の馬・牛・羊」という表現が見える。これについて中国文物研究所・湖北省文物考古研究所は睡虎地秦簡秦律十八種「厩苑律」に、

公馬・牛を將牧し、馬【・牛】の死する者は、亟かに死所の縣に謁《つ》げよ。（第八三簡）

とある「公馬・牛」と性質を同じくするものと解している。(13) さらに吉本道雅氏は、県官は二年律令に頻見するが、睡虎地秦簡の秦律の条文には見えず、竜崗秦簡にようやく見えると指摘されたうえで、睡虎地秦簡秦律十八種「金布律」では、

縣・都官は七月を以て公器の繕う可からざる者を糞せ。（第一五三簡）

とあるのに対し、二年律令「金布律」では、

縣官の器の敝して繕う可からざる者は、之を賣れ。（第四三五簡）

とあることから、「公」が「県官」へ改変されたと解されている。(14) 専修大学『二年律令』研究会も睡虎地秦簡の秦律の条文には県官という語が見えず、公という語が使用されているが、その後竜崗秦簡及び二年律令では県官が使用されるようになったと推測している。

『礼記』曽子問篇の鄭玄注に、

公館とは、今の縣官の宮の若きなり。

とあるのによれば、公に県官の意があることは明らかである。さらに、近年公表された里耶秦簡八－四六一には、(15)

王室は縣官と曰う。

公室は縣官と曰う。

と記されている。現に、「公器の繕う可からざる者」・「県官の器の敝して繕う可からざる者」と同様、公と県官が同一の用法で用いられている例はたくさん見える。以下、各表現の典型例のみを列挙する。

一、「公畜生」と「県官の畜産」

其《も》し已に分ちて死し、及び恆に官府に作して以て責（債）を負い、公畜生を牧將して之を殺し・亡い、未だ賞（償）わず及び之に居すること未だ備えずして死せば、皆な之を出し、妻・同居を責むること毋かれ。（睡虎地秦簡「秦律十八種」、第一五一簡・一五二簡）

縣官の畜産を亡い・殺し・傷つけ、復た以て畜産と爲す可からず、及び之を牧して疾死し、其の肉・革腐敗して用いること毋くば、皆な平賈（價）を以て償わしめよ。（二年律令「金布律」、第四三三簡）

二、「公馬・牛」と「県官の馬・牛」

公馬・牛を將牧し、馬【・牛】の死する者は、亟かに死所の縣に謁げよ。（睡虎地秦簡「秦律十八種」、第八三簡）

縣官の馬・牛・羊を牧して盜□之、□□▨（竜崗秦簡第一〇〇簡）

三、「公車牛」と「県官の車牛」

官長び及吏、公車牛を以て其の月食及び公牛乘馬の稟を稟するは、可なり。（睡虎地秦簡「秦律十八種」、第一九五簡）

傳送を發するに、縣官の車牛足らずんば、大夫以下の訾（貲）有る者をして、訾（貲）を以て共に車牛を出さしめよ。（二年律令「徭律」、第四一一簡）

四、「公馬牛苑」と「県官の苑」

●縣葆するの禁苑・公馬牛苑は、徒を興して以て斬（塹）垣離（籬）散し及び之を補繕せば、輒ち以て苑吏に效し、苑吏、之を循れ。（睡虎地秦簡「秦律十八種」、第一八四簡）

奴の苑を治むること縣官の苑の如し。（岳麓書院蔵秦簡「為吏治官及黔首」第六二簡正）[16]

五、「公、之を購う」と「県官、之を購う」

或るひと、人奴妾、百一十錢を盗むと捕告す。問う、主、之を購うや、且《は》た公購うや。公、之を購う。（睡虎地秦簡「法律答問」、第五一一簡）

☑主入購縣官、其の主の取るを欲せざる者は、奴婢を縣官に入れ、【縣】官、之を購え。（二年律令「亡律」、第一六一簡）

六、「公、之を衣せしむ」と「県官、之を衣食せしむ」

●凡そ自ら衣ること能わざる者は、公、之を衣せしめよ。（睡虎地秦簡「秦律十八種」、第二〇四簡・二〇五簡）

其し布を出すこと能わざる者は、宂作せしめ、縣官、之を衣食せしむ。（『漢書』巻二四食貨志下）

七、「公に衣食す」と「県官に衣食す」

妾未だ使せずして公に衣食し、百姓に叚（假）らんと欲する者有らば、之を叚（假）し、衣食に就かしめよ。（睡虎地秦簡「秦律十八種」、第一一五簡）

大夫曰く、「故と扇水都尉彭祖寧歸し、言う、『（中略）卒徒、縣官に衣食し、鐵器を作鑄す。（以下略）』と。（以下略）」と。（『塩鉄論』復古篇）

八、「公に入る」と「県官に入る」

河禁所、犬を殺さば、皆な完して公に入れよ。（睡虎地秦簡「秦律十八種」、第七四簡）

田宅當に縣官に入るべくして詐（詐）りて其の戸に代る者は、城旦を贖せしめ、田宅を沒入せよ。（二年律令「戸律」、第三一九簡）

九、「粟を公に入る」と「粟を県官に入る」

●軍人の稟所・過ぐる所の縣の百姓、其の稟を買わば、貲二甲、粟を公に入れよ。（睡虎地秦簡「秦律雑抄」、第三四二簡）

巴蜀の租賦を悉くすも以て之を更《あがな》うに足らず。乃ち豪民を募りて南夷に田し、粟を縣官に入れしめ、而して内に銭を都内に受けしむ。（『史記』平準書）

一〇、「公に没入す」と「県官に没入す」

公甲兵は各〃其の官名を以て之に刻久せよ。其し刻久す可からざる者は、丹若しくは髹を以て之に書せ。其し百姓に甲兵を叚（假）さば、必ず其の久を書し、之を受くるに久を以てせよ。叚（假）を入るるに久毋し及び其の官の久に非ざるや、皆な公に沒入し、齎律を以て之を責めよ。工（睡虎地秦簡「秦律十八種」、第一六九簡・一七〇簡）

内史の郡をして馬粟を食らうことを得ざらしめ、縣官に沒入す。（『史記』巻一一孝景本紀景帝後二年条）

一一、「擅に公器を仮る」と「擅に県官の器を仮る」

諸そ擅に公器を叚（假）る者は、辠有り。（睡虎地秦簡「秦律十八種」、第一七三簡）

擅に縣官の器を叚（假）る。（岳麓書院蔵秦簡「為吏治官及黔首」第一〇簡正）

それでは、公とはいかなる意味であろうか。公は県官と同義なのであるから、公の意を明らかにすれば、県官の意がさらにいっそう明らかになるはずである。

まず、里耶秦簡八－四六一に「公室は県官と曰う」とあることからすると、県官の意としての公は「公室」を指すごとくである。さらに、「王室は県官と曰う」とあることからすると、公室の「公」は「王」と同様、君主号としての公と一応考えることができそうである。前掲『礼記』曾子問篇の鄭玄注は同篇に、

曾子問いて曰く、「君の爲に使して舍に卒す、『禮』に曰く、『公館は復し、私館は復せず』と。凡そ使する所の國、有司の授くる所の舍は、則ち公館のみ。何ぞ私館は復せずと謂うや」と。孔子曰く、「善きかな之を問うや。卿・大夫・

士自りの家は私館と曰う。公館と公の爲す所は公館と曰う。公館は復すとは、此れ之の謂いなり」と。

とあるのに対して付された注であるが、前掲の注に続いて、

公の爲す所とは、君の使に命じて己を舍せしむる所の者なり。

とあり、本条でいう「公」も君主の意とされている。秦は恵文王のとき、君主号を公から王へ改めている。睡虎地秦簡に見える法制史料は戦国時代後期のものを内容とするが(17)、もし公が君主号としての公であるとすれば、秦の君主が王号を称する以前の名残りということになる。

しかし、秦律では公が明らかに君主号以外の意として用いられている例もある。例えば、前掲の睡虎地秦簡秦律十八種「徭律」(第一八四簡)では「県葆するの禁苑・公馬牛苑」とあり、「禁苑」と「公馬牛苑」が区別されている。禁苑とは君主の私的な苑囿である。一方、公馬牛苑はこのように禁苑と区別されていること、及び県官に官の意があることからすると、君主の私的な苑囿ではなく、公的な官の苑囿を指すと考えられる。睡虎地秦墓竹簡整理小組も「公馬・牛」などの「公」を「官有」の意、「公に入る」などの「公」を「官府」の意と解している(18)。フルスウェ氏も睡虎地秦簡の公はほとんどがofficialあるいはgovernmentの意として用いられていると述べられている(19)。

もっとも、公は本来公室の意であることからすると、おそらく県官と同様、君主と官の意を兼ね備えた概念であったと考えられる。例えば、前掲『礼記』曽子問篇の鄭玄注では公が君主の意とされているが、同篇の本文では「私」と対をなす概念として用いられており、むしろ官の意としても用いられていると解すべきであるように思われる。

ただし、秦律ではこの公室という語さえも、君主と官の両義を兼ね備えた概念として用いられている。すなわち、睡虎地秦簡法律答問には、

公室の告とは、【何】ぞや。公室の告に非ずとは、可(何)ぞや。它人を賊殺傷し・盗むは公室と爲す。子、父母より盗み、父母擅に子及奴妾を殺し・刑し・髡するは、公室の告と爲さず。(第四七三簡)

子、父母を告し、臣妾、主を告するは、公室の告に非ず、聴く勿かれ。●可（何）をか公室の告に非ずと謂うや。●主擅に其の子・臣妾を殺し・刑し・髡す、是れ公室の告に非ずと謂う、聴く勿かれ。（第四七四簡）

とあり、「公室の告」・「公室の告に非ず」という表現が見える。前者は「公室」に対して告訴・告発すべき犯罪、後者はそうでない犯罪である。[20] しかし、公室に対して告訴・告発するといっても、実際には秦公に対して直接告訴・告発するわけではない。二年律令「具律」に、

諸そ罪人を告せんと欲し、及び罪有りて先に自ら告せんとするも其の縣廷より遠き者は、皆な在る所の郷に告するを得。郷官謹みて聴き、其の告を書し、縣道官に上れ。（第一〇一簡）

とあるように、告訴・告発は県に対して行うのが原則であった。よって、ここでいう公室は君主と官を指す広い概念として用いられていると考えられる。

同様のことは、公室と同じく県官の意とされている「王室」についてもいえる。すなわち、法律答問には、

可（何）をか盗かに庢（圭）を埱《いだ》すと謂うや。王室の祠、其の具を貍（薶）む、是れ庢（圭）と謂う。（第三九八簡）

とあり、「王室の祠」という語が見える。これについて同じく法律答問には、

擅に奇祠を興さば、貲二甲。可（何）如ぞ奇と爲す。王室の當に祠るべき所固とより有り。擅に鬼立（位）有るや、奇と爲す。它は爲さず。（第五三一簡）

とあり、勝手に神位を設けて祀れば「奇祠」にあたり、処罰の対象となるが、その他の祭祀、例えば「王室」が祀るべきとしているものなどは奇祠にあたらないとされている。彭浩氏はこれらの記述から、王室の祠とは秦王あるいは国家が確定した神位であり、王室がみずから祀る神のみならず、群臣や民間が合法的に祭祀を行っている神をも含むと述べられている。[21] つまり、国家公認の祭祀が王室の祠、非公認の祭祀が奇祠ということになろう。ここでいう王室も秦王室のみを指すわけではなく、官も含むと解しうる。

以上、二節にわたる検討から、県官・公は君主・官の意であり、民・私と対置される概念であったことが知られる。

第三節　公から県官へ

先述の通り、専修大学『二年律令』研究会は、睡虎地秦簡の秦律の条文には県官という語が見えず、「公」という語が使用されているが、その後竜崗秦簡及び二年律令では県官が使用されるようになったと推測している。睡虎地秦簡に見える法制史料は戦国時代後期のものであり、六国統一後のものは含まれていない。一方、竜崗秦簡は秦王政二四年（前二二三年）と同二五年の紀年簡が含まれているものの、基本的には六国統一後の律の条文を内容とするものであり、律文の下限年代は二世皇帝三年（前二〇六年）と考えられている。[22] つまり、専修大学『二年律令』研究会の推測を踏まえるならば、少なくとも戦国時代後期から二世皇帝三年の間に公が県官へ改められたということになろう。

それでは、具体的にいつ公が県官へ改められたのであろうか。吉本氏は秦の六国統一を契機として、公が県官へ改められたと推測されている。[23] そこで注目されるのが、里耶秦簡八－四六一に「王室は県官と曰う」、「公室は県官と曰う」と記されていることである。同簡には他にも、

泰上、獻を観るは皇帝と曰う。
天帝、獻を観るは皇帝と曰う。
帝子游ぶは皇帝と曰う。
王の節弋は皇帝と曰う。
王令を以てするは皇帝の詔を囚てすと曰う。
命を承くるは制を承くと曰う。

命を以てするは皇帝と爲す。
命を[受]（授）くるは制と爲す。
□命は制と曰う。
爲謂□詔。
莊王は泰（太）上皇と爲す。
王游ぶは皇帝游ぶと曰う。
王獵するは皇帝獵すと曰う。
王の犬は皇帝の犬と曰う。

などと記されているが、既に指摘されている通り、これらは秦の六国統一後に行われた用語の改変と関連があると考えられている。すなわち、『史記』巻六秦始皇本紀始皇二六年条には、

秦王初めて天下を并す。丞相・御史に令して曰く、「（中略）寡人、眇眇の身を以て、兵を興し暴亂を誅し、宗廟の靈に賴り、六王咸な其の辜に伏し、天下大いに定まる。今名號更めずんば、以て成功を稱え、後世に傳うる無し。其れ帝號を議せよ」と。丞相綰・御史大夫劫・廷尉斯等皆な曰く、「昔者五帝地方千里、其の外に侯服夷服あり、諸侯或いは朝し或いは否らず、天子、制すること能わず。今陛下、義兵を興し、殘賊を誅し、天下を平定す。海内は郡縣と爲り、法令は一統に由る。上古自り以來未だ嘗て有らず、五帝の及ばざる所なり。臣等謹みて博士と議して曰く、『古に天皇有り、地皇有り、泰皇有り。泰皇最も貴し』と。臣等昧死して尊號を上り、王を泰皇と爲さん。命を制と爲し、令を詔と爲さん。天子は自ら稱して朕と曰わん」と。王曰く、「泰を去り皇を著け、上古の帝位の號を采り、號して皇帝と曰わん。他は議の如くせよ」と。制して曰く、「可なり」と。莊襄王を追尊して太上皇と爲す。

とあり、秦始皇二六年（前二二一年）、秦は「秦王」を「皇帝」、皇帝の「命」を「制」、「令」を「詔」と改め、また始皇帝の父荘襄王を追尊して「太上皇」としている。これらの用語改変はいずれも本簡の中にも見える。それゆえ、公室・王室が県官へ改められたのも、六国統一後である可能性が高い。

そこで、実際に始皇二六年以降の史料を見ると、まず里耶秦簡には、

廿六年八月庚戌朔丙子、司空守樛敢て言う、「前日言う、『競（竟）陵漢陰の狼、遷陵の公船を假ること一、袤三丈三尺、名は□と曰う。以て故荊を求めて瓦を積むも、未だ船を歸さず。狼は司馬昌官に屬す。昌官に告げ、狼をして船を歸さしめんことを謁む』と。（中略）」と。（八－一三五）

とあり、始皇二六年八月の行政文書に「公船」という語が見える。それゆえ、少なくとも始皇二六年八月では、まだ県官ではなく公という語が用いられていたことになる。

次に、竜崗秦簡には、

黔首の犬、禁苑の中に入るも獸を追い及び……を捕えざる者は、□殺すこと勿かれ。其し獸を追い及び獸を捕うる者は、之を殺せ。河（呵）禁所、犬を殺さば、皆な完して公に入れよ。……它の禁苑は、其の肉を食いて其の皮を入れよ。（第七七簡～八三簡）

とあり、「公に入る」という表現が見える。睡虎地秦簡秦律十八種「田律」には、

百姓の犬、禁苑の中に入るも獸を追い及び獸を捕えざる者は、敢て殺すこと勿かれ。其し獸を追い及び獸を捕うる者は、之を殺せ。河（呵）禁所、犬を殺さば、皆な完して公に入れよ。其の它の禁苑殺す者は、其の肉を食いて皮を入れよ。（第七三簡・七四簡）

とあり、本条とほぼ同じ条文が見えるが、本条冒頭の「黔首」が睡虎地秦簡では「百姓」となっている。『史記』秦始皇本紀始皇二六年条に、

民を更名して黔首と曰う。

とあるのによると、始皇二六年に民の呼称を黔首と改めたとされているが、同巻一五六国年表では始皇二七年条に、

民を命じて黔首と曰う。

と記されている。いずれの年に民から黔首へと改められたのかは未詳であるが、右の秦始皇本紀の記述は前掲の始皇二六年詔よりも後に記されているので、いずれにせよ民から黔首への名称変更は、始皇二六年詔による各種名称改定に遅れてなされたことになる。すると、前掲の竜崗秦簡第七七簡~八三簡は睡虎地秦簡に見える条文を始皇二六年以降に書き改めたものであることが知られる。しかし、その本条においても公という語が用いられているので、公が県官へ改められたのは、民が黔首へ改められたことよりもさらに後ということになる。

そして、里耶秦簡には、

卌一年四月丙戌、洞庭の縣官受巫☐ (八―一〇八三)

卅五(伍)巫南就、路と曰う、娶(取)貲錢二千六百☐

とあり、始皇三一年(前二一六年)の行政文書にようやく県官という語が見える。それゆえ、少なくとも以上の検討による限りでは、始皇二六年~三一年のいずれかの年に公から県官へ改められたと見ることもできそうである。

ところが、県官という語は六国統一以前について記した史料にも見える。すなわち、『史記』巻七九范雎列伝には、

是に於て太后を廢し、穰侯・高陵・華陽・涇陽君を關外に逐う。秦王乃ち范雎を拜して相と爲す。穰侯の印を收め、陶に歸らしめ、因りて縣官をして車牛を給して以て徙さしむること、千乘有餘。

とあり、秦の昭王が穰侯魏冄を中央から追放し、その封邑である陶へ帰らせるとき、「県官」に車・牛を出させて魏冄を陶へ送ったと記されている。『史記』巻五秦本紀によると、魏冄が陶へ帰ったのは昭王四二年(前二六五年)のことである。もっとも、『史記』は前漢の武帝期に編纂されたものであるから、たとえこの記述が戦国秦の史料に基づくとし

ても、六国統一後の改変を経ている可能性も否定できない。しかし、その他にも張家山漢簡「奏讞書」案例一七には、

●二年十月癸酉朔戊寅、廷尉兼、汧嗇夫に謂う、「雍の城旦講、鞫を气（乞）いて曰く、『故と樂人、汧䤈中に居す。講、牛を盗まず、雍、講を以て盗と爲し、論じて黥して城旦と爲すは、當らず』と。之を覆するに、講、牛を盗まず。講、子の縣に毄（繫）がる。其れ講を除きて以て隱官と爲し、自ら常（尚）せしめ、其の於於に畀えよ。妻子の已に賣らるる者は、縣官、贖を爲せ。（以下略）」と。（第一一二簡～一二三簡）

とあり、秦王政二年（前二四五年）の裁判例の中で県官という語が用いられている。また、『墨子』雑守篇には、

寇近づかば、亟かに諸〃の雜郷の金器若しくは銅鐵及び他の以て守事を左く可き者を收む。先ず縣官の室居・官府の急ならざる者、材の大小・長短及び凡數を擧げ、即ち急ぎて先に發す。

とあり、敵軍が城邑に近づいてきた場合、「県官」の室居などを徴用すべきと記されている。同篇の成立年代については諸説あるが、近年ではおおむね戦国時代中期以降あるいは後期以降に編纂されたと解されている。[24] 下限年代については、渡辺卓氏は六国統一前後と解されているが、史党社氏は六国統一後まで下ることはないとされる。[25] いずれにせよ、右の記述も六国統一前に記された可能性がある。

以上の他、前掲の語書にも県官という語が見えるが、語書は秦王政二〇年（前二二七年）に南郡守騰が属県・道に対して通達した文書である。

それでは、六国統一後に公が県官へ改められたと解されるにもかかわらず、このように県官という語が戦国時代から用いられていたことはどのように理解すべきであろうか。実は、このような矛盾現象は黔首という語についても見える。前掲の『史記』秦始皇本紀及び六国年表の記述によれば、始皇二六年あるいは二七年以降、民を黔首と呼ぶことにしたごとくであるが、実際に民の呼称が黔首と改められたことは、前掲の睡虎地秦簡秦律十八種「田律」（第七三簡・七四簡）と竜崗秦簡（第七七簡～八三簡）からも明らかである。他にも睡虎地秦簡秦律十八種「田律」に、

百姓の田舎に居る者は、敢て酉（酒）を醢（酤）すること毋かれ。田嗇夫・部佐謹みて之を禁御せよ。令に従わざる者有らば、辠有り。　田律（第七九簡）

とあるのに対し、岳麓書院蔵秦簡「律令雑抄」には、(26)

田律に曰く、「黔首の田舎に居る者は、敢て酒を醢すること毋かれ。令に従わざる者有らば、之を遷せ。田嗇夫・工吏・吏部、得えずんば、貲二甲」と。（第九九三簡）

とあり、やはり百姓が黔首に書き換えられている。

ところが、既に指摘されている通り、黔首という語自体は戦国時代でも用いられていた(27)。例えば、『呂氏春秋』仲夏紀大楽篇には、

故に能く一を以て政を聴く者は、君臣を樂しましめ、遠近を和し、黔首を説ばしめ、宗親を合す。

とあり、六国統一前の編纂物であるにもかかわらず、黔首という語が用いられている。それゆえ、明の楊慎及び鄭業斆は司馬遷が「嶧山刻石」（始皇二八年に始皇帝が刻ませたもの）で黔首という語が用いられているのを見て、始皇二六年に民を黔首と改めたという記述を作ったと推測している。それに対して清の王念孫は、黔首という語は六国統一以前から存在していたが、始皇帝が正式な名称として採用したと解している。前掲の秦律に見える通り、秦律の条文中の「百姓」が「黔首」に書き換えられていることからすると、王念孫の解釈が妥当であろう。

すると、県官も戦国時代から用いられていたが、始皇二六年以降いずれかの時期に、公に代わる用語として正式に採用されたものと考えられる。県官は既に戦国時代から用いられていたのであるから、前掲里耶秦簡の始皇三一年の行政文書に県官という語が見えることは、必ずしもそれ以前に県官が公に代わる用語として正式に採用されていたことを証明するものではない。しかし、「皇帝」・「黔首」など、六国統一に伴って用語の改変が行われたことを考えると、県官が正式名称となったのも、始皇二六年を遠く離れるものではないと考えられよう。

ところで、張家山漢簡奏讞書案例二〇には、

●異時魯の灋に（中略）有（又）た曰く、「諸そ縣官の事を以て其の上を詑く者は、白徒の灋を以て之を論ず。（以下略）」と。（第一七四簡・一七五簡）

とあるように、春秋時代の魯の法が引用されており、その中に「県官」という語が見える。先行研究の中にはこの魯法を春秋時代の魯で実際に行われていた法律と解しているものもある。もしその通りとすれば、本条に見える県官は史料から知りうる限りにおいて最古の用例であり、また県官という語が早くも春秋時代から用いられていたことになる。

しかし、私は別稿において、本条は漢の高祖期に、春秋時代に仮託して作られたものと解した[28]。その中でも根拠の一つとして挙げた通り、春秋時代の魯で県官という語が用いられていたとは考えがたい。以下、その理由を列挙する。

第一に、先に列挙した通り、戦国時代における県官の用例は、わずかに『墨子』の一例を除けば、全て秦国に関する史料に限って見られる。さらに、その『墨子』雑守篇などのいわゆる城守各篇さえも、戦国時代の秦で活動した墨家の手に成るものとする説がある[29]。もっとも、吉本氏は雑守篇を戦国時代の斉で成立したものと解されたうえで、奏讞書案例二〇に県官という語が見えることから、斉・魯などの東方諸国では魯が滅亡した紀元前二五〇年以前に県官が用いられていたと解されている[30]。また、史氏も雑守篇は東方の墨家が秦墨と東墨の作品を編集したものと解されている[31]。しかし、仮に史氏の説の通りならば、雑守篇には少なくとも秦墨の手に成る部分も含まれていることになる。吉本氏も雑守篇に秦墨の著作を改変した部分が見えることを指摘されている。それゆえ、県官という語はやはり秦に特有の語であった可能性がある。

第二に、戦国時代における県官の用例は『墨子』の一例を除けば、戦国時代の中でも後期を遡らず、春秋時代には遠く及ばない。『墨子』雑守篇も戦国時代中期を遡るものではない。

第三に、奏讞書案例二〇は魯の柳下季が執り行ったとされる治獄を内容とする。一方、前掲の『礼記』曾子問篇は同

じく魯の孔子と曽子の問答を記したものである。同篇が仮に本当に孔子と曽子の問答を記録したものとしても[32]、柳下季の時代より百年以上後のことである。にもかかわらず、案例二〇では県官が用いられているのに対し、曽子問篇ではむしろ県官ではなく公が用いられている。

第四に、後述する通り、県官という語の由来は県制の発達と関係があるものと思われる。確かに県制の萌芽は春秋時代から見られるが[33]、本格的な県制は戦国時代を待たなければならない。

以上から、春秋時代に既に県官という語が成立していたとは考えがたい。少なくとも現在確認されている史料からすると、県官という語は戦国時代から用いられたと見るべきであろう。

むすび

それでは、なぜ公から県官へ改められたのであろうか。その背景には以下の二つの要素が存在したと考えられる。

第一に、皇帝号の創設である。公はもともと君主号であるから、皇帝号が成立した後は君主・官の名称としてふさわしくないと考えられたのであろう。もっとも、公は秦の君主が王号を称して以降も用いられており、律の条文では公と王が併用されていたごとくであるが、皇帝号の創設を契機として県官へ一本化されたと考えられる。

第二に、県制の発展である。中井積徳は、

縣官とは猶お公家と言うがごときなり。本郡縣の人の言、各〻處する縣治を指して言う、遂に轉じて國家を指すの言と爲る。(『史記雕題』)

と述べ、県官はもともと各郡・県の人々がみずからの属する県治を指していう語であったが、後に「国家」へ転義するに至ったと解している。本当にみずからの属する県治を県官と呼んでいたかどうかはともかく、県官という名称からすれば、県官が地方行政組織としての県に由来することは確かであろう。君主・官が県官と呼ばれるようになったのは、戦国時代以降に県制が発展し、県こそが君主と官を代表する存在となったためと考えられる。前漢初期以前、地方行政が県を中心として行われていたことは、従来の研究によって指摘されてきたことである。[34] 県は地方行政機構の最末端に位置するものの、国家権力はむしろこの県を通して初めて発動されていた。それゆえ、当時の人々にとってみれば、県こそが君主と官を代表する存在と映っても不思議ではない。つまり、県官という名称は県制発展の所産ということができる。前掲の『漢書』宣元六王伝張晏注に「敢て成帝を指斥せず、之を県官と謂うなり」とあるのによると、天子を県官と呼ぶのは、天子を直接指すのを避けるためという。よく知られている通り、これと同様の語に「陛下」がある。すなわち、後漢・蔡邕『独断』巻上に、

陛下とは、陛階なり、由りて堂に升る所なり。天子は必ず近臣有り、兵を執りて陛側に陳り、以て不虞を戒む。之を陛下と謂うは、羣臣、天子と言うに、敢て天子を指斥せず、故に陛下に在る者を呼びて之を告ぐ、卑に因りて尊に達するの意なり。上書も亦た之の如し。羣臣・士庶相與に言いて殿下・閤下・執事と曰うの屬に及びては、皆な此の類なり。

とあり、陛下は本来天子の玉座へと至る階段の下にいる者を指し、天子を直接指すのを避ける表現として用いられた。天子を県官と呼ぶのも、これと同様の発想によるものと思われる。すなわち、県官も県という天子へと連なる統治機構の末端を指すことによって、天子を直接指すのを避ける表現として用いられたのではあるまいか。

もっとも、地方行政機関には他にも郡が設けられていた。しかし、郡が行政上強大な権限を持つようになったのは前漢中期以降のことであって、前漢初期までの郡は行政機関としての規模が小さく、軍事及び属県に対する監察を司る他は、管轄内の民政に対する関与は限定的なものであった。[35] 特に、県官という語が成立した戦国時代では、郡はまだ行政機関として未発達であり、その存在感は県に遠く及ばないものであった。それゆえ、君主・官を指すものとして「郡官」

という語は成立しなかったのであろう。

注

（1）早稲田大学簡帛研究会「張家山第二四七号漢墓竹簡訳注（一）―二年律令訳注（一）―」（『長江流域文化研究所年報』創刊号、二〇〇二年）第四簡・五簡注〔一〕参照。

（2）専修大学『二年律令』研究会「張家山漢簡『二年律令』訳注（一）―賊律―」（『専修史学』第三五号、二〇〇三年）四簡（F一七）・五簡（F一六）注②参照。以下、本稿で引用する同研究会の説は、全てこの訳注によるものとし、特に必要のない限り注記しない。

（3）例えば、専修大学『二年律令』研究会「張家山漢簡『二年律令』訳注（一）」四簡（F一七）・五簡（F一六）注②など参照。

（4）安作璋・熊鉄基『秦漢官制史稿』（斉魯書社、二〇〇七年）一九七・一九八頁参照。

（5）睡虎地秦簡の簡番号は雲夢睡虎地秦墓編写組編『雲夢睡虎地秦墓』（文物出版社、一九八一年）、釈文は武漢大学簡帛研究中心・湖北省博物館・湖北省文物考古研究所編『秦簡牘合集　壹』（武漢大学出版社、二〇一四年）によった。

（6）睡虎地秦墓竹簡整理小組編『睡虎地秦墓竹簡』（文物出版社、一九九〇年）釈文注釈一四頁注〔三三〕参照。

（7）張家山漢簡の簡番号・釈文は彭浩・陳偉・工藤元男主編『二年律令与奏讞書』（上海古籍出版社、二〇〇七年）によった。

（8）張家山二四七号漢墓竹簡整理小組編『張家山漢墓竹簡〔二四七号墓〕』（文物出版社、二〇〇一年）一三四頁「賊燔城」条注〔二〕参照。

（9）陶安あんど氏は、前掲の二年律令「賊律」（第四簡）では下文に「郷部・官嗇夫・吏主者、得えずんば、罰金各〻二両」とあり、郷部嗇夫・官嗇夫といった県吏が見えることから、本条でいう県官は「県の官」すなわち県という行政区画の諸役所を指すと解されている。『秦漢刑罰体系の研究』（創文社、二〇〇九年）五一八頁注（171）参照。本条では県官の積聚を焼くことが罪に問われており、また郷部嗇夫・官嗇夫・吏主者はその犯人を逮捕できなければ処罰される。しかし、ここでいう県官が中央・地方を問わず、広く官を指すとしても、中央・郡の官署もいずれかの県の領域内に置かれているのであるから、郷部嗇夫や官嗇夫が責任を問われているのも不思議ではない。また、もしここでいう県官が県に属する諸官署を指すとすれば、県以外の官署の積聚を焼いた場合については本条の適用外ということになる。しかし、民の積聚を焼くことさえ本条で定められているのであるから、中央・郡の積聚だけが別条で定められていたとも考えがたい。よって、本条の県官も官の意と解するべきであろう。

(10) 趙伯雄「両漢「県官」釈義」(『歴史教学』一九八〇年第一〇期)参照。

(11) 劉徳増・李珩「「県官」与秦漢皇帝財政」(『文史哲』二〇〇六年第五期)参照。

(12) 竜崗秦簡の簡番号・釈文は武漢大学簡帛研究中心・湖北省文物考古研究所・四川省文物考古研究院編『秦簡牘合集 貳』(武漢大学出版社、二〇一四年)によった。

(13) 中国文物研究所・湖北省文物考古研究所編『竜崗秦簡』(中華書局、二〇〇一年)一〇六頁第一〇〇簡校証参照。

(14) 吉本道雅「墨子兵技巧諸篇小考」(『東洋史研究』第六二巻第二号、二〇〇三年)附記参照。

(15) 里耶秦簡の簡番号・釈文は陳偉主編『里耶秦簡牘校釈』第一巻(武漢大学出版社、二〇一二年)によった。

(16) 岳麓書院蔵秦簡「為吏治官及黔首」の簡番号・釈文は朱漢民・陳松長主編『岳麓書院蔵秦簡 壹』(上海辞書出版社、二〇一〇年)によった。

(17) 黄盛璋「雲夢秦簡弁正」(同氏『歴史地理与考古論叢』斉魯書社、一九八二年。一九七九年原載)参照。

(18) 『睡虎地秦墓竹簡』釈文注釈二二頁「春二月」条注〔一一〕、二五頁「将牧公馬牛」条【訳文】など参照。

(19) A.F.P.Hulsewé,"Remnants of Ch'in law", Sinica Leidensia 17, Leiden, E.J.Brill,1985,p.127,note1.

(20) 太田幸男『中国古代国家形成史論』(汲古書院、二〇〇七年)二八一頁(一九八四年原載)参照。

(21) 彭浩「睡虎地秦簡「王室祠」与『齎律』考弁」(武漢大学簡帛研究中心編『簡帛』第一輯、上海古籍出版社、二〇〇六年)参照。

(22) 『竜崗秦簡』七・八頁参照。

(23) 吉本道雅「墨子兵技巧諸篇小考」附記参照。

(24) 渡辺卓「墨家の兵技巧書について」(同氏『古代中国思想の研究』創文社、一九七三年。一九五七年原載)、「『墨子』諸篇の著作年代」(同上。一九六二・六三年原載)、李学勤「秦簡与『墨子』城守各篇」(同氏『簡帛佚籍与学術史』江西教育出版社、二〇〇一年。一九八一年原載)、史党社『『墨子』城守諸篇研究』(中華書局、二〇一一年)一二五～一三二頁など参照。

(25) 注(24)参照。

(26) 岳麓書院蔵秦簡「律令雑抄」の簡番号・釈文は陳松長「岳麓書院所蔵秦簡綜述」(『文物』二〇〇九年第三期)によった。

(27) 南宋・呉曽『能改斎漫録』巻一事始、明・楊慎『丹鉛続録』巻一、清・王念孫『広雅疏証』巻四上釈詁、鄭業斆『独笑斎金石文攷』第一集巻五秦繹山碑など参照。

(28) 拙稿「張家山漢簡『奏讞書』案例二〇『魯法』考」(朱騰・王沛・水間大輔『国家形態・思想・制度――先秦秦漢法律史的若干問題研究』厦門大学出版社、二〇一四年)参照。

(29) 渡辺卓「墨家の兵技巧書について」、李学勤「秦簡与『墨子』城守各篇」など参照。

(30) 吉本道雅「墨子兵技巧諸篇小考」参照。

(31) 史党社『『墨子』城守諸篇研究』一二五～一三二頁、一八七～二〇九頁参照。

(32) 王鍔氏は、曽子問篇は曽子の著作をその弟子が戦国時代前期に整理したものとされる。『『礼記』成書考』(中華書局、二〇〇七年)五三～五七頁参照。

(33) 春秋時代以前の県をめぐる研究動向については、松井嘉徳「「県」制の遡及」(同氏『周代国制の研究』汲古書院、二〇〇二年。一九九三年原載)参照。

(34) 先行研究については紙屋正和氏が詳細に紹介されている。『漢時代における郡県制の展開』(朋友書店、二〇〇九年)七～一二頁参照。氏自身も前漢の景帝期以前では県が民政に関するほとんどの職務を担当していたことを論証されている。「前漢前半期における県・道による行政」(『漢時代における郡県制の展開』一九八二年。二〇〇五年原載)参照。

(35) 先行研究については紙屋正和『漢時代における郡県制の展開』七～一二頁参照。氏もこれを論証されている。「前漢前半期における県・道による行政」、「前漢前半期における郡・国の職掌と二千石の任用」(『漢時代における郡県制の展開』。

一九八二年原載）参照。

［付記］本稿は中国博士後研究項目「秦漢刑法変遷史研究」による研究成果の一部である。
脱稿後、陳松長主編『岳麓書院蔵秦簡　肆』（上海辞書出版社、二〇一五年）が刊行され、岳麓書院蔵秦簡「秦律令」のうち一部の図版・釈文が公表された。この中には「県官」という語が頻見する。本稿では検討の対象とするをえなかったが、概観する限りでは、本稿で提示した鄙見と矛盾はなく、むしろ裏づけとなる史料も見られる。他日を期したい。

前漢文帝期における顧租公鋳法に関する一考察

池田　敦志

はじめに

前漢王朝は建国以来、地方支配体制や対非漢人政策など、様々な問題に直面してきたが、それぞれの政策面で試行錯誤を繰り返し、武帝の頃までにはそれらはおおよその安定をみたとされる。しかしその中でも前漢の貨幣政策については、貨幣鋳造の形態や貨幣流通の様相をめぐり様々な議論があり、特に問題の多い分野となっている。その中でも未だ明らかになっていない政策の一つに、文帝五年の放鋳政策と同時に実施されたと考えられる「顧租公鋳法」がある。そもそもこれが「法」として成立していたことは、当時文帝に仕えた賈誼の『新書』によって知られ(1)、それによると「顧租公鋳法」は文帝五年から景帝中元六年の間施行されていたとされる。それは一体いかなる「法」であったのか、その内容を巡ってこれまでも先学諸氏の間で様々な見解が示されてきたが、未だ定見をみていない(2)。というのも、『史記』や『漢書』にも同様の記述は見えるのだが、「顧租公鋳法」とは記されておらず、両文献からではその実態を正確に知ることができないからである。そこで「顧租公鋳法」の実態を探る一つの手がかりとなるのが、この法に反対し、文帝にそれを撤廃するよう求めた賈誼の諫言である。この諫言は一部『史記』平準書や『漢書』食貨志にも見えるものであるが、『新書』の該当部分と比較すると、字句異同・節略が多い。『新書』が史料として有効性を持つものであることは、他の先行研究でも指摘され、筆者自身も主張してきたことである。(3) そこで本稿では、これまで「顧租公鋳法」を検討する際にあまり省みられてこなかった『新書』の記述をもとに、それを他の諸史料と突き合わせて分析することによって、その法がいかなるものであったのか、また「顧租公鋳法」の実施が文帝の治世においていかなる意味を有していたのか検討してみたいと思う。

第一節　前漢代貨幣制度の変遷

前漢では、天下統一以降様々な貨幣政策が講じられ、武帝の元鼎年間に貨幣鋳造を中央の管理の下に一本化することでとりあえず落ち着いたのであるが、それまでの歴代皇帝の下ではどのような鋳銭策を講じてきたのか。前漢初期の貨幣鋳造の変遷をめぐってはこれまで多くの議論が重ねられているが、まだ一定の解釈をみていない。(4) とりあえず本稿の主題である「顧租公鋳法」の実施された時期を示すため、『漢書』に従って高祖期から武帝期までの貨幣鋳造の変遷を概観すると次のとおりである。

漢が天下を統一すると、それまで使用していた秦の半両銭が重くて使いにくいことから、新たに楡莢銭を使用することとし、一時民間での鋳造を許可した。その後、呂后二年（前一八六）には八銖銭に改鋳し、その四年後（前一八二）にはさらに改鋳して五分銭を発行した。文帝五年（前一七五）になると、今度は五分銭を四銖銭に改め、再び民間での鋳造を許可した。しかしこの民間における貨幣鋳造の開放によって貨幣流通が混乱したため、景帝中元六年（前一四四）には民間での鋳造を再び禁止した。つぎの武帝の時代になると、元狩年間に五銖銭が鋳造され、初めは郡国にも鋳造させていたが、元鼎年間に郡国での鋳造を禁止して、上林三官に五銖銭を専鋳させることになった。

すなわち、文帝五年における四銖銭への改鋳と同時に民間での貨幣鋳造が開放され、景帝中元六年まで続いたのであるが、それは単純に自由な貨幣鋳造が民間に許可されたというものではなく、当然そこには違法な鋳銭を防ぐためのある規制（法）が設けられていた。それこそが賈誼の言う「顧租公鋳法」なのである。

第二節　二年律令「銭律」の廃止と「顧租公鋳法」

さて、いま示したように文帝は即位五年目に「顧租公鋳法」を発令して民間鋳造を許可したが、それ以前の貨幣鋳造はいかなる規定の下で行われていたのか。『史記』巻二二・漢興以来将相名臣年表文帝五年欄に、

除錢律。民得鑄錢。

銭律を除く。民をして銭を鑄るを得しむ。

とあり、ここに見える「銭律」がそれに相当するとされている[5]。先述のごとく、前漢前期には貨幣鋳造をめぐって幾度も幣制改革を行ったが、それはあくまでもこの「銭律」の規定の下で行われたのであり、その中に貨幣の民間鋳造（盗鋳銭）の禁止規定も含まれていた。それが「盗鋳銭令」である。つまり、文帝五年にはこの「銭律」を撤廃することによってそれまで禁止されていた民間での貨幣鋳造がこのとき開放されたということである。しかし民間鋳造が開放されたと言っても、必ずしも全面的に自由な鋳造が許可されたわけではない。民間鋳造貨幣が法定貨幣（法律で決められた規格の貨幣）と共に一般社会へ流通するのであるから、当然、法定貨幣に合わせて鋳造貨幣の材質や大きさは規定されていなければならなかったはずである。その規定を定めた一連の法規こそが「顧租公鋳法」であろう。

するとここで、「銭律」を廃止して「顧租公鋳法」を設けたのであれば、「律」による規定が廃止され、「顧租公鋳法」という新たな法規の下に様々な材質規定が設けられたのかという疑問が生じる。否、材質規定がある以上、やはりそれは律によって規定されていたはずである。銭律の廃止について、柿沼陽平氏は、「二年律令」銭律は（a）盗鋳銭禁止規

定（第二〇一簡～第二〇八簡）と（b）銭の規格に関する流通規定（第一九七簡～第一九八簡）より成っており、この両者は無関係に機能しうることを指摘し、文帝五年の幣制改革は、「二年律令」銭律を構成する（a）（b）のうち、（a）を撤廃して「顧租公鋳法」を代置し、（b）を改良・継受してべつの律に改編したものと推測している。(6) この説によれば、「一定条件のもと民間での鋳銭を許可する」という法規が「顧租公鋳法」であり、実際にはその一定条件を新たに設けた「律」で規定していたことになる。たしかに『新書』巻四・鋳銭篇に、

名曰顧租公鑄、法也。

名を顧租公鑄と曰い、法なり。

とあり、賈誼はこれが法規であることを明言している。しかし一方で、『新書』巻一・等斉篇には、

諸侯王所在之宮衞、織履蹲夷、以皇帝所在宮法論之。郎中・謁者受謁取告、以官皇帝之法予之。事諸侯王或不廉潔平端以事皇帝之法罪之。

諸侯王の在る所の宮衞に之くに、織履蹲夷せば、皇帝の在る所の宮法を以て之を論ず。郎中・謁者の謁を受け告を取るに、皇帝に官するの法を以て之を予う。諸侯王に事えて或し廉潔平端ならざれば、皇帝に事うるの法を以て之を罪す。

とあり、ここには顧租公鋳法のほかに、「皇帝所在宮法」・「官皇帝之法」・「事皇帝之法」等々の「法」がみえる。これらは顧租公鋳法と異なりそれ自体が法規とは考えられないが、当該の内容を規定した何らかの「律」を指すと思われる。ちなみにこれらの史料は『漢書』にはみえないため、『新書』の史料的性格にも関わってくるのであるが、『新書』中には「律」という文言は見えず、法令に類するものに関してはすべて「法」と表現されている。おそらくは、実際には当時「律」として存在したものの中で、同類の規定をもつ諸律をまとめたものを、『新書』中の表現としては「法」を用いたのではないだろうか。そのように推察すれば、「顧租公鋳法」とは、銭の民間鋳造を規定する一連の法規（諸律）を

まとめたものであると考えられるのである。もっとも、「顧租公鋳法」に関しては賈誼はそれが名称であることを示唆しているため、それ自体が法令名であった可能性は高いのだが、実際には柿沼氏が述べるように、「銭律」における銭の規格に関する部分が何らかの別の律に改編されたものを指すのであろう。残念ながらその「律」が何という名称の「律」であったのか現在ではわからない。

それでは次に「顧租公鋳」なる名を持つこの「法」がいかなるものであったのか、『新書』に見える記述と先学諸氏の見解を検討しながら私見を述べてみたい。

第三節　『新書』及び『漢書』に見える「顧租公鋳法」

「顧租公鋳法」についての記述は『新書』巻四・鋳銭篇（以下「鋳銭篇」）、『漢書』巻二四・食貨志下（以下「食貨志」）にそれぞれ見える。しかし両書には少なからず字句異同があるため、特に『漢書』食貨志の記述だけでは不明な点もある。そこでまずはじめに両書における記述の違いを検討し、「顧租公鋳法」の議論における『新書』の史料的有用性も示したいと思う。

『新書』巻四・鋳銭篇に、

法使天下公得顧租鑄錢、敢雜以鉛鐵爲它巧者、其黥罪。然鑄錢之情、非殽鉛鐵及以雜銅也、不可得贏。而殽之甚微、又易爲、無異鹽羹之易、而其利甚厚。張法雖公鑄銅錫、而鑄者情必奸僞也。名曰顧租公鑄、法也。而實皆黥罪也。有法若此、上將何賴焉。

法は天下をして公に顧租して銭を鑄るを得しめ、敢えて雜うるに鉛鐵を以てし、它の巧を爲す者は、其れ黥罪なり。然るに銭を鑄るの情は、鉛鐵を殽し及び以て銅に雜うるに非ざれば、贏を得べからず。而して之を殽するに甚だ微にして、又爲し易く、羹を鹽するの易きに異なる無く、而も其の利は甚だ厚し。張りし法は公に銅錫を鑄しむると雖も、而して鑄る者の情は必ず奸僞なり。名を顧租公鑄と曰い、法なり。而るに實は皆黥罪なり。法有ること此の如くんば、上將に何ぞ焉に頼らん。

とあり、この記述に該当する『漢書』食貨志の記述は以下の通りである（《 》部分は食貨志に見え、鋳銭篇に見えない記述。【 】部分は鋳銭篇に見え、食貨志に見えない記述である）。

法使天下公得顧租鑄《銅錫爲》銭、敢雜以鉛鐵爲它巧者、其黥罪。然鑄銭之情、非殽【鉛鐵及以】雜【銅】《爲巧、則》不可得贏。而殽之甚微、【又易爲、無異鹽羹之易、】爲利甚厚。【張法雖公鑄銅錫、而鑄者情必奸僞也。名曰顧租公鑄、法也。而實皆黥罪也。】夫事有召禍而法有起姦、今令細民人操造幣之勢、各隱屏而鑄作、因欲禁其厚利微姦、雖黥罪日報、其勢不止。乃者、民人抵罪、多者一縣百數、及吏之所疑、榜笞奔走者甚衆。夫縣法以誘民、使入陷阱、孰積於此。曩禁鑄銭、死罪積下。爲法若此、上何頼焉。

この二つの記述を比較すると、食貨志の内容は『新書』中の各篇の内容を節略・綴合していることがわかる。そのため食貨志の記述だけでは顧租公鋳法の実態や賈誼がそれを諫めようとした正確な意図が読みとれない。たとえば、貨幣を鋳造するには銅と錫を主成分とすることがそれである。そもそも鋳銭篇の書き出しは「法使天下公得顧租鑄銭」であり、ここでは銅と錫を鋳ることは示されていない。しかし食貨志で「法使天下公得顧租鑄銅錫爲銭」となっているのは、班固が鋳銭篇の「張法雖公鑄銅錫」の部分を節略し前文に加えたためであろう。ちなみに食貨志の当該部分について、銭大昭は「錫」を衍字と指摘している。しかしいずれにしても鋳銭篇に「張法雖公鑄銅錫」とあることから、現行法（「張法」＝顧租公鋳法）では銅と錫を主成分として貨幣鋳造を許可したと考えることができる。さらに、「顧租公鋳」が「法」の名称であることも、食貨志では節略されているためわからない。先に述べたようにこれが実際に法令名であるかどうかは確定できないが、「顧租公鋳」が、民間鋳造を許可した法令名（或いは律名）であることは、鋳銭篇によってはじめてわかるのである。したがって、この時期の貨幣政策である「顧租公鋳法」とそれに対する賈誼の諫言から当時の社会状況をみていくには、『新書』を中心に検討していくべきであると筆者は考える。

次に、その鋳銭篇と「顧租公鋳法」を検討してみよう。そもそも鋳銭篇の内容は当時実施されていた「顧租公鋳法」を中止すべきとする賈誼の諫言である。それによると彼は、「法は天下に公然と顧租して銭を鋳造させているが、敢えて鉛や鉄を雑ぜたり、他に技巧をなす者は、黥罪となる。しかし民間で銭をつくる場合、鉛や鉄を混合して銅に雑ぜなければ、利益を得ることはできない。そしてその作業は容易であるため（規格外の銭を）作りやすく、しかもその利益は多大である。現在施行されている法は公然と銅と錫をもって鋳造させているが、鋳銭者の心理は必ずよこしまなもので、（多くの民が違法に）雑ぜ物をする。名目は「顧租公鋳」といって「法」である。しかしその実態はみな黥罪に当たる」と批判する。すなわちこの諫言から分かる当時の貨幣鋳造の内容とは、①「顧租公鋳」という名の「法」であること、②銅と錫を主成分とすることによって民間鋳造を許可していること、③規定外の鉱物で鋳造した者には黥刑が科せられること、などである。

さらにこの鋳銭篇の解釈を補うものとして、『漢書』巻四文帝紀・文帝五年夏四月条の「除盗鑄錢令」に対する顔師古注引応劭説に、

聽民放鑄也

民の放鑄するを聴す。

とあり、また、『漢書』巻二四・食貨志下、「法使天下公得顧租鑄銅錫爲錢」の「顧租」に対する顔師古注に、

顧租、謂顧庸之直、或租其本。

顧租とは、顧庸の直を謂うなり、或いは其の本に租すなり。

とある。応劭は民間での全面的な鋳銭が開放されたことを述べるにすぎないが、顔師古の方は「顧租」の意味について、

④鋳銭者を雇用すること、⑤其の本（「本」が何を指すのかはここでは不明）に課税すること、のいずれかの可能性を示している。(7)『漢書』およびその顔師古注と『新書』鋳錢篇による限り、その中で直接に顧租公鋳法に関わる記述からは以上①〜⑤の五点が分かるのみである。そこで、これらの五点について考察を加えてみたい。

そもそも「顧租公鋳法」の実態を探るには、「法使天下公得顧租鑄錢」の一文をどのように解釈するかが問題となるが、このうち「公鋳」に関しては応劭注・顔師古注に従って民に銭を鋳造することを許可したと解釈してよいであろう。この点については先行研究でも特に異論は見られない。そうすると具体的な問題は「顧租」をどのように解釈するかということになる。そこで当該箇所に関する先学の見解をみてみると、まず『漢書』食貨志および顔師古注に基づいて解釈したものとして、（a）加藤繁氏の「公然資本を借り、人を雇いて銭を鋳しむるをいう」とする説、(8)（b）木村正雄氏の「鋳銭を民に開放し、一定の租をとり、且つ規格に合わない銭を作ったものを罰した」とする説、(9)（c）平中苓次氏の、「顧租」は「納め支払う」意味で、「公に顧租して銅錫を鋳て銭をつくる」とは、民間の鋳銭業を許可し、これを営む者に対して「占租」すべき義務を課したものとする説などがある。(10)これらのうち、（a）説は、顔師古の「顧庸之直」とする説に依って解釈しているようであるが、仮に「顧」をそのように解釈できるとしても、「租」については加藤氏の言うように「公然資本を借り」るという意味には取れず、また何をどこから借用するのかも判然としない。（b）・（c）説は共に「租」を「租税」の意味に解釈するものであるが、（b）説がいう「一定の租」の実態がいかなるものであるか、たとえば鋳銭業務自体にかかるいわゆる営業税を指すのか、鋳銭後の生産量に応じて課された税（生産税）を指すのか不明であり、この点がはっきりしない。（c）説の平中氏はまず、顔師古注に対して、「法令中にわざわざそのような業務形態（人を雇うこと）をしるす必要はない筈」としてこれを誤りとした上で先述のように解している。さらに、その場合の「占」とは「申告」の意味であるから、氏はおそらく銭の生産量の多寡に応じて課された生産税として解釈しているのであろう。

一方、（d）好並隆司氏は、[11]『漢書』の記述のほか『新書』鋳銭篇に見える次の一文を引用する。

張法雖公鑄金賜、而鑄者情必奸僞也。名曰顧租公鑄法也。

張りし法、公に鑄金の賜ありと雖も、鑄る者の情必ず奸僞なり。名付けて顧租公鑄法と曰う。

氏は以上のように読み、これは鋳金を官より賜うものであるとする。つまり、鋳銭の原料である銅そのものを国家が鋳銭者に給付してその鋳銭の租をとるものである、と。さらにこの場合の「租」を「営業税」と解し、官側はそれによって利益を得ているものとしている。しかし、この説にもいくつかの疑問が残る。まず、版本の問題であるが、氏は『新書』の版本の中でも漢魏叢書本に依っており、[12]「公に鋳金の賜ありと雖も」と読んでいる。この点について鐘夏氏『新書校注』では、①「金」が「銅」の誤字（伝写上の誤写）であること、②『集韻』易部に「賜、或作錫」とあること、③『漢書』食貨志に「法使天下公得顧租鑄銅錫爲錢」とあることから、「金賜」は「銅錫」に改めるべきだとしている。また、仮に好並氏のように原料の銅を官側が給付するとした場合、賈誼の諫言内容と一部矛盾する。すなわち、『新書』銅布篇に、

銅、布於下、采銅者棄其田疇、家鑄者損其農事、穀不爲則鄰於飢…

銅、下に布さるるや、銅を采る者其の田疇を棄て、家に鑄る者其の農事を損ない、穀爲らざれば則ち飢に鄰《とな》る…

とあり、ここでは銅を民間に採取・流通を許すことの弊害が説かれている。ここには「采銅者」とあり、鋳銭するための原料である銅鉱石を民が個々に採取していることがわかる。さらに、当時朝廷でも四銖銭を発行していたのであるから、その一方で鋳銭業を営む民間人に（違法な鋳銭をする恐れが強いにもかかわらず）均一的に鋳銭させるため銅を給付していたとも考えにくく、（d）説は史料的な整合性が欠けている。

このほか、出土文字資料を使って解釈を試みた（e）山田勝芳氏は、まず「顧租」の「顧」を「視る」という意味に解した上で、睡虎地秦簡「秦律十八種」・関市律の文に、納税にあたって市の官吏に対してその収入現銭を提示させる

という申告の仕方があったこと、またこの時の銭の質は官吏が直接「見」ることによって確認できる性質であったことを根拠に、それらを「顧租公鋳法」に当てはめている。つまり、「鋳銭者はまずその銭を持って官吏の所におもむき、官吏が基準となる法銭で重量、材質を確認し、基準に合致していると認めた上で、鋳銭者は数量を申告し、かつその鋳造した銭で納税した」と。[13] これについては、確かに『説文解字』頁部に、

顧は、還り視るなり。

とあり、「顧」の解釈については問題無さそうである。しかし氏は「顧」を「官吏の確認」の意味に解しているようである。また鋳造銭をもって納税するという点については明確な根拠が示されていないが、申告納税という方法をとった可能性は考えられる。

以上のように、先学の間では「顧」に対する解釈こそ一様でないが、概ね「租」を「営業税」あるいは「生産税」と解しているようである。次にこれらの説に対する「顧租」の解釈について検討する。

「顧」について顔師古・加藤氏は「人を雇う」とするが、これについては平中氏や好並氏が述べるごとく、法令の中に敢えて「人を雇う」という条件（業務形態）を記しているのは不自然であり、そもそも「顧」字に「雇用」の意味はない。一方山田氏は「顧」を「視る」と解しているが、これは先述したように、字義としては問題なさそうである。では何を「視る」のか。氏は「官吏が基準となる法銭で重量、材質を確認」する、つまり規格を確認することと述べている。しかし、漢銭の質については、佐原康夫氏が満城漢墓から出土した五銖銭のデータを根拠として、「漢代の鋳造技術では、銭の大きさをそろえることはできても、微妙な厚さまで均一化することはできず、重量の誤差を一銖以内までしぼりこむことは困難だった」と指摘しており、[14] 精巧なことで知られる五銖銭ですら実際はそのようであったとすれば、それ以前の四銖銭の場合は、なおさら困難だったはずである。つまり山田氏の説についても、仮に法銭（官が生産する四銖銭）を基準に重量を審査することができたとしても、官吏は材質（混ぜ物の配合）まで正確に確認することはできなかったと

考えられ、原料銅・錫・鉄などの配合具合まで確認できたかという点にはやはり疑問を呈さねばならない。これらに対し、平中氏は顧租公鋳法の実態として、「民間の鋳銭業を許可し、それらに対して「占租」すべき義務を課す」と述べており、「顧」については「申告する」と解している。確かに営業税の申告を義務づければ官側の都合とも合致し解釈しやすい。筆者も「顧」についてはとりあえず平中説を支持したい。

次に「租」について。先学の中にも「営業税」と解されているものがあったが、それは鋳銭業を営むための税であろうから、その場合それらの者に対しては原則均一額を徴収したと思われる。確かにこの解釈は合理的であるが、史料的な裏づけがない。そこで注目したいのが張家山漢簡「二年律令」金布律に示された鉄や鉛などの鉱物管理に関する規定である。当時の鋳銭とその原料たる諸々の鉱物管理については柿沼陽平氏の研究がある。[15] それによると漢初では民に鉛をはじめとする諸鉱物を採取・採掘させた場合、入手した現物の量などを自己申告させてそれに課税する、いわゆる申告納税の方法が取られていた。[16] すなわち鋳銭の原料となる鉱物そのものに税をかけるというのである。もっとも、当該条文において課税対象となる鉱物は鉄・鉛・銀・金・丹であり、賈誼がここで鋳銭の原料として指摘する銅・錫は含まれていないが、それは「二年律令」の呂后二年当時はそもそも銭律によって盗鋳銭に対する罰則が厳しく規定されていたので民間での銅や錫の採取がほとんど行われていなかったためであろう。それが文帝五年に民間での鋳銭が「法」として公認されたため多くの民間人が鋳銭の原料である銅や錫を自ら採取するようになったものと思われる。故に賈誼は「銅を采る者其の田疇を棄て」(前掲・銅布篇)るという社会状況を厳しく批判しているのである。とはいえ文帝五年に盗鋳銭の規定は廃止されたとしても鉱物管理に関する金布律の条文は有効であったはずだから、民間での銅・錫の採取も「鉱物管理規定」として適用されたと考えられる。そこでもう一度顔師古注に戻ってみると、或説に「其の本に租す」とある。「本」には元手の意味がある。つまり顔師古は鋳銭の元手となる採掘銅・錫に課税する(=租す)可能性を指摘しているのではないだろうか。

以上をまとめると、筆者の考えでは次のようになる。民間人が鋳銭に必要な銅（錫）を採取した場合、その採掘量に応じて課税された。ただしその対象が、採取した銅鉱石そのものなのか、製錬後の銅なのかは分からない。というのも前掲金布律にみえる、製鉱業者に対する課税方法の様子では、製鉱業者一般と金属製錬者の両方にそれぞれ課税しているからである。いずれにしてもそのどちらかの段階での原料銅（錫）の採取量を「占」（自己申告）した上で銭の鋳造が許可されたのであろう。つまり顧租公鋳法の「租」とは営業税ではなく、原料銅（錫）に対する課税であると考えられるのである。このようにして民間での鋳銭を許可した結果、多くの民は農事を棄て、鋳銭に傾倒した。そのような事態を憂慮した賈誼は顧租公鋳法の廃止と銅の民間採取を禁ずべきことを諫言したが、文帝はそれを受け容れなかった。では、様々な悪弊が指摘されたにもかかわらずなぜ文帝はこの法を続行したのであろうか。そこで次節では顧租公鋳法が文帝一代の政策上どのような意味を持っていたのかを考えてみたい。

第四節　文帝の政策における顧租公鋳法の位置付け

（1）文帝期の税収入とその変化

前節では顧租公鋳法に対する筆者の見解を示したが、次にその内容を踏まえて、この「法」によって徴収された税が文帝期の税制度の中においてどのような位置にあったのかを考えてみたい。前漢前期に徴収された税目としては、算賦・田租・芻稾税・塩鉄業に対する課税・山沢園池の税・市井の税などがあり、それらの税収は国家財政と帝室財政に分けられて国庫に納入されていた。これら諸税の実態や納入先の分類についてはすでに多くの先行研究があるが[17]、一般に、顧租公鋳法によって得られた税は山沢園池の税に分類され、帝室財政の中に納められる。たしかに前節で筆者の見解として示したように、顧租公鋳法下における鋳銭の税が原料銅そのものに課される税であるならば、それは当然、鉱山資源を対象とした山沢園池の税に分類されたと考えて問題ないであろう。ではこれら多種の税収がありながら、この特殊な「顧租鋳銭税」を設けたことにいったいいかなる意味があったのであろうか。それはやはり前漢初期を通じての税制度の中で考察せねばなるまい。そこで次に、いま挙げた諸税が前漢建国当初以来どのように変化していったのかを考え、文帝期に「顧租鋳銭税」を設けるどのような動機があったのかを探ってみたい。

まず、いま述べた諸税のうち、漢初以来その変遷を辿ることのできるものの一つが田租である。先述したように、田租の実態についてはすでに多くの研究があるので、本稿では文帝期に至るまでの税率の変化に注目してみたい。

周知のように、漢では恵帝期に秦代以来の田租の税率を軽減し十五分の一とした。『漢書』巻二恵帝紀・元年条に、

減田租、復十五税一。

田租を減じ、復た十五に一を税す。

とあり、ここに「復」字がみられるが、当該条文の鄧展注によれば、これ以前高祖時代の一時期に田租は十分の一（秦代の税率）に戻され、恵帝の即位に伴い再び十五分の一に戻されたとされる。[18]この二代の田租に関する税率の変化はさほど大きくはないが、文帝期に入ると田租に関する詔令が頻繁に出されるようになる。『漢書』に見えるだけでも文帝の田租の減免政策は四回あり、（A）文帝二年（前一七八）・春正月、（B）文帝二年・九月、（C）文帝十二年（前一六八）・三月（D）文帝十三年（前一六七）・六月に実施されている。特に文帝十二年・十三年に続けて田租の減免政策が行われているのであるが、これは文帝五年（前一七五）に顧租公鋳法が施行された後としては初めての大きな田租の減免政策である。これら田租の免除が詔令の出た年のみに止まったものなのか長期間に渡って行われたのかは先学の間でも一致していないが、[19]勧農政策に積極的な文帝がこの年以降田租の減免政策を行っていないことを考えても、やはり長期間にわたって免除されたものと考えられる。また、（B）（C）（D）の田租を示す語について、（B）は「田租之半」、（C）は「租税之半」、（D）は「田之租税」とあり、表現に違いがあり、山田勝芳氏はこれらのうち（C）、（D）は「田租」と「芻

稾税」の両方を減免したものとしている。[20] 以上ように、殊に田租の減免だけを見ても文帝期には大幅に田租が減免された。特に十三年の田租の免除が長期間に及んだことを考えれば、国家収入としては大幅な減収であろう。しかし文帝期に行われた租税の減免はそれだけに止まらない。たとえば『漢書』巻六四下・賈捐之伝に、

至孝文皇帝、閔中國未安、偃武行文、則斷獄數百、民賦四十、丁男三年而一事。

孝文皇帝に至るや、中國未だ安からざるを閔れみ、武を偃め文を行い、則ち斷獄は數百、民の賦は四十、丁男は三年にして一事とす。

とあり、常制では一二〇銭であった算賦が三分の一の四〇銭に減免されている。この算賦の減免政策が文帝時代のいつの時期から始まったのかは定かでない。しかしこの文中に見える、民の夫役が三年に一度になったという記述から考えると、文帝はその二年に民の夫役を減省する詔令を出しているので、[21] おそらくは文帝二年には早くもこの減免政策がとられたのではないか。仮にその年から算賦が三分の一に減少したとすれば、文帝一代を通して莫大な額の人頭税が減免されたことになる。またこの他にも『塩鉄論』巻二・非鞅篇に、

大夫曰、「…鹽鐵之利所以佐百姓之急足軍旅之費…」。文學曰、「昔孝文帝之時、無鹽鐵之利而民富。…」。

大夫曰く、「…鹽鐵の利は、以て百姓の急を佐け、軍旅の費を足すなり…」。文學曰く、「昔孝文帝の時、鹽鐵の利無きも民富む。…」。

とあり、この大夫と文学の問答にみえる、「鹽鐵の利無」しというのは、官民の塩鉄業のうち民営の塩鉄業に対する課税廃止を示したものであるらしい。[22]

以上のように、文帝期には少なくとも人頭税がそれまでの三分の一に減免され、田租は四度減免され、特に十三年以降は完全免除となった。また、民営の塩鉄業に対しても課税が廃止されるなど大規模な税収の減免政策が実施されている。しかしもちろんこれは文帝の施政が恵政であったという理由だけで理解することはできない。一見すると恵政と思

われるこの一連の減税政策の背景には、それを補いうるだけの代替策があったと思われる。結論を先に言えば、それこそが顧租公鋳法によって得られた顧租鋳銭税であったのではないかと筆者は考える。この法によって得られた税収がこれまで述べたような大規模な諸税の減免を可能にしたのではないだろうか。しかし先述のように、顧租公鋳法によって得られた税収は帝室財政に納入されるものであるから、国家財政納入分に相当する算賦や田祖の代替策となるのかは検討の余地がある。しかしそもそもこの「顧租鋳銭税」自体が文帝期における特殊な税なのであり、従ってそれらの使途についても文帝の政策と合わせて考える必要がある。そこで次には、顧租鋳銭税の使途を考えつつ、それが各種税目全体の中でどのような位置にあったのかを検討してみたい。

（2）顧租鋳銭税の使途と位置付け

第一節でも述べたように、顧租公鋳法の目的は、前漢建国以来の数次にわたる貨幣の改鋳政策によって統一性を失った流通貨幣を統制し、貨幣の重量や銭文の相違による経済への弊害を抑制しようとするものであった。制度としてはそのような目的があったが、いまここでは租税減免策によって減少した財政を補填する政策としての側面からこの顧租鋳銭税の意味を考えてみたい。これまで見てきたように、文帝の時代に減免された租税は田租、芻稾税、算賦、塩鉄業に対する課税であり、少なくとも前三者は国家財政の収入源になるものであった。では実際に文帝期におけるこれらの租税の使途としてはどのようなものが考えられるだろうか。まず第一に軍事費である。前掲『塩鉄論』の引用文中において大夫が「軍旅の費を足すなり」と言っているように、本来帝室財政に含まれるはずの民営塩鉄業に対する課税によって得られた税収の一部は軍事費に回されていた。そこで文帝の軍事政策を考えてみるに、やはり一つの大きな問題は対匈奴政策であっただろう。筆者のこれまでの検討によれば、文帝の施政において、対匈奴政策には一般に考えられているよりも大きな比重が置かれていた(23)。特に賈誼は文帝にたびたび対匈奴政策を上奏しており、『新書』巻四・匈奴篇にはそれが「三表五餌」策として載せられているが、同篇では最後に「或る人」と賈誼の問答という形で賈誼の対匈奴政策における財源確保の方法が示されている。

或曰、「建三表、明五餌、盛資翁主、禽敵國后止、費至多也、惡得財用足之」。…對曰、「國有二族、方亂天下、甚於匈奴爲邊患也。使上下踳逆、天下窾貧、盜賊・罪人蓄積無已、此二族爲祟。上去二族、弗使亂國、天下治富。臣賜二族、使祟匈奴過足」。

或ひと曰く、「三表を建て、五餌を明らかにし、盛んに翁主に資し、敵國を禽えて后止むも、費至りて多ければ、惡にか財用を得て之に足らしめんか」と。…對へて曰く、「國に二族有り、方に天下を亂すこと、匈奴の邊患を爲すより甚し。上下踳逆せしめ、天下窾貧し、盜賊・罪人は蓄積して已む無く、此の二族祟を爲さん。上二族を去り、國を亂さ使め弗んば、天下治まり富まん。臣に二族を賜へば、匈奴を祟せ使むるに過足なり」。

賈誼は「或る人」の問いかけに対し、「二族」を取り締まることで対匈奴政策の費用を補填するという。この「二族」については、当時、銭の私鋳によって莫大な富を有していた呉王濞や文帝に銅山を与えられて富を築いた鄧通であるとする説[24]や、「罪人」については、民間で不正に銭を私鋳し、厚利を貪っていた悪質な商賈とする説などがある。[25]いずれにしても賈誼は「顧租公鋳法」に違反した者たちに科する税あるいはその違法銭を没収し、それを対匈奴政策への財源に転用することを建策したと思われる。そして賈誼が敢えてこの税を、国家財政から支出される軍事費に使用すべきことを進言しているのは、やはり「顧租鋳銭税」が本来帝室財政に納入されるべきものであったことを逆に示している。『史記』・『漢書』によれば、文帝は対匈奴政策として三度の遠征と五度の和親を行っている。このように、一方で対匈奴政策に多大に支出し、他方では国内で減免政策を取り続けるのはやはり何らかの代替策なしには困難であろう。文帝が減免した諸税のほとんどが帝室財政充当分ではなく、国家財政充当分であったのは、それに代わるものとして軍事費の充当される顧租鋳銭税の存在があったからだと想定される。このようにみてくると、前漢初期の貨幣制度の変遷の中で文帝〜景帝中期に限られて施行された顧租公鋳法は、内政面での勧農・減免政策と、特に対匈奴政策を中心とした軍事面での支出を補う役割を担っていたのではないかと考えられる。もっとも、この法の本来の目的である、流通貨幣の弊害抑制が成功したか否かは別にして、結果的にこの法によって得られた税収が国家財政のある部分を補い、文帝期において対匈奴政策を財政的に支える大きな役割を担っていたと考えられるのである。

第五節　顧租公鋳法の後代への影響

これまで述べてきたように、顧租公鋳法の意義を文帝一代の政策の中で考えた場合、数度にわたる租税減免政策の収入源を補填するものとしての役割を担ったと考えられる。それは主として対匈奴政策に関わる軍事費に充当されたと思われるのであるが、筆者の検討によれば、確かにそれは対匈奴政策を積極的に推進し、文帝時代に匈奴との間で関市が設けられて以降、景帝代にかけての対匈奴情勢を有利にするという成果を上げている(26)。だが一方でこの法の本来の目的であった、貨幣流通における経済混乱の抑制という課題は必ずしも克服できなかった。『新書』鋳銭篇に

且世民用錢、縣異而郡不同。或用輕錢、百加若干、輕小異行、或用重錢、平稱不受。法錢不立、將使天下操權族。而吏急而壹之乎、則吏煩苛而民弗任、且力不能而勢不可施。縱而弗苛乎、則郡縣異而肆不同、小大異同、錢文大亂。

且つ世民の錢を用うること、縣ごとに異なりて郡ごとに同じからず。或いは輕錢を用い、百もて若干を加え、輕小の異なるを行らし、或いは、重錢を用うれば、平稱して受けざるなり。法錢立たずんば、將に天下をして權族に操らしめん。而して吏急にして之を壹にせんとせば、則ち吏煩苛にして民任じず、且つ力能はずして勢施す可からざるなり。縱にして苛ならずんば、則ち郡縣異なりて肆同じからず、小大異同し、錢文大いに亂るるなり。

とあり、郡県によって重量の違う貨幣を使用していることで、商取引が一様に成立しないこと（平稱不受）、したがって

郡県ごとに貨幣価値が異なり、店舗によって商品価格が変わってしまうこと（則郡縣異而肆不同）が述べられている。当時の貨幣は四銖銭であるが、「錢文大亂」とは、貨幣の銭文は「四銖」と刻されていても、実際には法定重量と大きく異なる貨幣が流通していることを指摘しているのであろう。また、同じく鋳銭篇に、

　夫農事不爲、而採銅日煩、釋其耒耨、冶鎔鑪炭。奸錢日繁、正錢日亡。

　夫れ農事爲さず、而して銅を採るもの日ごとに煩はしく、其の耒耨を釋て冶鎔鑪炭す。奸錢日ごとに繁く、正錢日ごとに亡ぶなり。

とある。筆者は第二節で、顧租公鋳法とは採銅に課税してその量を占（自己申告）して納税するものと結論付けた。したがって鋳銭者はより多くの銅を採取することが自らの利益を左右することとなったはずである。故にここでは農民が農事を顧みずに採銅に奔ることを批判しているのであろう。前節引用の史料中にもあるように、文帝が詔令中においてたびたび勧農政策の成果があがっていないと嘆じていることがそのことを裏付けている。結局、流通貨幣の統一を本来的な目的として施行した顧租公鋳法がかえってより大きな混乱を招く結果となってしまったのである。

　このように、顧租公鋳法の弊害が明らかであるにもかかわらず、なぜ文帝の在位中から景帝の中期まで顧租公鋳法を継続していたのであろうか。繰り返しになるが、それはやはり税収面での収益の多さ故であろう。景帝は即位元年春には「間者歳比不登、民多乏食…（間者歳ごとに比《なら》びに登《みの》らず、民の乏食するもの多く…）」として連年の不作に対する勧農の詔令を出しているが、一方で同年の五月にはその年の田租を半減させる詔令も出している。この明らかに矛盾する二つの詔令の背景にはやはり顧租公鋳法による金銭の蓄えがあったのであろう。『漢書』食貨志下に

　自孝文更造四銖錢、至是歳四十餘年、從建元以來、用少、縣官往往即多銅山而鑄錢、民亦盜鑄、不可勝數。錢益多而輕、物益少而貴。

　孝文の更めて四銖錢を造りし自り、是歳に至るまで四十餘年、建元從り以來、用少なく、縣官往往にして多くの銅

山に即きて銭を鑄、亦た民の盜鑄すること勝げて數う可からず。銭益〃多くして輕く、物益〃少なくして貴し。

とあり、武帝の時代に至っても盜鋳銭者が多いことが述べられていることから、景帝中元六年に「鑄錢僞黄金棄市律」が定められて顧租公鋳法が廃止された後も、民間での鋳造は絶えなかったのである。結局、天下に流通する貨幣は膨大な数にのぼり、貨幣価値の下落を招いた（錢益多而輕）。しかし、一方では『漢書』同じく食貨志下に、

武帝、因文・景之蓄、忿胡・粤之害、即位數年、嚴助・朱買臣等招徠東甌、事両兩粤。

武帝、文・景の蓄に因り、胡・粤の害に忿り、即位すること數年にして嚴助・朱買臣等をして東甌を招徠し、兩粤を事《おさ》む。

とあるように、武帝の代に至っても文帝・景帝時代に行われていた顧租公鋳法による金銭の蓄えがあり、そのために武帝は幾度の対外政策に繰り出すことが出来たと考えられるのである。

顧租公鋳法それ自体は流通貨幣の混乱抑制および税収確保を目的として制定された。税収確保という点ではその目的を充分に達せられたものの、貨幣流通の安定という点ではむしろより混乱を招いてしまった。しかしそのような弊害が目に見えているにもかかわらず、それが景帝の中元六年まで続けられたのは、やはり田租や算賦の減免政策すなわち勧農政策の推進によって減少した税収を補う代替策として大きな意味をもっていたからであろう。すなわち、顧租公鋳法とは、文帝・景帝の時代が恵政時代と言われるその背景で、その勧農・恵政を税収的に支えるものとして不可欠だったのである。

むすび

以上の検討によって得られた考察の結果は以下の通りである。すなわち、前漢初期の税制度において文帝五年に施行

された顧租公鋳法は、文帝が田租や人頭税を大幅に減免する恵政の代替策として施行されたものである。その実態は、民間での鋳銭を許可するに当たり、採取した銅鉱石あるいは製錬後の原料銅（錫）の量の応じて課税し、それによって朝廷は大きな税収を得ていた。しかしそのようにして民間での鋳銭を許可した結果、多くの民は農事を棄てて鋳銭に奔った。そのような事態を憂慮した賈誼は文帝にその弊害を説き、即刻この法を止めるべきことを建言したが、それは聞き入れられなかった。こうして鋳銭業に奔る民は多く、勧農政策の成果は上がらず、しかも一方では諸侯王や豪族らの専横を助長することとなってしまったのである。しかしそれにもかかわらず文帝がこれを続行したのはこの法によって得られる税収が莫大なため、それをもって対匈奴戦争やその他の軍費に充当させることができたからであろう。次代景帝もこれを踏襲し、その中元六年までこの法は継続された。結果として文帝・景帝の二代で前漢王朝は大きな富を蓄えることに成功した。しかし一方では民間での違法鋳銭は止まず、貨幣流通の混乱は続いた。武帝の時代には、四銖銭の一部を削って悪用する者が多数現れたため、この問題は朝廷で協議され新たに五銖銭を作ることとなったのである。

このように、前漢武帝の時代までの税制度を通してみたとき、顧租公鋳法は文帝・景帝時代の恵政と対外政策を支えるための役割を果たしていたと考えられるのである。

注

（1）『新書』鋳銭篇に「法使天下公得顧租鑄錢、敢雜以鉛鐵爲它巧者、其黥罪。然鑄錢之情、非殽鉛鐵及以雜銅也、不可得贏。…張法雖公鑄銅錫、而鑄者情必奸僞也。名曰顧租公鑄、法也」とあり、傍点部分は『史記』平準書及び、『漢書』食貨志など他の伝世文献には見えない。『新書』鋳銭篇によってはじめてこれが「法」であることが分かる。

（2）木村正雄「中国古代貨幣制」（山崎宏編『東洋史学論集　第四』不昧堂書店、一九五五年）、平中苓次『中国古代の田制と税法』（東洋史研究会、一九六七年）、好並隆司「賈誼と顧公鋳法」（『史学研究』第一〇〇号、広島史学研究会一九六七年）、紙屋正和「前漢前半期の貨幣制度と郡県支配体制」（『福岡大学人文論叢』第三一巻第一号、一九八五年）、加藤繁『中国貨幣史研究』（東洋文庫、一九九一年）、山田勝芳『秦漢財政収入の研究』（汲古書院、一九九三年）、佐原康夫『漢代都市機構の研究』（汲古書院、二〇〇二年）、柿沼陽平『中国古代貨幣経済史研究』（汲古書院、二〇一一年）等。

（3）工藤卓司「賈誼と『賈誼新書』の成立」（『広島大学東洋古典学研究会』、二〇〇三年）、城山陽宣「賈誼『新書』の成立」（『日本中国学会報』五六、二〇〇四年）、拙稿「賈誼の対諸侯王政策と呉楚七国の乱—前漢代地方支配体制の変遷からみた—」（『早稲田大学大学院文学研究科紀要』五三、二〇〇八年）等。

（4）注（2）加藤繁前掲書、山田勝芳『貨幣の中国古代史』（朝日新聞社、二〇〇〇年）、閻暁君「試論張家山漢簡〈銭律〉」（『西北政法学院学報』二〇〇四年、第一期）、彭信威『中国貨幣史』（上海人民出版社、二〇〇七年）等。

（5）銭律の中にみえる盗鋳銭の禁止規定の制定時期については諸説あるが、それらを包括的に分析した柿沼氏によると、文帝五年に撤廃された盗鋳銭禁止規定は楚漢戦争終結時～恵帝期に制定された可能性が高いとする（前掲『中国古代貨幣経済史研究』一九六頁）。

（6）注（2）柿沼陽平前掲書、一九七頁。

（7）『新書』鋳銭篇に「夫農事不爲、而採銅日煩」（『漢書』食貨志下では「今農事棄捐而采銅者日蕃」）とあり、「顧租公鋳法」の施行により多くの民間人が銅の採取に奔った。

（8）加藤繁『史記平準書・漢書食貨志』（岩波書店、一九四二年）訳注一七三頁。

（9）注（2）木村正雄前掲論文。

（10）注（2）平中苓次前掲書、一九八頁。

（11）注（2）好並隆司前掲論文。

（12）賈誼『新書』の版本については、『四庫提要辨證』が詳細な分析をしている。すなわち、南宋期の『新書』は三種類あった。分類の基準は過秦論（『新書』過秦篇）の記述の仕方で、①過秦中・下篇を一つにし、さらに『漢書』賈誼伝を一篇として附し、五十八篇（※五十八篇とは、『漢書』芸文志に「賈誼五十八篇」とある篇数のこと）に合わせたもの→建本。②過秦篇を上・中・

下の三篇に分け、『漢書』賈誼伝も附すが、それは篇数に入れない。計五十八篇→潭本。③過秦篇を首篇にして、末尾に「弔湘賦」（賈誼の賦の一つ）を載せたもの。賈誼伝を附して十一巻（おそらく、『隋書』経籍志に「賈子十巻、録一巻とあるのに合わせたもの）。しかしこれは今に伝わっていない。さらに各版本について検討した結果、篇数と篇目が近いなどの理由から、「潭本」がもともとの「賈誼五十八篇」に最も近いと余嘉錫は結論付けている。好並氏が用いる漢魏叢書本は建本の系統。ちなみに余嘉錫は現在の賈誼『新書』は少なくとも唐本までは遡れるとする。

(13) 注（2）山田勝芳前掲書、四四四頁。

(14) 注（2）佐原康夫前掲書、四九八頁。

(15) 注（2）柿沼陽平前掲書、二三一～二三四頁。

(16) 「二年律令」金布律に「采銀租之、縣官給橐。銀十三斗爲一石、□石縣官税□銀三斤。其□也、牢橐、石三錢。租其出金、税二錢。租賣穴者、十錢税一。采鐵者五税一。其鼓銷以爲成器、有（又）五税一。采鉛者十税一。采金者租之、人日十五分銖二。民私采丹者租之、男子月六斤九兩、女子四斤六兩。」（436～438）とある。

(17) 加藤繁『支那経済史考証上』（東洋文庫、一九五二年）、注（2）平中苓次前掲書、注（2）山田勝芳前掲書、増渕龍夫『新版　中国古代の社会と国家』（岩波書店、一九九六年）、重近啓樹『秦漢税役体系の研究』（明治書院、一九九九年）等参照。

(18) 「漢家初十五税一、儉於周十税一也。中閒廢、今復之也」とある。

(19) この時の田租の免除について、佐竹靖彦氏（「漢代田制考証」（『史林』七〇－一、一九八七年）は当年のみに留まったとし、山田勝芳氏（注（2）前掲書、七三～七四頁）は、景帝期までの長期免除の説をとっている。

(20) 注（2）山田勝芳前掲書、七七頁。

(21) 『漢書』文帝紀・二年十一月条に「朕聞之、天生民、爲之置君以養治之…（中略）…及舉賢良方正能直言極諫者、不逮捕。因各敕以職任、務省繇費以便民…」とある。

(22) 柿沼陽平「戦国秦漢時代における塩鉄政策と国家的専制支配」（『史学雑誌』第一一九－一、二〇一〇年）。

(23) 拙稿「賈誼の対匈奴政策―前漢代対匈奴戦争におけるその実効性について―」（『早稲田大学大学院文学研究科紀要』

五五、二〇〇九年）。
（24）鍾夏（新編諸子集成『新書校注』）（『中華書局』、二〇〇〇年）。
（25）伊瀬仙太郎「賈誼の匈奴観」（『立正史学』四四、一九七八年）。
（26）注（23）前掲拙稿参照。

三国時代西南夷の社会と生活

柿沼　陽平

はじめに

漢帝国が滅亡すると、漢の領土はおおきく三つに分裂した。曹魏・孫呉・蜀漢の三国の登場である。曹魏・孫呉・蜀漢は、それぞれ異なる経済政策を採用し、乱世を勝ち抜こうとした。(1)そのような三国時代の経済史を把握する上で無視できないのが、三国の国内経済と対外貿易との関係である。すなわち、周知のごとく、曹魏・孫呉・蜀漢の国内経済は、交易を通じて、それぞれ外部世界（匈奴、鮮卑、西南夷等）にも開かれていた。(2)中でも蜀漢は、西南夷の資源を元手として、北伐（曹魏討伐）を行なった。よって西南夷の物資は、蜀漢にとって、たんなる奢侈品にとどまらない戦略的な重要性を有した。(3)蜀漢にとって、西南夷の地は「不毛（『三国志』蜀書諸葛亮伝、蜀書廖立伝注等）」・「左衽（蜀書廖立伝等）」の地であり、罪人の徙遷先であるとともに、(4)貴重な資源の地でもあった。その意味で、蜀漢史を研究する際に、西南夷の歴史的な存在意義は看過できない。

そこで先行研究をみると、西南夷の種族構成(5)・習俗(6)・特産品(7)や、諸葛亮の南征の径路(8)、諸葛亮の用兵・統治の法(9)、西南夷近辺の交通路・交易路の位置(10)、郡県等の行政区分の推移(11)、蜀漢による西南夷支配に関する後世の評価等に関しては(12)、すでに丁寧な史料収集と多くの議論が積み重ねられている。ただし西南夷は、蜀漢の戦略的物資の補給地であっただけでもない。もとより後漢中晩期の雲貴高原出土墓葬には濃厚な漢文化の影響も認められるが[13]、それは必ずしも西南夷の完全なる漢化を意味せず、彼らには彼らなりの生活があった。文化伝播の流れがつねに一方通行（蜀→雲南）であったとも限らない。むしろ西南夷中心の地図を描いた場合、「辺境」に位置するのは蜀漢の方である。よって、蜀漢期西南夷を歴史上に位置づけるには、蜀漢と西南夷との関係を問うだけでなく、なによりもまず西南夷社会の内部の構造と秩序に留目せねばならない。

この問題を考える上で、最初に重要となるのは、西南夷とよばれる人々のアイデンティティと生活様式が単一とは限らない点である。そもそも「西南夷」は、『史記』・『漢書』所見の語（『後漢書』所見の「南蛮西南夷」とほぼ同義語）で、本来「西夷」と「南夷」の併称である。その地理的範囲の定義は『史記』西南夷列伝にみえるが、西晉・陳寿『三国志』にはみえない。『三国志』蜀書には「南夷」の語が散見するが、具体的な分布域は明瞭でなく、それが自称であったとも限らない。つまり、「西南夷」というアイデンティティ自体、不変のものとは限らず、西南夷側の自称であるとも限らないのである。むしろ中国古代の他の種族名（たとえば西羌）と同様[14]、「西南夷」は内名でなく外名の可能性が高い。しかも、「西南夷」の人々は、同質の地理・環境下で、単一の生活様式を共有した集団とも限らない。

このような理由により、蜀漢期西南夷の社会の構造と秩序に着目する場合には、その中の人々の異種混交性にも配慮する必要がある。そこで本稿では、漢代西南夷のその後を探り、彼らと蜀漢の関係を知る目的で、『史記』西南夷列伝所見の「西南夷」の地に着眼するとともに、当地の人々の異種混交性を闡明したい。

第一節　夜郎・滇・邛都の地

蜀漢期西南夷の概況を探る上で障壁となるのは、体系的な文字史料の不足である。重要な史料に『三国志』蜀書が

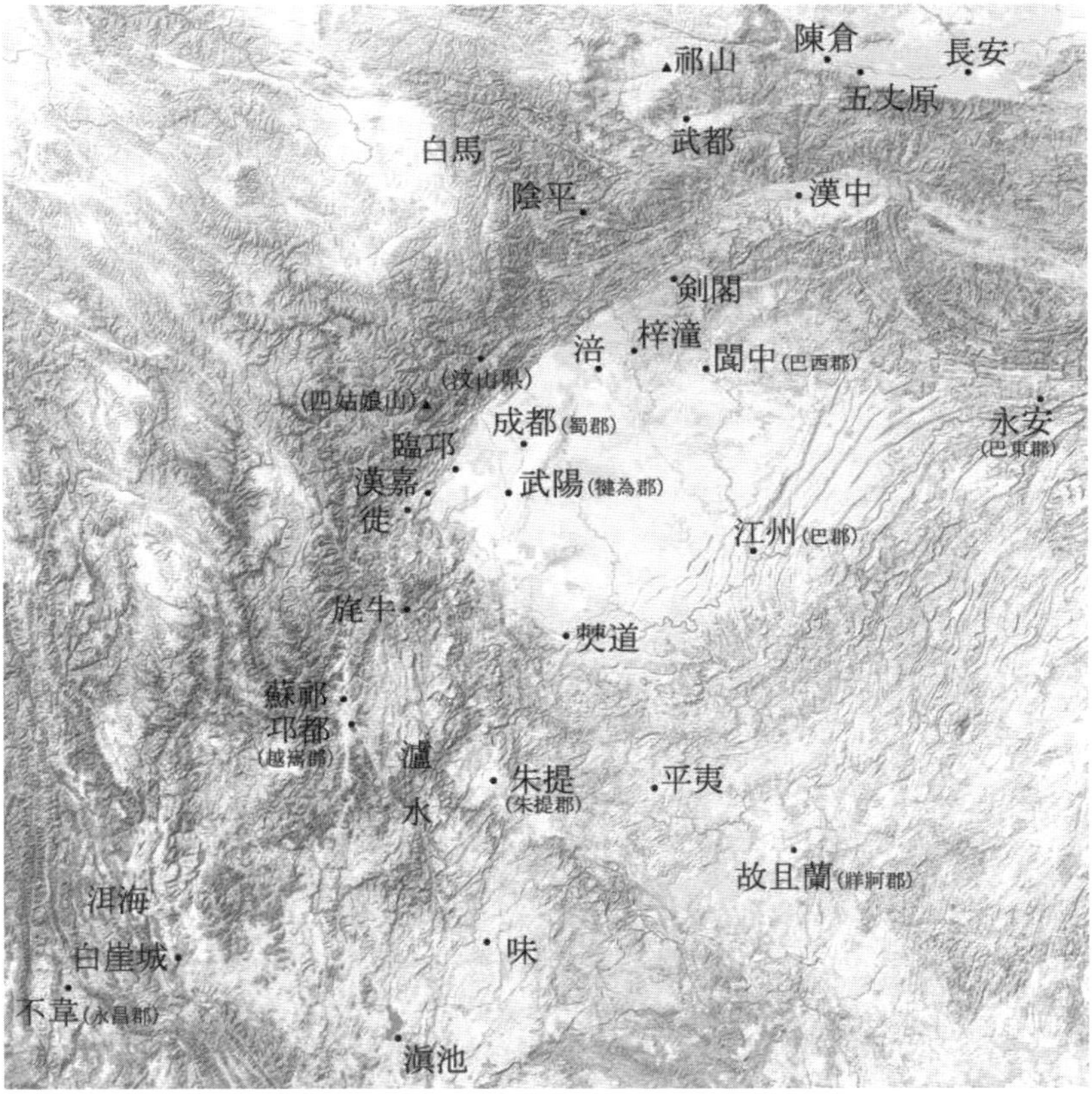

図１　蜀漢期南蛮西南夷関連地図

あるが、断片的な記載が多い（以下『三国志』引用時には書名を省略し、魏書・呉書・蜀書の形で引用）。ただし漢代西南夷に関しては『史記』西南夷列伝・『漢書』西南夷両粤朝鮮伝・『後漢書』南蛮西南夷列伝等があり、すでに膨大な訳注・論文・書籍がある[15]。晉代西南夷に関しても、『華陽国志』等の史料と研究がある[16]。そこで以下では、漢代・晉代双方の関連史料の共通点を挙げ、それを通じて蜀漢期西南夷社会の状況を探る。というのも、蜀漢期は漢晉間に位置し、漢晉両時代の共通点は蜀漢期にも共通すると考えられるからである。本稿は以上の仮説に基づく一試論ということになる（適宜図1を参照されたい）。

　そこでまず漢代「西南夷」の定義をみると、『史記』西南夷列伝（以下、西南夷列伝と略す）に注目される。

西《衍字》南夷の君長は什を以て数え、夜郎は最も大なり。其の西の靡莫の属は什を以て数え、滇は最も大なり。滇より以て北は、君長は什を以て数え、邛都は最も大なり。此れ皆な魋結し、田を耕し、邑聚有り。其の外の西の同師より以て東北の楪榆に至るまで、名は嶲・昆明爲り、皆な編髪し、畜に隨いて遷徙し、常處毋く、君長毋く、地方は数千里ばかりなり。嶲より以て東北は、君長は什を以て数え、徙・筰都は最も大なり。筰より以て東北は、君長は什を以て数え、冄駹は最も大なり。其の俗は或いは土箸、或いは移徙し、蜀の西に在り。冄駹より以て東北は、君長は什を以て数え、白馬は最も大なり。皆な氐類なり。此れ皆な巴蜀の西南の外蠻夷なり（久村因氏の校訂による）。

ここには「南夷」たる夜郎などの他、諸族が挙げられ、「西南の外蠻夷」と総称されている。これは西南夷列伝の総説にあたり、ここにみえる諸族が「西南夷」に相当する。そして『漢書』西南夷両粤朝鮮伝にもほぼ同文が、『後漢書』南蛮西南夷列伝にも類似の文がみえる（徙の記載を欠く）。これより、上記諸族を含む「西南夷」概念は、司馬遷『史記』の編まれた前漢中期から、范曄『後漢書』の編まれた南朝宋初期にかけて、ひろく共有された認識だったと考えられる。すると、蜀漢期西南夷について論ずる際にも、一応この概念に基づく議論が可能であろう。そこで以下、上記の諸種族が蜀漢期にどうなったのかをみてゆくことにしよう。

まず前掲西南夷列伝の冒頭をみると、夜郎・滇・邛都が順にみえる。

夜郎は「夜郎自大」の故事で知られ、前漢牂柯郡太守陳立が夜郎王興を処刑した紀元前二七年頃に滅亡したとされる。夜郎の所在地に関しては諸説あるが[17]、『漢書』地理志上犍為郡条顔師古注引の後漢・応劭注に「故《もと》の夜郎国」とあり、同じく貴州赫章可楽墓群（漢代犍為郡内）はちょうど漢代夜郎のものとされている[18]。すると、夜郎の少なくとも一部は、漢代には犍為郡内にいたことになる。そして蜀漢期においても、建寧郡太守・庲降都督霍弋は、「夜郎」に鎮したとされ（蜀書譙周伝裴松之注引孫盛曰）、庲降都督の治所は建寧郡味県だった。つまり蜀漢期にも建寧郡一帯は夜郎とよばれ、夜郎文化を継ぐ者がいたとわかる。

滇は「靡莫」の一国で、靡莫は漢代「僰《ほく》」人ともいわれ[19]、僰人は茘芰《ライチ》栽培も手がけた定住農耕民とされる[20]。滇は、前漢武帝元封二年（前一〇九）に称臣して益州郡（郡治は滇池県）に編入された（西南夷列伝）。そして「滇王之印[21]」を与えられ、その後も滇王は自治を認められた（久村因訳注）。もっとも、『華陽国志』南中志晉寧郡滇池県条「郡治。故《もと》の滇國なり」によれば、滇は晉代以前に滅亡していたようである。実際に管見の限り、滇国が蜀漢期に存在した形跡はない。だが、滇国滅亡とともに滇の人々が皆殺しにされたわけではないので、滇文化の継承者は蜀漢期にも残存していたであろう。その一証として、本節で後述する銅鼓文化や宝貝文化の残存が挙げられる。

邛都夷は、元鼎六年（前一一一年）に前漢に討伐され、越嶲郡に編入された（『後漢書』南蛮西南夷列伝）。桑秀雲氏は次の史料等に基づき、邛都夷は秦代に蜀郡邛崍山東側におり、漢代になると越嶲郡へ徙遷したとする[22]。

邛崍山。本《もと》の名は邛莋。故《もと》の邛人・莋人の界なり（『続漢書』郡国志五蜀郡属国厳道条劉昭注引『華陽国志』）。旄、地なり。邛崍山の表に在り。邛人、蜀より入り、此の山を度ること甚だ險難たり。南人、之を毒し、故に邛崍と名づく（同書蜀郡属国旄牛条劉昭注引『華陽国志』）。

（蜀）郡の西南二百里には、本《もと》より邛民有り。秦始皇、上郡（の民）を徙して之に實たす（『華陽国志』蜀志蜀郡臨邛県条）。

ただし、後掲『華陽国志』蜀志定筰県条や後掲『水経注』巻三六若水条に「蜀は邛と曰う」とあり、地名でなく「夷種」としての「邛」人が登場し、蜀郡に住んでいたとある。すると邛都夷（邛夷）は後漢魏晉期にも残存しており、その一部は越嶲郡に徙遷したものの、一部は蜀郡にもとどまっていたと思われる。もっとも、蜀漢期の彼らの具体的動向は文字史料上不明である。また一般に西昌地区の所謂「大石墓」（戦国～前漢後半期）は邛都夷の墓葬とされるが、大石墓も後漢以降消失したといわれている[23]。よって蜀漢期邛都夷の動向は考古学的にも不明である。

以上をふまえ、改めて前掲西南夷列伝をみると、夜郎・滇・邛都夷には前漢期に数十の君長がおり、「耕田（＝農耕）」を営んでいたらしい。とくに夜郎・滇の住む建寧郡や滇地周辺は現在の雲南省で、その八四％は山地、十％は高原、六％

は農耕可能な壩子（山間盆地・河谷平野）である。[24] よって「耕田」はおもに壩子で営まれたと思われる。現に、水富楼壩崖前漢中期墓からは水田の明器、[25] 壩子沿いの嵩明梨花村後漢墓からは水田や穀倉の明器も出土し、[26] 蜀漢期にもそれらの付近で引き続き「耕田」が営まれていたと推測される。当地は所謂照葉樹林文化圏に属するので、[27]「耕田」には稲作の水田だけでなく、雑穀の焼畑も含まれた可能性が高い。[28] そして、漢代の夜郎・滇・邛都夷の地に数十の君長がいたのと同様、晉代南中でも「大種」は「昆」、「小種」は「叟」とよばれ（後掲『華陽国志』南中志）、複数の君長の並存が前提とされている。よって蜀漢期にも、もとの邛都・夜郎・滇の地には複数の君長が並存していたのであろう。

彼らの身なりを確認すると、前掲西南夷列伝には「（夜郎・滇・邛都等は）此れ皆な魋結し……」とある。つまり彼らの髪型は「魋結《ついけい》」だった。その直後の文に「其の外の西の同師より以て東北の楪榆に至るまで、名は嶲・昆明為り、皆な編髪し……」とあり、嶲・昆明等は「編髪」だったとあり、「魋結」は一応「編髪」と区別されていた。『漢書』西南夷列伝・『後漢書』南蛮西南夷列伝は「魋結」を「椎結」に作り、「編髪」を「辮髪」に作る。「椎結（魋結）」は『史記』巻九七陸賈列伝「尉他、魋結・箕倨し、陸生に見ゆ」の唐・司馬貞『史記索隠』に、

髻を為すこと一撮、椎《さいづち》の似《ごと》くして之を結ぶを謂う。故に字は結に従う。

とあり、椎形の髻で、やはりたんなる「編髪（辮髪＝編み込んだ髪）」と区別されている。だが次の史料には、西晉初期の夜郎・滇・邛都・嶲・昆明の地の人びとがみな「編髪」だったともある。

寧州。晉の泰始六年に初めて置く。蜀の南中諸郡にして、庲降都督の治なり。南中、昔に在りては蓋し夷越の地なり。滇・濮・句町・夜郎・葉榆・桐師・嶲唐の侯王の國は十を以て數う。編髪・左衽にして、畜に隨い遷徙す（『華陽国志』南中志）。

では、蜀漢期の夜郎・滇・邛都の地の人びとは結局「魋結」と「編髪」のどちらだったのか。前掲の『史記』に「魋結」、『華陽国志』に「編髪」とある以上、漢代～六朝期に「魋結」から「編髪」へ髪型が変化した可能性も一見否定できない。

だが、南宋・周去非『嶺外代答』巻三外国門下篇西南夷条をみると、諸葛亮の南征に伴い、当地ではむしろ髪型が「椎髻（＝椎結・魋結）」へと変更されたかのようにも書いてある。

西南夷は大率《おおむね》椎髻・跣足し、或いは斑花の布を衣《き》、或いは氈を披《き》、刀を背にし弩を帯び、其の髻は白紙を以て之を縛る。猶お諸葛武侯の制せし服爲るがごときなりと云う。武侯の烈、遠からん。

このように、髪型に関する文字史料は曖昧である。そこで考古資料に目を転じると、晉寧石寨山滇国遺址出土貯貝器上には様々な髪型の人がみえ、男性の多くは椎結で、他に編髪なども確認できる(29)。貯貝器上には、現代の東南アジアやインドの人々のごとく、荷物袋を頭上に載せて運ぶ滇人の姿もみえ、この習俗も髪型に影響を与えたと思われる。これより、漢代〜南宋時代の夜郎・滇・邛都の地には、実際には「魋結」の人も「編髪」の人もいたのであろう。

以上の傍証として、次の『華陽国志』南中志南夷府条には晉代夷人が「曲頭木耳環鐵裹結」だったともある。なお南夷府とは元の寧州で、蜀漢期の南中四郡、すなわち建寧・興古・雲南・永昌に相当する。

夷人の大種は昆と曰い、小種は叟と曰う。皆な曲頭木、耳環は鐵にして、結（髻）を裹《つつ》む。大侯王無きこと、汶山・漢嘉の夷の如きなり。夷の中に桀黠にして能く議を言い種人を屈服する者有らば、之を耆老と謂い、便ち主と爲る。論議するに好《よ》く物に譬喩《たと》え、之を夷經と謂う。今南人の論を言うもの、學者と雖も亦た半ば夷經を引く。

本史料冒頭の「夷人」について、後掲『華陽国志』蜀志越嶲郡定筰県条には、「筰は筰夷なり。汶山を夷と曰い、南中を昆明と曰い、漢嘉・越嶲を筰と曰い、蜀を邛と曰い、皆な夷種なり」とある。これによると、「夷」にはさまざまな種類があった。だが本史料の「夷」は、少なくとも汶山の夷ではない。よって本史料は、南夷府管轄下の「夷」全般の特徴をのべたものと解される。また本史料は、蜀漢滅亡からわずか二十年後の西晉太康三年（二八二）条に繫年されている。ゆえに、その内容は蜀漢期の状況と大差あるまい。その原文に「曲頭木耳環鐵裹結」とある。本句は一般に、「曲頭、木耳環、鐵裹結（任乃強校補等）」や、「曲頭・木耳・環鐵・裹結（中林訳注等）」と断句される。だが、身なりを意味する「鐵裏結」・「木耳」・「環鐵」の語例は他にみえず、「鐵裏結」の意も不明である。むしろ「曲頭」は当時、横に曲がった髪型や（『釈名』巻二釈形体）、先の曲がった木をさす熟語である（『説文』木部禾字）。すると「曲頭木」は、「曲頭の木のごとき髪型」の意で、「魋結」や「編髪」の一種ではないか。「耳環」も伝世文献に散見する語で、耳朶《みみたぶ》につける蛮夷由来の装飾品《ピアス》（後漢・劉熙『釈名』巻四、明・顧起元『説略』巻二一）。「裏結」も「裏髻」と通仮し、髻《もとどり》を包む意に解せる。その方法は前掲『嶺外代答』外国門下篇西南夷条にみえ、漢代滇国貯貝器上の青銅人像の中にも実例がある[30]。すると晉代夷人は、「曲頭木（のごとき髪形）、耳環は鐵にして、結（髻）を裏《つつ》」んでいたと考えられよう。これは漢代滇人とも共通する。これより、蜀漢期南人もやはり同様の「魋結」や「編髪」の髪型をしていたとみられる。

ちなみに、夜郎・滇・邛都夷の中でも、滇はとくに特徴的な銅鼓と貯貝器を有した[31]。そこで最後に、それらが蜀漢期に継承されたか否かを確認する。まず銅鼓は漢代以来、滇地のみならず、江南や東南アジアにも広く分布し、現代まで継承されたことが知られる[32]。よって、蜀漢期西南夷（の一部）も、銅鼓を祭祀などで使用したと考えられる。一方、宝貝と宝貝を入れた春秋末期以来の青銅器（貯貝器）は、王やごく一部の貴族の墓から出土し、一般民には無縁の物財で、後漢以降みえなくなる[33]。ゆえに蜀漢期西南夷は基本的に貯貝器を使用・保有しなかったとみられる。ただし滇地の人々は漢代以降も宝貝を重視し続けた。中国古代宝貝文化は殷代に急成長したが、戦国時代までは四川方面に広がらず[34]、滇国宝貝文化は中原とべつに成長した可能性が高い。現に、南中と隣接するベトナムやインドは古来宝貝の産地で、滇国には独自の宝貝文化を支えるに足る自然環境が備わっていた。また殷周宝貝の背部には概して孔《あな》が空いているが、滇国宝貝にはほとんどない[35]。宝貝の種類に関しても、殷周宝貝のほとんどがキイロダカラ（*Cypraea moneta*）とハナビラダカラ（*Cypraea annulus*）なのに対し[36]、雲南出土宝貝のほとんどはハナビラダカラである[37]。

かかる雲南出土宝貝の機能に関しては従来伝世文献に基づく研究があり、まず貨幣説がある[38]。たしかに南中交易で宝貝を使用した例は唐代以降散見し（『新唐書』南蛮列伝上南詔上、元・李京『雲南史略』諸夷風俗・白子条等）、唐代には銭と同様の貨幣だったことが知られ（『証類本草』巻二二所引『海薬』）、明・謝肇淛『滇畧』巻四俗畧篇は貨幣としての宝貝の起源を戦国滇国に求めている。また元・張道宗『記古滇説』（或作『紀古滇説』。清・王崧編纂『雲南備徴志』所収）も滇国宝貝を通商交易用の手段とする。

> ……帝（武帝）、再び騫（張騫）を遣わし、道は滇を通じて益州に爲《すす》む。亦た昆明と曰う。張仁果を冊して滇主と爲す。
> 商賈を通じ、貿易するに貝を用う。

本史料の前後をみると、戦国楚の荘蹻《そうきゃく》が来寇して滇王を称し、のちに張仁果も「白崖」の地で滇王を称した。「白崖城」の語は、大理市南詔太和城遺址出土の南詔早期碑文にもみえ、[39]大理州弥渡県紅岩鎮古城村付近の古城に比定されている。[40]すると宝貝は滇地だけでなく、大理盆地でも用いられていたことになる。本史料の典拠について藤澤義美氏は、明・楊慎（清・胡蔚校訂版）『南詔野史』南詔歴代条や明・阮元聲『南詔野史』（王崧校訂版。『雲南備徴志』所収）南詔歴代源流条所引『白古記』とし、[41]『白古記』は『張氏国史』（九世紀初には実在した南詔側史料）を底本、南詔期成立の『巍山起因記』・『鉄柱記』・『西洱河記』等を参考とし、十〜十一世紀頃に成書されたとする。[42]するとこれは、南詔側の貴重な史料ということになる。ただし上記史料はみな後世の文献には相違なく、その点で貨幣説には不安も残る。

一方、方国瑜氏は「南詔前期以前の宝貝＝装飾品」とする。[43]これは唐代以前の文献を網羅した見解で、たしかに宝貝は装飾品に用いられた。だがこの説も、滇国宝貝が数万個単位で貯貝器に埋納された理由を説明できておらず、宝貝が装飾品以外の用途を有した可能性も等閑視されている。また、梶山勝氏は宝貝を宝蔵品とし、[44]江上波夫氏は滇国貯貝器が祭日と戦争をモチーフとすることから宝貝を貴族の特殊な財富とするが、[45]これらも財富の財富たるゆえんとその具体的用途に関する説明を欠く。他方、皮拉左里氏は、①雲南宝貝が中小墓にない点、②宗教器物の銅鼓と密接に関係している点、③漢代文献に宝貝を貨幣とする記載がない点、④滇と他地域との貿易量が少ない点、⑤宝貝が当時四川地方からは出土していない点を挙げ、江上説に同意したうえで、⑥雲南宝貝が無孔である点をもふまえ、雲南古代宝貝は装飾

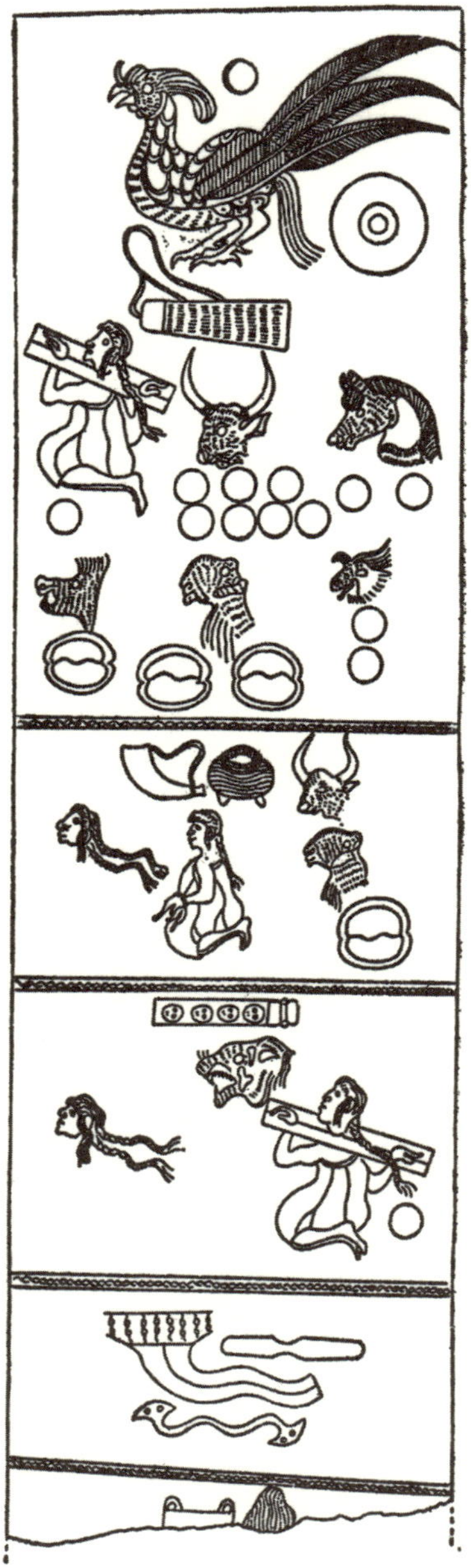

図2　石寨山滇墓出土「刻紋銅片」

品ではなく、貴族の権威をしめし、宗教でも用いられ、生殖崇拝と関係したと推測する。[46]①～⑥の指摘は説得力がある。だがこれも図2のシンボリズム（後述）を説明しきれていない。ちなみに十三世紀末雲南の斡泥蛮は宝貝を死後の世界で使用可能な貨幣として貯蔵し、現世では遺族のみがそれを使用できたという（元・李京『雲南史略』諸夷風俗）。もし漢代滇人も同様の認識を有したとすれば、[47]滇国宝貝が貯貝器に埋納された理由も一応説明がつくが、これも後世の史料にすぎない。

そこで注目すべきが、石寨山滇墓出土「刻紋銅片」（図2）に着目した林声氏の研究である。林氏は豹などの下に複数描かれる宝貝を動物の価格を表示する貨幣とする。[48]これは漢代滇国史料に基づく点で、伝世文献に基づく研究とは一線を画する。宝貝の腹部を描く点は所謂貝紋や金文と同様で、殷周宝貝と同様のシンボリズム（腹部を女性器に見立て、宝貝を生命と再生のシンボルとして重視する考え）の影響を窺わせる。もっとも、本史料は孤例である点、本史料の刻紋の図像的意味がいまひとつ判然としない点、宝貝も貯貝器も大墓から出土するのみで、大多数の一般墓からは出土していない点を鑑みれば、宝貝は身分の高い者の間で限定的に流布した価値物で、部分的に価値尺度手段・交換手段としても活用された程度だったのではないか。ともあれこれより、宝貝は漢代以来貴重な物財として雲南地方に流布し、唐代までには貨幣化が進み、蜀漢期西南夷も何らかの理由で宝貝を有したとは推断することができよう。

第二節　昆明・嶲・徙・筰都の地

それでは、夜郎・滇・邛都夷の地以外の夷は、一体どのような人々だったのか。前掲西南夷列伝には、「其の外の西の同師より以て東北の楪榆に至るまで、名は嶲・昆明爲り、皆な編髪し、畜に隨いて遷徙し、常處毋く、君長毋く、地方は數千里ばかりなり。嶲より以て東北は、君長は什を以て數え、徙・筰都は最も大なり」とある。藤澤氏はこれを、広義の大理盆地一帯と永昌盆地を中心とする雲南省西半部の記載とし、そこに嶲や昆明という種族がいたとする。本節では昆明・嶲・徙・筰都の地を順番に検討する。

昆明に関して藤澤氏はこうのべる。前漢元狩三年（前一二〇）に武帝の使者が滇王嘗羌の助けを借りて西へ向かった際、使者は「昆明」の妨害に遭った。当時、滇王は滇池付近（現在の昆明市南）にいたので、その西方（つまり大理盆地付近）に「昆明」がいたことになる。また武帝は「昆明」との水戦に備えて長安に「昆明池」を造築したが、大理付近には実際に洱海とよばれる湖がある。よって「昆明」は前二世紀頃に大理盆地〜保山県一帯にいた。また次文の「昆明」・「昆彌」も、上記の「昆明」と同一種族である。

筰は筰夷なり。汶山を夷と曰い、南中を昆明と曰い、漢嘉・越嶲を筰と曰い、蜀を邛と曰い、皆な夷種なり（『華陽国志』蜀志越嶲郡定筰県条）。

汶山は夷と曰う。南中は昆彌と曰う。蜀は邛と曰う。漢嘉・越嶲は筰と曰う。皆な夷種なり。（『水経注』巻三六若水条）。

そして「昆明」が前漢軍に数万人単位で抗した例があることから、昆明はこのとき一定の部族連合を形成していたとする。(49)以上が藤澤氏の説である。

また『後漢書』南蛮西南夷列伝には、他に「哀牢夷」もいたが、藤澤氏によれば、哀牢夷も昆明夷の別称である。すなわち、後漢時代に永昌盆地・大理盆地が永昌郡に編入された時、永昌盆地の哀牢人は西海・南海産の珍宝を有し、漢側に珍重された。その後、永昌盆地以東（滇以西）の昆明夷も哀牢夷とよばれるようになった。現に、『後漢書』南蛮西南夷列伝哀牢夷条には、

（明帝永平十二年）哀牢王柳貌、子を遣わして種人を率いて内屬せしむ。其の邑王を稱する者は七十七人、戸は五萬一千八百九十、口は五十五萬三千七百一十一、西南のかた洛陽を去ること七千里なり。

とあり、「哀牢王柳貌（抑狼とする説あり。早稲田訳注参照）」の勢力は大きく、永昌盆地だけでなく、大理盆地南部（元の昆明夷の地）にも及んでいたろう、と。(50)以上の藤澤説に従えば、後漢以降の哀牢夷は、昆明夷の別称ということになる。

では、蜀漢期にも昆明夷（＝哀牢夷）はいたのか否か。そこで次の史料をみると、昆明（＝哀牢）は蜀漢期にもおり、諸葛亮と接点を有していたようである。

元隆死し、世世相い繼ぐ。分ちて小王を置く。往往にして邑居し、溪谷に散在す。絶域荒外、山川阻深にして、民を生ずるより以來、未だ嘗て中國と通ぜざるなり。南中の昆明は之を祖とし、故に諸葛亮、其の國の譜を爲るなり（『華陽国志』南中志永昌郡条）。

これによると諸葛亮は南征時に昆明（＝哀牢）の「國譜」を整理した。『華陽国志』南中志南夷条には「圖譜」の語がみえ、やはり諸葛亮が西南夷に与えたもので、「先づ天地・日月・君長・城府を畫き、次いで神龍を畫く。龍、夷及び牛馬羊を生む。後に部主吏の乘馬・幡蓋・巡行・安卹を畫く。又た牛を牽き酒を負い、金寶を齎し之に詣るの象を畫く」というものであった。このことから推せば、おそらく国譜は図譜と似たものであり、国譜には南中昆明の歴代の君長（神話

伝説上の祖先を含む）が描かれ、さらには蜀漢へ朝貢すべき旨も明記されていたのではなかろうか。ともあれこれより諸葛亮は、当地を直接支配せず、哀牢の「國」の存在を認め、間接統治を試みていたことがわかる。諸葛亮が「國譜」を整理した以上、それ以前は「國譜」が乱れ、それぞれ正統を主張する複数の国が林立していたのかもしれない。現に、漢代の哀牢王柳貌のもとには、自称「邑王」が七十七人おり（前掲南蛮西南夷列伝哀牢夷条）、それ以外に王がいた可能性も十分にある。彼らは後漢明帝永平十二年の時点で数十万人以上おり、当地は後漢末の戦乱に遭っていないので、蜀漢期も同規模を保っていた可能性が高い。それは蜀漢の人口規模（九〇万人前後）の半数以上にあたる。すると彼らは、蜀漢の戸籍には組み込まれていなかったと思われる。さもないと、蜀漢人の大半が哀牢人だった計算になり、それはありえないからである。ちなみに、『後漢書』南蛮西南夷列伝には、

哀牢人は皆な穿鼻・儋耳、其の渠帥の自ら王と謂う者は、耳、皆な肩を下ること三寸、庶人は則ち肩に至るのみ。

とあり、ほぼ同文が『太平御覧』巻七八六四夷部七南蛮二哀牢条引『九州記』、『通典』巻一八七哀牢条、『通志』巻一九七哀牢夷条、『太平寰宇記』巻一七九哀牢国条引『九州記』、『華陽国志』南中志永昌郡条・同雲南郡条等にみえる。これらの史料による限り、後漢〜晉代（蜀漢期を含む）の哀牢夷は一貫して「穿鼻・儋耳」だったのであろう。なお、南中志永昌郡条のみ「穿鼻」でなく「穿胸」に作り、劉琳『華陽国志校注』はそれを『淮南子』地形訓・『論衡』芸増篇等所見の「（南方の習俗とされる）穿胸」と結びつけているが、任乃強校補はたんなる「穿鼻」の誤記とし、当該地域で現在も穿鼻の習俗がある点を指摘する。たしかに胸に穴を開けて生きてゆける者がいたとは思えず、誤記は誤記に違いない。だがそのような人びとが辺境にいたとの故事は前掲の『華陽国志』や『淮南子』のみならず、『文選』などにもみえ、一種の定型的なオリエンタリズムのあらわれとみるべきであろう。また「儋耳」と似た習俗は唐代の当地にもみえるが、耳でなく鼻を垂らす点が異なる。

穿鼻種有り、金鐶の徑尺を以て其の鼻を貫き、下は垂ること頤を過ぐ。君長は、絲を以て鐶に係《つな》げ、人、牽《ひ》かば

乃ち行く。其の次は、二花頭金釘を以て鼻を貫き、下に出づ（『新唐書』南蛮列伝下松外蛮条）。

要するに、蜀漢期の昆明（＝哀牢）は、数十人の王に率いられた数十万人の集団で、数十〜数百の邑を構成し、みな巨大なピアスを鼻や耳に垂らし（＝穿鼻・儋耳）、王のそれはとくに長かったのである。張増祺氏は、人間の耳朶《みみたぶ》が物理的に肩下まで伸びることはありえず、ピアス分を足した長さであるとする。[51]

嶲は、藤澤氏によると、昆明（＝哀牢）とともに雲南省西部にいた人々である。次の史料によると、彼らは身体に龍鱗のごとき刺青を施していたという。

嶲の西夷人の身は青にして文有りて龍鱗の如し（『太平御覧』巻一六六州郡部十二嶲州条引『九州要記』）。

本史料は『御覧』嶲州条引で、唐代嶲州は前漢越嶲郡にあたる（『読史方輿紀要』四川等）。よって嶲は越嶲郡にもいたことになる。

徙・筰都（莋都）は、前掲西南夷列伝「嶲より以て東北は、君長は什を以て數え、徙・筰都は最も大なり」によると、漢代に嶲の東北にいた種族である。そのうち徙族は詳細不明で、蜀郡徙県（『漢書』地理志上蜀郡条）にちなむ名と思われる。ただし、徙県はのちに漢嘉郡に編入され、徙族は『後漢書』南蛮西南夷列伝に登場せず、彼らは後漢時代までに漢嘉郡の他種族と同化したか、別名でよばれるようになった可能性が高い。そこで漢嘉郡の歴史を回顧すると、漢代に「都尉が異民族の居住県を支配する制度→部都尉制→属国制→郡県制」のように行政区分の整備が進められた（図1）。[52] だが蜀漢は漢嘉郡内の交通路を確保できたにすぎず（蜀書張嶷伝）、当地の漢化（漢の徳・礼・法の全面的受容）[53] はなお十全でなかった。当地には前漢中期（西部都尉設置期）以来蛮漢双方の居住が確認され、蜀漢期にも徙遷後の楊儀が居住し、かつ旄牛王率いる旄牛種がおり（蜀書張嶷伝）、蛮漢双方がいた。蜀漢が費用のかかる漢嘉郡を建前上設置した理由は、[54] 郡吏を通じて夷のもつ塩鉄等を奪い、南中‐成都間の交通路を確保し、利益を得んとしたからにすぎまい。[55] こう考えてみると、徙族を含む当地の夷が絶滅したとは考えにくく、蜀書にみえる旄牛種こそは徙族の別名、もしくはその血を引く種族であろう。

筰都夷は「被髪左衽」の人々で（『後漢書』南蛮西南夷列伝）、前漢武帝期以来の筰都県にちなむ名とされる（久村訳注参照）。筰都県はのちの越嶲郡定筰県だが（『漢書』地理志上越嶲郡条顔注）、前掲蜀志「漢嘉・越嶲は筰と曰う」や前掲『水経注』若水条「漢嘉・越嶲は莋と曰う」によれば、筰都夷は蜀漢期の漢嘉郡にもいた（図3）。ちなみに、蜀漢越嶲郡定莋県には「槃木王の舅《きゅう》」の「定莋の率豪の狼岑」がおり、塩・鉄・漆の利益を独占し、他の蛮夷から信任されており（蜀書張嶷伝）、彼らは地理的にみて筰都夷と思われる。また「越嶲夷王（蜀書後主伝）」の高定も、居住地からみて嶲か筰都の可能性が高く、次の史料によれば窟穴に住んでいたらしい。

初め謂えらく、高定、其の窟穴を失い、其の妻子を獲られ、道窮まり計盡くれば、當に首を歸して以て生を取るべきならん、と。而るに邈蠻は心異なり、乃ち更に人を殺して盟を爲し、其の類二千餘人を糺合し、求めて死戰せんと欲す（『諸葛亮集』文集巻一「南征表」）。

このように蜀漢期の永昌郡・越嶲郡・漢嘉郡には昆明（哀牢）・嶲・筰都・旄牛（徙？）・筰都（槃木？）がおり、高定・狼岑・槃木王らが有名だった。だが彼らは諸郡を股にかける大勢力ではなかった。もともと嶲は「君長毋し（前掲西南夷列伝）」

図3　漢嘉郡の成立過程

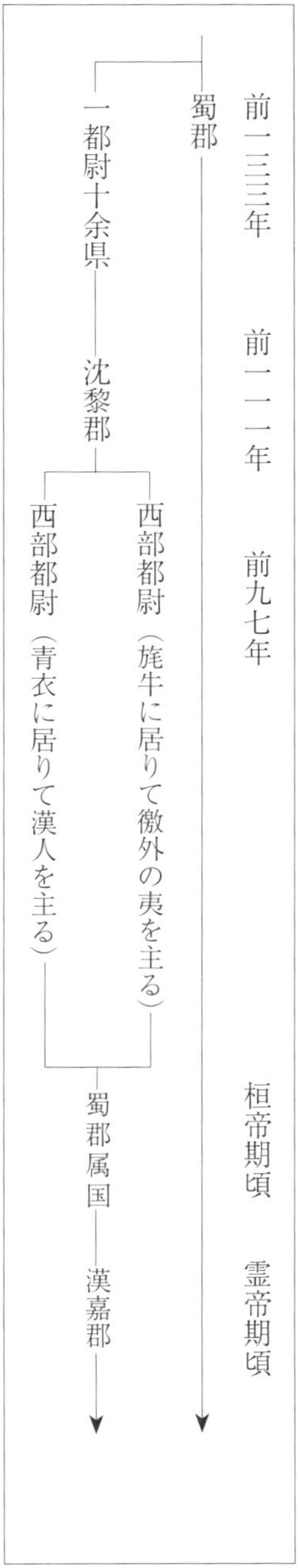

で、前掲南中志南夷府条「夷人の大種は昆と曰い、小種は叟と曰う。……大侯王無きこと、汶山・漢嘉の夷の如きなり。夷の中に桀黠にして能く議を言い種人を屈服する者有らば、之を耆老と謂い、便ち主と爲る」によれば、西晉時代の南夷府にも「漢嘉・汶山夷（嶲を含む）」にも大侯王はいなかった。彼らの大種は昆、小種は叟、弁論の立つ者は耆老とされ、耆老が種族の主だった。『華陽国志』南中志永昌郡条で哀牢王扈栗が「耆老」に語りかけていることから、耆老は哀牢（昆明）にもいた。蜀漢に反抗した雍闓も「益州郡之耆帥（『記古滇説』）」で、耆帥≒耆老とすると、彼も腕力でなく弁舌で長《おさ》の座を射止めた者か。ともあれこれより、蜀漢期の上記諸族に大侯王はいなかったと考えられ、現に史料中に諸郡を股にかける程の勢力は確認できない。

　では昆明・嶲・筰都・旄牛の生活基盤は何か。藤澤氏は諸史料を挙げて農耕の存在を指摘する。すなわち、前掲西南夷列伝には滇以北で「耕田」が行われたとあり、晉寧石寨山滇国遺址の発掘報告もそれを裏付ける。大理付近の出土物（石器・土器・銅器・穀物）をみても、前漢昆明種は滇人と大差ない定住農耕化を成し遂げていた。伝世文献にも稲作の徴証がある。

　土地沃美にして、五穀蠶桑に宜し（『後漢書』哀牢夷伝）。

　土地に稲田畜牧有り、但だ蠶桑せず（『華陽国志』南中志雲南郡条）。

『後漢書』西南夷列伝滇条にも、漢将劉向が益州（大理盆地を含む）で「穀畜」を得たとある。次の史料も越嶲郡・建寧郡での農耕文化を窺わせる。

　越嶲郡は建寧の西北千七百里に在り、江（邛？）都縣に治す。建寧より高山相い連なり、川中の平地に至る。東西南北八千里にして、郡は特に桑蠶を好み、黍稷麻麥稻粱に宜し（『太平御覧』巻七九一嶲条所引『永昌郡伝』）。

これより藤澤氏は、前掲西南夷列伝「畜に随いて遷徙し、常處毋く」を嶲・昆明全体の生活状況でなく、「旧四川省の西南辺境部の山谷地帯に広く分布していた嶲種族の生活状態を略記したもの」とする。[56] ただし上記史料は、昆明（哀牢夷）

が「畜」を有したことをも物語る。次の史料によれば、家畜は牛・馬・羊中心で、数は膨大だった。

本《もと》益州なり。……司馬相如・韓説、初めて開き、牛馬羊の屬三十萬を得（『華陽国志』南中志晉寧郡条）。

すると、前掲西南夷列伝「（巂・昆明は）畜に随いて遷徙し、常處毋く」もふまえると、移住性牧畜と農業を両立させた漢代西羌と同様、[57] 巂・昆明（の少なくとも一部）は半牧半農だったのであろう。つまり、四月中盤〜五月終盤に春営地（山麓・平地）で種をまき、夏に涼しい山地の牧草地へ移動し、秋に再度春営地で穀物を刈り取る所謂「移牧」である。「移牧」は、夏季に雨や牧草の多い山地に移動し、冬季に温暖な山麓等の平地へ下りる牧畜手法で、舎飼い（家畜を専用の小屋で通年飼育する手法）や遊牧（牧草を求めて広大な土地を移動する手法）とは異なる。現に現代雲南省西北部（香格里拉付近）でも、地域間の海抜高度差が大きく各地域が狭いため、「移牧」の採用例がある。[58] そして「移牧」は一般に山岳地帯に入り込むほど増えるので、昆明・巂のみならず、山がちに住む筰都・旄牛（の一部）も同様の生活を営んでいたと推測される。

第三節　冄駹・白馬羌の地

山岳地帯に入り込むほど増える「移牧」は、本来、夜郎・滇・邛都・昆明（哀牢）・巂・筰都・旄牛の周辺地以外の山岳地帯にこそあてはまると思われる（図4）。前掲西南夷列伝「筰より以て東北は、君長は什を以て數え、冄駹は最も大なり。其の俗は或いは土箸、或いは移徙し、蜀の西に在り。冄駹より以て東北は、君長は什を以て數え、白馬は最も大なり。皆な氐類なり。此れ皆な巴蜀の西南の外蠻夷なり」にみえる東北の冄駹・白馬の地はとくに山がちである。

「冄駹」は、本来「冄」と「駹」の二部族で、後漢以降に熟語化した集団名である（久村因訳注参照）。工藤元男氏によれば、彼らはおもに汶山郡（前漢武帝元鼎六年（前一一一）開置）に居住し、羌・氐等より構成された部族だった。彼らの居住地の土壌は塩分過多で農業に向かず、牧畜（それによる毛織物）が盛んで、各種の薬・薫香等も産した。その生活様式は次

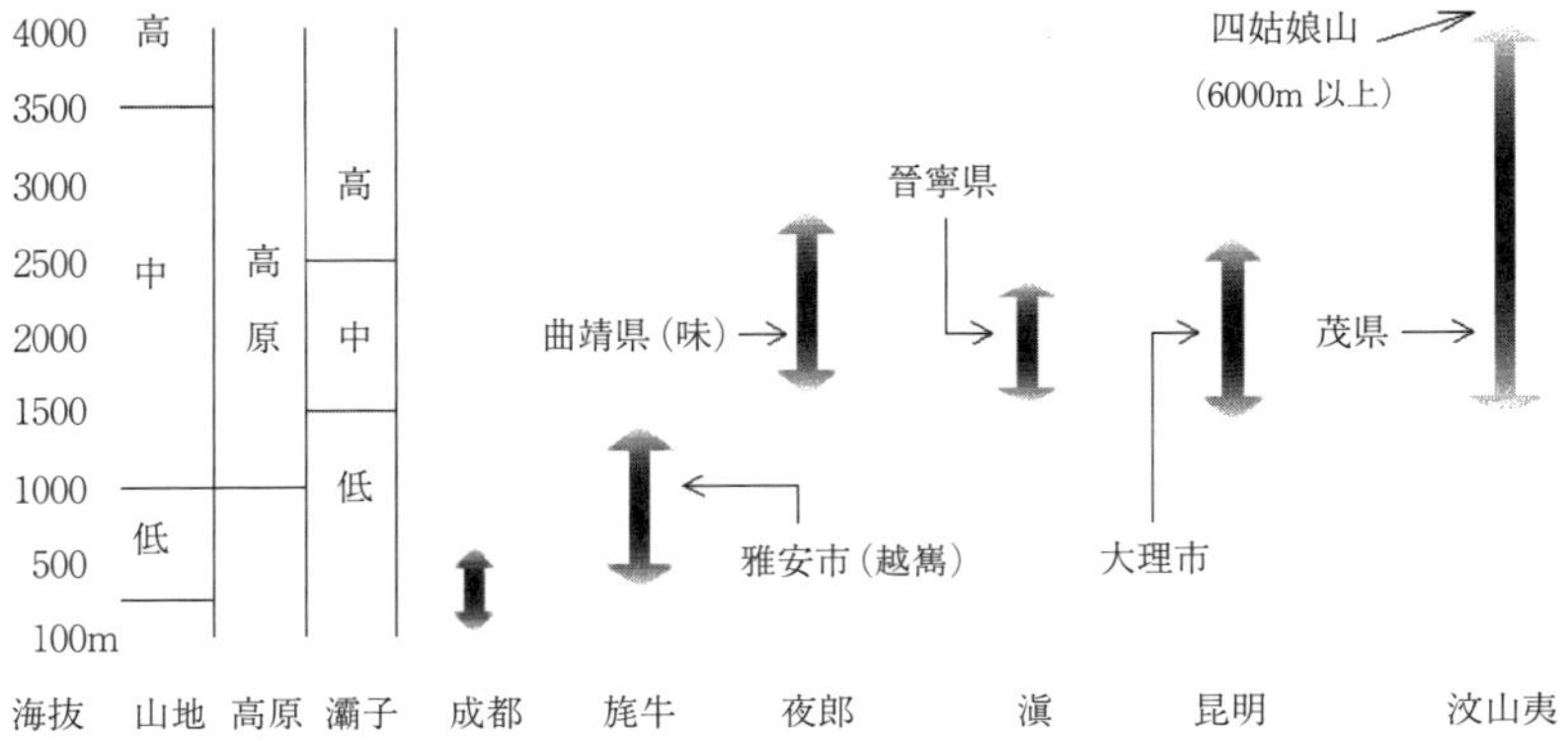

図4　蜀漢期西南夷の居住地域と海抜の関係

のごとくだった。

夷人は、冬は則ち寒を避けて蜀に入り、傭賃して自食し、夏は則ち暑を避けて落に反り、歳ごとに以て常と爲す（『華陽国志』蜀志汶山郡条）。

また本史料を下敷きにして書かれたとおぼしき『後漢書』南蛮西南夷列伝にもほぼ同文がみえる。[59] 以上の工藤氏の論述によれば、「冄駹」の上記生活様式は晉代にみえ（前掲蜀志汶山郡条参照）、さらに『後漢書』の撰者范曄は冄駹の上記生活様式を後漢に遡るとみていたことになる。よって、漢晉間の蜀漢期冄駹も、同様の生活を営んでいたと考えられる。そこで『三国志』をみると、「冄駹」の語はみえず、「汶山夷」の語がみえる。たとえば建興九年の北伐から帰還した馬忠は「將軍張嶷等」を「督」して「汶山郡叛羌」を討った（蜀書馬忠伝）。蜀書後主伝延熙十年（二四七）条にも、蜀漢の姜維が「汶山平康夷」を討伐したとあり、蜀書姜維伝や『華陽国志』後主伝にも、類似の文がみえる。何祇が汶山郡太守となるや（具体的年号は不明）、「汶山夷」は安定したともいわれる（蜀書楊洪伝裴松之注）。彼らはみな汶山郡の夷で、まさに汶山郡の冄駹であろう。現に『旧唐書』巻四一地理志四剣南道維州条は、蜀漢期汶山羌の地を冄駹の旧地とする。

薛城。漢已前は、徼外の羌・冄駹の地なり。蜀の劉禪の時、蜀將の姜維・馬忠等の汶山の叛羌を討つは、即ち此の地なり。今の州城は、即ち姜維の故壘なり。

漢代冉駹と蜀漢期汶山羌は、このように居住地が一致するのみならず、生活様式も大差ない。現に、蜀書張嶷伝「北のかた汶山の叛羌を討つ」の裴松之注引『益部耆旧伝』には、汶山羌が山岳地帯に居住し、石門を作り、外敵に投石で応じたとある。山岳に住む汶山羌の姿はまさに漢代冄駹と合致する。

（張）嶷、兵馬三百人を受け、馬忠に随いて叛羌を討つ。嶷、別に數營を督して先に在り、他里に至る。邑の在る所は高峻。嶷、山に随い上に立つこと四、五里。羌は要厄《ようやく》に石門を作り、門上に牀《しょう》を施し、石を其の上に積み、過ぐる者は石槌を下して之を撃ち、糜爛せざる無し。嶷度《はか》るに攻むるを得べからず。乃ち譯をして告げて之を曉《さと》さしめて曰く、「汝ら汶山の諸種は反叛し、良善を傷害すれば、天子は將に命じて悪類を討滅せしめんとす。汝等若し過ぐる軍に稽顙し、糧費を資給せば、福祿は永く隆《さか》んにして、其の報は百倍せん。若し終に從わずんば、大兵もて誅を致し、雷撃電下し、追いて之を悔ゆると雖も、亦た益無きなり」と。耆帥、命を得るや、即ち出でて嶷に詣り、糧を過ぐる軍に給す。軍、前に餘種を討ち、餘種、他里の已に下るを聞き、悉く恐怖して所を失い、或いは軍を迎えて出でて降り、或いは奔りて山谷に竄《のが》れ、兵を放ちて攻撃し、軍は以て克捷す。

工藤元男氏は、冄駹の特徴として碉楼（石製の塔）・石棺墓・禹の石紐誕伝承等を挙げ、冄駹が「石夷」ともよばれたとする。(60) かかる石文化は本史料所見の「石門」・「投石」にも通底する。現在、碉楼は四姑娘山付近を中心に、北は陰平（現在の九寨溝周辺）、西は汶山郡治（現在の茂県付近）、南は夾金山、西は炉霍付近まで分布し、(61) 蜀漢汶山郡と重複する。

以上の検討をふまえて改めて前掲蜀志汶山郡条所見の「冬は則ち寒を避けて蜀に入り、傭賃して自食し、夏は則ち暑を避けて落に反る」という冄駹の特徴を確認すると、それは一見「移牧」と無関係である。だが彼らが牧畜に携わった点も前掲『華陽国志』蜀志に明記されている。すると冄駹は、夏に山地で遊牧し、冬に家畜とともに下山して、一部が出稼ぎにゆき、残りは下山先で家畜の面倒をみたのではないか。こう解せば、出稼ぎと移牧の両立が可能である。

また前掲『華陽国志』蜀志によれば、下山時の冄駹の中には穀物栽培に携わった者もいた。次の蜀書附『季漢輔臣賛』

裴松之注も、蜀漢期冉駹の上記生活様式を裏付けるもので、彼らが「馬牛羊氈毦」と穀物の両方を生産したことを物語る。

王嗣……稍く西安圍督・汶山太守に遷り、安遠將軍を加えらる。羌胡を綏集《すいしゅう》し、咸な悉く歸服し、諸種、素より桀惡なる者は皆な來りて首降す。嗣、待するに恩信を以てし、時に北境、以て寧靜を得。大將軍姜維、北征に出づる毎に、羌胡、馬・牛・羊・氈毦及び義穀・裨・軍糧を出だし、國、其の資に賴る。……後に維に從いて北征し、流矢の傷つくる所と爲り、數月にして卒す。戎夷、葬に會し、贈送するもの數千人、號呼涕泣す。嗣の人と爲《な》りは美厚篤至にして、衆の愛信する所なり。嗣の子及び孫、羌胡の之を見ること骨肉の如く、或いは結びて兄弟となり、恩は此に至る。

廖立（武陵郡出身）も失言のせいで「不毛（蜀書廖立伝裴注引『諸葛亮集』引後主詔）」の汶山郡に徙遷され、農耕に従事した（蜀書廖立伝）。『華陽国志』蜀志汶山郡条によれば、汶山郡で栽培可能な穀物は麦程度だったらしい。

最後に、汶山郡（酒泉以東・蜀以西・陰平以南・漢嘉以北）より東北の武都郡には白馬羌がいた。残念ながら、三国時代の彼らの社会・生活は不明である。ただし『華陽国志』大同志には、西晉泰和十年（二七四）のこととして「汶山白馬胡」が諸種を蹂躪したとあり、冉駹の住む汶山郡にも「白馬胡」がいた。つまり白馬胡は武都郡と汶山郡に跨がって分布しており、白馬羌と冉駹の生活様式は似ていたかもしれない。

なお諸葛亮は建興七年（二二九）の北伐時に陰平郡・武都郡を制圧しており、以上の検討によれば、これは白馬羌の居住区にあたる。白馬羌にとって陰平郡・武都郡が曹魏、隣接地が蜀漢に属する状況は必ずしも健全とはいえない。なぜなら前掲蜀志汶山郡条に「夷人は、冬は則ち寒を避けて蜀に入り、傭賃して自食し、夏は則ち暑を避けて落に反り、歳ごとに以て常と爲す」とあるごとく、武都郡・汶山郡等の白馬羌が蜀へ出稼ぎにゆく場合や、逆に蜀から帰郷する場合があったとすると、白馬羌はそのつど曹魏と蜀漢の国境を越えねばならなかったことになるからである。諸葛亮の陰平・武都制圧はそのような困難を除去し、結果的に白馬羌の蜀漢国内での移動上の安全と自由を保障したと考えられる。[62]

むすび

以上本稿では、蜀漢期西南夷の社会と人々の生活について、文字史料を主、考古資料を傍証として検討を加えた。その際に、蜀漢側の史料は『三国志』蜀書等に限られ、内容も断片的だった。そこで先行研究の蓄積のある漢代西南夷と晋代西南夷の関連史料に着目し、双方に共通する記載を用いて蜀漢期西南夷社会の状況を推測した。その手順として、まず『史記』西南夷列伝所載の西南夷の地（夜郎・滇・邛都・昆明・巂・徙・筰都・冄駹・白馬羌）に焦点を絞り、当地に住む夷をとりまく自然環境や風俗習慣が蜀漢期にどうだったかを概観した。その結果、蜀漢期西南夷がたんに中原王朝の周縁領域であるのみならず、本来中原と根本的に異なる社会を構成し、夷独自の社会と生活があったことを具体的に確認できた。また彼らが必ずしも同質の地理・環境下で単一の集団意識・習俗を共有した存在ではなく、むしろ生活面で異種混交的だったことも論じた。[63]

注

（1）拙稿「三国時代の曹魏における税制改革と貨幣経済の質的変化」（『東洋学報』第九二巻第三号、二〇一〇年、以下拙稿A）、拙稿「孫呉貨幣経済的結構和特点」（『中国経済史研究』二〇一三年第一期、二〇一三年、以下拙稿B）、拙稿「蜀漢的軍事最優先型経済体系」（『史学月刊』二〇一二年第九期、以下拙稿C）。

（2）余鵬飛『三国経済発展探索』（湖北人民出版社、二〇〇九年）。

（3）注（1）前掲拙稿C等。

（4）久村因「前漢の遷蜀刑に就いて—古代自由刑の一側面の考察—」（『東洋学報』第三七巻第二号、一九五四年）によると、前漢諸侯王の主たる徙遷先は巴蜀地域だったが、後漢時代の徙遷先は、漢中が都洛陽と近く、南方が非健康地なため、丹陽方面に移された（漢中が洛陽と近いので徙遷地に適さないとの点は、前漢の首都長安が洛陽以上に漢中と近いので疑問）。だが劉備の皇帝即位以降、西南夷地は主たる徙遷先となった（梓潼郡に徙された李厳以外、廖立は汶山郡、楊儀は漢嘉郡、常房四弟は越嶲郡へ徙された）。なお秦漢律には「遷」刑がみえ、あまり重い刑罰ではない。「遷」刑に関しては工藤元男「秦の遷刑覚書」（『日本秦漢史学会会報』第六号、二〇〇五年）、水間大輔「秦律・漢律の刑罰制度」（『秦漢刑法研究』知泉書館、二〇〇七年）、辻正博「流刑の淵源と理念」（『唐宋時代刑罰制度の研究』京都大学学術出版会、二〇一〇年）等参照。ただし蜀漢期の前掲例は「遷」でなく「徙」（久村氏は未分割）。戦国秦の呂不韋の徙遷先が本当に永昌郡不韋県（西南夷地）ならば、呂不韋や前漢諸侯王等の久村氏が挙げる例は蜀漢期の「徙」に相当し、厳密には「遷」と異なるか。

（5）林謙一郎「大理国史研究の視角―中原史料の分析から―」（『名古屋大学文学部研究論集（史学）』第五〇号、二〇〇四年）等に学説史整理がある。

（6）方国瑜「漢晉時期西南地区的部族郡県及経済文化」（『方国瑜文集』第一輯、雲南教育出版社、二〇〇一年）等。

（7）前嶋信次「雲南の塩井と西南夷（上）（下）」（『歴史と地理』第二八巻第五・六号、一九三一年）等。

（8）方国瑜「諸葛亮南征的路線考説」（『方国瑜文集』第一輯、雲南教育出版社、二〇〇一年）等。

（9）張思恩「諸葛亮在「南中」的用兵及統治政策」（『西北大学学報（人文科学）』一九五七年第三期）、黎虎「蜀漢〝南中〟政策二三事」（『魏晋南北朝史論』学苑出版社、一九九九年〔一九八四年初出〕）等。

（10）藤澤義美「ビルマ雲南ルートと東西文化の交流」（『岩手史学研究』第二五号、一九五七年）、林超民「漢晉雲南各族地区交通概論」（『西南民族歴史研究集刊』第七号、一九八六年）、厳耕望『唐代交通図考』第四巻山剣滇黔区（中央研究院歴史語言研究所、一九八六年）、林謙一郎「「中国」と「東南アジア」のはざまで―雲南における初期国家形成」（『岩波講座東南アジア史』第一巻、岩波書店、二〇〇一年）等。

（11）久村因「古代西南支那の歴史地理研究法に関する一試論」（『南方史研究』第一号、一九五九年）等。

（12）柳春藩「関于諸葛亮平定「南中之乱」的評価問題」（『史学集刊』一九五六年第一期）等。

(13) 万靖「雲貴高原漢墓研究」（『四川省文物考古研究院青年考古文集』科学出版社、二〇一三年）等。

(14) Wang Ming-Ke. 1992. *The Ch'iang of Ancient China through the Han Dynasty: Ecological Frontiers and Ethnic Boundaries.* Ph.D. Diss. Cambridge. MA: Harvard-Yenching Institute.

(15) 久村因「史記西南夷列伝集解稿」（『名古屋大学教養部紀要』第一四～十八輯、一九七〇～一九七四年）、早稲田大学長江流域文化研究所編「『後漢書』南蛮西南夷列伝訳注」（『早稲田大学長江流域文化研究所年報』第一～三号、二〇〇二～二〇〇五年）。以下各々久村訳注・早稲田訳注と略す。

(16) 劉琳校注『華陽国志校注』（巴蜀書社、一九八四年）、任乃強校注『華陽国志校補図注』（上海古籍出版社、一九八七年）、船木勝馬・谷口房男・飯塚勝重等「華陽国志訳注稿」（『アジア・アフリカ文化研究所研究年報』一九七五～一九九八年）、中林史朗『華陽国志』（明徳出版社、一九九五年）等。以下各々劉琳校注、任乃強校補、船木等訳注、中林訳注と略す。

(17) 『夜郎考』（一）～（三）（貴州人民出版社、一九七九～一九八三年）、貴州省社会科学院歴史研究所編『夜郎史探』（貴州人民出版社、一九八八年）、朱俊明『夜郎史稿』（貴州人民出版社、一九九〇年）等。

(18) 貴州省文物考古研究所「貴州赫章可楽夜郎時期墓葬」（『考古』二〇〇二年第七期）。

(19) 藤澤義美「昆明盆地の前史」（『西南中国民族史の研究』大安、一九六九年）。

(20) 竹村卓二「漢代僰人の種類＝文化系統について」（『上智史学』第三号、一九五八年）。

(21) 滇王之印に関しては栗原朋信「文献にあらわれたる秦漢璽印の研究」（『秦漢史の研究』吉川弘文館、一九六〇年）等。

(22) 桑秀雲「邛都・笮都・冄駹等夷人的族属及遷徙情形」（『中央研究院歴史語言研究所集刊』第五二本第三分、一九八一年）。

(23) 大石墓の族属問題について四川省金沙江渡口西昌段安寧河流域聯合考古隊「西昌壩河堡子大石墓発掘簡報」（『考古』一九七六年第五期）は邛人とし、童恩正「四川西南地区大石墓族属試探―附談有関古代濮族的幾個問題」（『中国西南民族考古論文集』文物出版社、一九九〇年〔一九七八年初出〕）は濮族系邛人とする。その後、唐嘉弘「試論四川西南地区石墓族属」（『考古』一九七九年第五期）の笮人説も出たが、林向「大石墓的族属問題―巴蜀西南徼外的邛人墓葬」（『巴蜀考古論集』四川人民出版社、二〇〇四〔一九八〇年初出〕）は童恩正氏の濮族系邛人説を批判したうえで邛人説を補強した。

(24) 栗原悟「雲南史研究の諸問題—その課題と展開—」(『東南アジア—歴史と文化』第十七巻、一九八八年)。
(25) 雲南省文物考古研究所等「昭通水富県楼壩崖発掘報告」(『雲南考古報告集〈之二〉』雲南科技出版社、二〇〇六年)。
(26) 楊帆・万揚・胡長城編著『雲南考古(一九七九—二〇〇九)』(雲南人民出版社、二〇一〇年)。
(27) 佐々木高明『照葉樹林文化とは何か　東アジアの森が生み出した文明』(中公新書、二〇〇七年)等参照。
(28) 現在の雲南省における焼畑分布に関しては、尹紹亭(白坂蕃訳)『雲南の焼畑—人類生態学的研究—』(農林統計協会、二〇〇〇年)、尹紹亭「雲南の刀耕火種(焼畑農耕)及びその変遷」(『ヒマラヤ学誌』第十号、二〇〇九年)。
(29) 張増祺『滇国与滇文化』(雲南出版集団公司、一九九七年)。
(30) 注(29)張増祺前掲書。
(31) 貯貝器の関連研究は梶山勝「貯貝器考」(『古代文化』第三四巻第八・十号、一九八二年)等参照。
(32) 銅鼓研究に関しては、今村啓爾編『南海を巡る考古学』(同成社、二〇一〇年)や李昆声・陳果『中国雲南与越南的青銅文明』(社会科学文献出版社、二〇一三年)で先行研究の収集整理が図られている。また最新の考古学的知見をふまえ、伝世文献に再注目した研究として吉開将人「銅鼓研究と漢籍史料」(前掲『南海を巡る考古学』所収)参照。
(33) 肖明華「論滇文化的青銅器貯貝器」(『考古』二〇〇四年第一期)。
(34) 拙著『中国古代貨幣経済史研究』第一章(汲古書院、二〇一一年)。
(35) 方国瑜「雲南用貝作貨幣的時代及貝的来源」(『方国瑜文集』第三輯、雲南教育出版社、二〇〇三年)。
(36) 注(34)前掲拙著。
(37) 注(33)肖明華前掲書。
(38) 李家瑞「古代雲南用貝幣的大概情形」(『歴史研究』一九五六年第一期)等。
(39) 楊徳文・張燗磊「南詔太和城遺址新発現一塊南詔国早期碑刻」(『雲南文物』二〇〇二年第二期)。
(40) 国家文物局『中国文物地図集　雲南分冊』(雲南科技出版社、二〇〇一年)。
(41) 藤澤義美「南詔野史の史料系統について」(『鎌田博士還暦記念歴史学論叢』鎌田先生還暦記念会、一九六九年)。

（42）藤澤義美「大理盆地の前史」（『西南中国民族史の研究』大安、一九六九年）。
（43）方国瑜「雲南用貝作貨幣的時代及貝的来源」（『方国瑜文集』第三輯、雲南教育出版社、二〇〇三年）。
（44）注（31）梶山勝前掲論文。
（45）江上波夫「東アジアにおける子安貝の流伝」（『江上波夫文化史論集2　東アジア文明の源流』山川出版社、一九九九年）。
（46）皮拉左里「滇文化中的貝和銅銭」（『雲南民族学院学報（哲学社会科学版）』一九九四年第一期）。
（47）汪寧生「晋寧石寨山青銅器図象所見〝滇〟人的経済生活和社会生活」（『民族考古学論集』文物出版社、一九八九年）。
（48）林声「試釈雲南晋寧石寨山出土銅片上的図像文字」（『文物』一九六四年第五期）。
（49）注（42）藤澤義美前掲論文。
（50）注（42）藤澤義美前掲論文。
（51）注（29）張増祺前掲書。
（52）工藤元男「秦の領土拡大と国際秩序の形成」（『睡虎地秦簡よりみた秦代の国家と社会』創文社、一九九八年）。
（53）栗原朋信「漢帝国と周辺諸民族」（『上代日本対外関係の研究』吉川弘文館、一九七八年）。
（54）前漢武帝は、莫大な経費がかかるとの公孫弘の進言を受け（『史記』巻一一二平津公列伝、『漢書』巻五八公孫弘伝）、元朔三年春に蒼海郡を廃止した。その例から窺えるように、本来郡の設置には莫大な費用がかかる。
（55）『通典』巻第一八七邊防三南蠻上哀牢・武太后神功二年閏十月条所収の蜀州刺史張柬之の表を参照。現に蜀漢は、越嶲郡（とくに定筰・台登・卑水）の塩・鉄・漆をめぐり、夷（盤木王の舅で定筰の頭目狼岑を中心とする集団）と紛争し、塩鉄採取権を奪い、交通路を確保した（蜀書張嶷伝）。
（56）注（42）藤澤義美前掲論文。
（57）注（14）Wang Ming-Ke 前掲論文。
（58）金丸良子「雲南チベット族の牧畜業―尼汝村タンディアオ家を事例として―」（『中国研究』第一六号、二〇〇八年）。
（59）工藤元男「禹の変容と五祀」（『睡虎地秦簡よりみた秦代の国家と社会』創文社、一九九八年）。

(60) 注(59)工藤元男前掲論文。
(61) 徐学書(渡部武訳)「四川西北部の石碉建築」(渡部武・霍巍・C.ダニエルス編『四川の伝統文化と生活技術』慶友社、二〇〇三年)。
(62) 蜀書張嶷伝「十四年、武都氐王苻健請降」によれば、武都制圧時に武都氐などの全てが蜀漢に降ったわけではない。
(63) だが周知のごとく、西南夷の人々は蜀漢初期に一致団結して蜀漢に抵抗し、諸葛亮は後顧の憂いを絶つために南征に尽力した。多種多様な蜀漢期西南夷が諸葛亮南征時にいかに一定の政治的凝聚力を持ち得、蜀漢が西南夷をどう統治したかは拙稿「三国時代西南夷の社会と恩信」(『帝京史学』第三〇号、二〇一五年、一〇一〜一二九頁)参照。

[付記] 本稿は研究報告(第一回早稲田大学簡帛研究会若手研究者発表会、二〇一三年十一月十四日)に基づき、二〇一四年度公益財団りそなアジア・オセアニア財団調査研究助成(研究課題「中国南北朝時代の貨幣経済と周辺諸地域」)による研究成果の一部である。また今村啓爾先生(帝京大学教授・東京大学名誉教授)より注(48)林声前掲論文の存在を御示教いただいた。白坂蕃先生(東京学芸大学名誉教授)からは注(28)前掲訳書をはじめとする多数の関連論考を御恵贈いただき、本稿執筆に際して裨益するところ大であった。ここに謝する。

後漢安帝の親政とその統治の構造

渡邉　将智

はじめに

従来の漢代政治史研究において後漢は、外戚が皇太后の臨朝称制を背景に専権を振るい、それによって皇帝による支配が弱体化した時代、と理解されてきた[1]。近年では東晋次氏が、「貴戚」（東氏によれば、皇帝の寵遇・信任を得て列侯以上の爵位を有する帝室の戚属者）たる外戚は、後漢第四代の和帝（在位：八八～一〇五）が帝位を継承して以降、側近官集団の「内朝官」を掌握し、「内戚」たる皇后や臨朝する皇太后の権威を背景に輔政して国政の実権を握った、と論じている[2]。

このように先学は、外戚が皇太后の臨朝を背景に国政に参与したことを、後漢の政治過程を明らかにするための重要な観点と認識し、その上で皇帝支配の特色を、皇太后臨朝時における皇帝と外戚の関係を中心に検討してきた。かかる先学の所論の背景には、皇太后の臨朝を後漢政治史の大きな特色とみなす漢代史研究の通説的な理解があったとみられる[3]。

しかし、前近代中国においては、皇帝が皇太后の後見を受けずに親政することこそが通常の状態であり、皇太后の臨朝は、皇帝が幼少などの理由で統治能力を十分には発揮できない場合に採られる非常の手段であった。それゆえ、後漢の皇帝支配の特色を明らかにするためには、皇帝が親政した時期にむしろ焦点を合わせて、彼らがどのように統治していたのかを検証する必要があると考えられる。その際には如何なる観点に基づいて再検討すべきであろうか。

ここで注目されるのが、第六代の安帝劉祜（在位：一〇六～一二五）である。というのも、安帝は、第五代の殤帝（在位：一〇五～一〇六）の崩御にともなう皇統の断絶をうけて、後漢史上初めて傍系から帝位を継承し、その後に親政した皇帝である。安帝以降も第一一代の桓帝（在位：一四六～一六七）、第一二代の霊帝（在位：一六八～一八九）が、傍系から帝位を継承した後に親政を行った。かかる事態の起点となった安帝期に検討の焦点を合わせることによって、後漢の皇帝支配の特色を解き明かす手がかりを得られると思われる。このような問題意識に基づき、本稿では、安帝が親政時に、誰を、都たる洛陽城のどこで、どのように用いて統治していたのかを検討し、安帝の親政の構造とその政治的な背景を当時の政治空間（皇帝と臣下の空間的な位置関係）に留意しつつ検証する。(4)

第一節　大将軍・三公の任官者の出自とその政治姿勢

元興元年（一〇五）、和帝が二七歳で崩御すると、鄧皇后（和帝の皇后）は、和帝の末子で生後百日あまりの劉隆を皇太子に冊立した上で帝位を継承させ、自らは皇太后として臨朝した。これが殤帝である。この時、鄧太后は、和帝の長子たる劉勝が持病を患っていると主張して、彼を皇太子に冊立することはせず、殤帝が帝位を継承した翌年の延平元年（一〇六）に平原王に封じた。ところが、殤帝は同年に二歳で崩御した。それをうけて鄧太后とその兄の車騎将軍鄧騭は、劉勝が持病を患っていると再び主張し、清河王劉慶（和帝の兄）の子で一三歳の劉祜を長安侯に封じた上で帝位を継承させた。これが安帝である。鄧太后は安帝の帝位継承後も引き続き臨朝した。

永寧二年（一二一）三月に鄧太后が崩御すると、安帝は親政を開始した。そして同年五月に、鄧氏を安帝の廃位と平原王劉翼（河間王劉開の子。劉勝から数えて二代目の王）の擁立を企てた罪によって誅滅し、さらに劉翼を都郷侯に降格した。

表1　安帝親政時の大将軍・太傅・三公

年		月	大将軍	太傅	太尉	司徒	司空	重要な出来事
121	永寧二年	1			馬英	楊震	陳褒	
		2						
		3						鄧太后が崩御し、安帝が親政を開始
		4						
		5						安帝が鄧氏を誅滅し、平原王劉翼を都郷侯に降格
		6						
	建光元年	7						
		8			劉愷			
		9						
		10						
		11						
		12						
122	建光二年	1						
		2						
	延光元年	3						
		4						
		5					劉授	
		6						
		7						
		8						
		9						
		10						
		11						
		12						
123	延光二年	1						
		2						
		3						
		4						
		5						
		6						
		7						
		8						
		9						
		10			楊震	劉熹		
		11						
		12						
124	延光三年	1						
		2						
		3						楊震が太尉を罷免された後に自殺
		4			馮石			
		5						
		6						
		7						
		8	耿宝					
		9						安帝が皇太子劉保を廃位して済陰王に封建
		10						安帝が長安に行幸
		11						
		12						
125	延光四年	1						
		2						
		3						安帝が行幸の途中で崩御

かくして安帝は、鄧氏の誅滅と平原国の国除を断行することにより、親政を名実ともに開始したのである[5]。

後漢では、太傅・三公（太尉・司徒・司空）と将軍が、政策形成（政策案の作成・審議・決裁および政策の実施）の過程のうち政策案の作成と審議に中心的に参加し、これによって皇帝の決裁に影響を及ぼすことができた[6]。それゆえ、安帝の親政の構造を明らかにするためには、安帝が右の諸官にどのような出自の人物を任用していたのか、また彼らが如何なる政治姿勢を有していたのかを分析する必要がある。

表1は、安帝親政時における大将軍・太傅・三公の任官者を一覧にしたものである。この表に示した通り、当時、太傅の任官者は存在していなかった。そこで、以下では、大将軍と三公の任官者について分析したいと思う。

（1）耿宝

耿宝は、清河王劉慶の嫡妻である耿姫の兄で、後漢建国の功臣たる耿弇（「雲台二十八将」の一人）の弟の孫にあたる。父の耿襲は隆慮公主（明帝の娘）を娶ったが、彼女が耿宝の実母であるのか否かは不明である。安帝が親政を開始すると、耿宝は大鴻臚に任官して専横を振るうようになり、延光三年（一二四）八月には大将軍に昇進した。

この当時、耿宝を輩出した扶風耿氏の一員として、耿承・耿良がいた（『後漢書』巻一九耿弇列伝）。耿承は耿宝の甥にあたる。隆慮公主の爵位を継承し、安帝崩御後の延光四年（一二五）四月まで侍中に在官した。他方、耿良は耿弇の曾孫にあたり、延光年間（一二二〜一二五）に濮陽長公主を娶った後、侍中に任官した。このように扶風耿氏は、安帝の外戚であると同時に、公主をたびたび娶った一族でもあった（以下、公主を娶った一族を「尚主婚家」と称する）[7]。

安帝が親政した当時、耿宝と並ぶ外戚の領袖として、閻皇后（安帝の皇后）の兄の閻顕がいた。耿宝と閻顕の関係について、『後漢書』巻七八宦者列伝に次のようにある。

（安）帝の舅たる大将軍耿寶、（閻）皇后の兄たる大鴻臚閻顯、更〻相阿黨し、遂に太尉楊震を枉殺し、皇太子を廢して濟陰王と爲す。

耿宝と閻顕は互いにおもねり、楊震を死に至らしめたり、安帝の皇太子たる劉保（後の順帝）を廃位したという。このことから、彼らは別箇に勢力を形成し、互いの利害が一致する場合には協調関係を結んでいた、とみなし得る。

それでは、耿氏・閻氏の勢力にはどのような人物が属していたのであろうか。平松明日香氏によれば、安帝親政時には外戚と宦官らが党派を形成しており、なかでも安帝の乳母である王聖と宦官の中常侍樊豊は耿宝に与していた。(8)『後漢書』巻五四楊震列伝によると、当時は王聖の娘たる王伯栄が、肺腑（宗室の一員、後述）に該当する侍中劉瓌（光武帝の族父たる泗水王劉歙の従弟の曾孫）の妻となり、母とともに権勢を振るっていた。かかる王聖の縁者もまた、耿氏の勢力に属していたとみられる。

耿氏の勢力に属する宦官は樊豊以外にも確認できる。『後漢書』楊震列伝によれば、大鴻臚耿宝は中常侍李閏の兄を辟召するよう太尉楊震に要求し、執金吾閻顕も自分の与党を楊震に推薦した。楊震はこれらの要求を拒絶したが、それに対して司空劉授は李閏の兄と閻顕の与党を辟召した。この事例からは、李閏が耿宝に与していた様子をうかがい知ることができる。また、『後漢書』宦者列伝によると、中常侍江京は大長秋を兼任し、樊豊や王聖・王伯栄と結んで専横を振るっていた。そこで、江京もまた王聖・樊豊らと同じく耿氏の勢力に属していた、と考えられる。

他方、『後漢書』楊震列伝所載の太尉楊震の上疏に、周広・謝惲の侍中在官時のこととして、次のようにある。

周廣、謝惲の兄弟は、國と肺腑枝葉の屬無きも、近倖姦佞の人に依倚して、樊豐・王永等と威を分かち權を共にし、州郡に屬託して、大臣を傾動す。宰司、辟召するに、旨意を承望し、海内の貪汙の人を招來して、其の貨賂を受け、臧錮棄世の徒、復た顯用を得ること有るに至る。白黒は溷淆して、清濁は源を同じくし、天下、讙譁して、咸な「財貨、上に流る」と曰い、朝の爲に譏りを結ぶ。臣、師の言を聞く、「上の取る所、財、盡きれば則ち怨み、力、盡きれば則ち叛す」と。怨叛の人は、復た使うべからず。故に曰く、「百姓、足らざれば、君、誰と與にか足らん」と。

惟うに陛下、之を度れ。

楊震は、周広・謝惲らが肺腑や劉氏の後裔に相当しないにもかかわらず、樊豊・王伯栄（「王永」）らとともに権勢を振るい、州郡に請託を行っていることを批判した。周広・謝惲らの出自は不明であるが、樊豊・王伯栄らと結んでいたことから、耿氏の勢力に属していたとみられる。

（2）馬英と陳褒

馬英・陳褒は、鄧太后臨朝時から引き続き三公に任官していた人物である。すなわち、馬英は元初二年（一一五）に太僕から太尉に、また陳褒は永寧元年（一二〇）に衛尉から司空に昇進した（『後漢書』巻五安帝紀・元初二年条、同永寧元年条）。彼らは『後漢書』に立伝されておらず、その出自と事績には不明な点が多い。しかし、『後漢書』巻三九劉般列伝附劉愷列伝によれば、征西校尉任尚が罪に問われた時、大将軍鄧騭の与党が彼を擁護すると、太尉馬英は司空李郃（陳褒の前任者）とともに、鄧騭の意向を汲んで任尚の罪を免じた。東晋次氏は、この事例に基づき、馬英は鄧氏政権に協力していた、と解している。(9)

（3）劉愷

劉愷は、前漢の楚王劉囂（宣帝の子）の後裔にあたる。父の劉般は、第二代の明帝（在位：五七～七五）の時期に屯騎校尉となり、第三代の章帝（在位：七五～八八）の時期には宗正に任官した。劉愷は、和帝に徴召されて侍中・宗正などを歴任し、安帝が帝位を継承すると、永初元年（一〇七）に鄧太后の臨朝のもとで太常となった。同六年（一一二）に司空に昇進し、元初二年から永寧元年までは司徒に在官した。『後漢書』劉般列伝附劉愷列伝によると、司徒在官中に鄧騭の与党たる任尚が罪に問われた際には、鄧騭の意向を汲んだ太尉馬英らとは異なり、任尚を擁護しなかった。このように劉愷は、鄧太后臨朝時に三公を歴任した人物ではあったが、鄧氏政権に必ずしも協力的ではなかった。

後漢において、初代の光武帝（在位二二五～五七）以来、帝位を代々継承した一族は、前漢の舂陵侯劉買（長沙王劉発の子、景帝の孫）の後裔にあたる。これに対して、劉愷を輩出した前漢の楚王家は、当時どのような立場にあったのであろうか。『後漢書』巻三九劉般列伝に、劉般が屯騎校尉に在官していた当時のこととして、次のようにある。

時に五校、官は顯にして、職は閑、而して府寺は寛敞にして、輿服は光麗、伎巧は畢く給せらる。故に多く宗室の肺腑を以て之に居らしむ。

「五校」こと五校尉（屯騎校尉・越騎校尉・歩兵校尉・長水校尉・射声校尉）は官位が高いだけの閑職であったが、その官衙や輿服はきらびやかであった。このため、それらの官には、宗室のうち「肺腑」を多く任用していたという。すると、屯騎校尉の任官者たる劉般の一族、つまり前漢の楚王家は、後漢の宗室のなかでは肺腑の立場にあったことになる。

それでは、後漢における肺腑とは、具体的には宗室のうち特にどの範囲の者を指すのであろうか。『後漢書』巻四三何敞列伝によれば、章帝崩御後に侍中竇憲が都郷侯劉暢を刺殺した時、何敞は劉暢を「宗室の肺府」とみなした。劉暢は、斉王劉石の子で、光武帝の兄たる劉縯の曾孫にあたる（『後漢書』巻二三竇融列伝附竇憲列伝）。劉石が明帝の永平一三年（七〇）に薨去した後、子の劉晃が王位を継承したことから明らかであるように（『後漢書』巻二明帝紀・永平一三年条）、劉暢は斉王家のなかでは王位を継承し得ない傍系にあたる人物であった。これより、肺腑には、前漢の舂陵侯家を祖とする各王家の傍系が含まれていたといえる。ただし、史書中には各王家の直系にあたる人物を「肺腑」と表記する記事は見えない。そのため、各王家の直系は肺腑に含まれていなかったと考えられる。

他方、『三国志』魏書巻六劉表伝の裴松之注引『零陵先賢伝』によると、荊州牧劉表の別駕従事劉先は、第一四代の献帝（在位一八九～二二〇）を擁する曹操と面会した際に、劉表を「漢室の肺腑」とみなした。劉表は、前漢の魯王劉余（景帝の子）の後裔にあたり（『後漢書』巻七四劉表列伝下）、後漢の歴代皇帝を輩出した前漢の舂陵侯家とは系統を異にしていた。

すると、胏腑には、宗室のうち舂陵侯家以外の劉氏一族も含まれていたことになる。

以上のように、後漢の宗室には、Ⓐ舂陵侯家を祖とする各王家の直系、Ⓑ舂陵侯家を祖とする各王家の傍系、Ⓒ舂陵侯家以外の劉氏一族、が含まれていた。それらのうち皇帝の遠縁にあたるⒷ・Ⓒは、胏腑に該当した。すると、劉愷とその一族は、Ⓒに該当するがゆえに胏腑として扱われていたことになる。先述のごとく、前掲『後漢書』楊震列伝所載の太尉楊震の上疏において、侍中周広・謝惲らは、胏腑をはじめとする劉氏の後裔に相当しないにもかかわらず人事に介入していることを批判された。これを逆説的に言えば、後漢の同時代人たちは、胏腑が国政に参与することを基本的に容認していたことになる。

（4）楊震

楊震は、後世に「四世三公」と称された弘農楊氏の出身である。桓郁から欧陽尚書を学び、経書にひろく通じていたことから「關西の孔子」（『後漢書』楊震列伝）と称えられた。彼は大将軍鄧騭の辟召を受けた故吏で、[10]鄧太后臨朝時に太僕・太常などを歴任した。永寧元年に司徒に昇進し、鄧氏が誅滅された後も引き続き在官した。[11]かかる鄧騭の故吏を、安帝が親政開始後も三公に留任させていた点に注目される。

楊震は、安帝親政時に、耿氏・閻氏の勢力に属する人物にたびたび批判を加えた。たとえば、前掲『後漢書』楊震列伝所載の太尉在官時の上疏では、侍中周広・謝惲らが中常侍樊豊・王伯栄（「王永」）らとともに州郡に請託を行っていることや、「宰司」つまり三公が彼らの意向に従って辟召を行っていることなどを批判している。[12]前掲の**表1**に示した通り、楊震の太尉在官時には、三公に司徒劉熹・司空劉授が任官していた。楊震は、人事に介入する周広・樊豊・王伯栄らに加えて、彼らと協調関係を結ぶ劉熹・劉授に対しても批判を加えたのである。さらに楊震は、前掲の太尉在官時の上疏において、「怨叛の人」つまり周広・樊豊らを任用しないよう安帝に求めた。すると彼は、周広・樊豊らを任用する安帝の姿勢をも問題視していたことになる。

（5）劉授と劉熹

劉授と劉熹は『後漢書』に立伝されておらず、その出自は史書中に明記されていない。しかし、劉授は司空に昇進するまで宗正に、劉熹は司徒に昇進するまで光禄勲に在官していた（『後漢書』安帝紀・延光元年条、同延光二年条）。ここでは劉授が宗正に任官した点に注目される。

楯身智志氏によれば、宗正は前漢では帝室と諸侯王家の関係を調整するための官であり、その任官者には劉氏一族のうち長老格にあたる王家の出身者が選任された[13]。後漢においても、沈剛氏の指摘する通り、宗正には必ず劉氏一族が任用されていた[14]。彼らのうち出自の明白な人物として、明帝期の劉匡（後漢の泗水王劉歙の叔父）、章帝期の劉般（前漢の楚王劉囂の後裔）・劉軼（前漢の梁王劉武の後裔）、和帝期の劉愷（前漢の楚王劉囂の後裔）、桓帝・霊帝期の劉寵（前漢の斉王劉肥の後裔）、霊帝期の劉焉（前漢の魯王劉余の後裔）がおり、いずれも肺腑に該当する[15]。すると、後漢では宗正に肺腑が任用される傾向があったといえる。そうした官に劉授が任用されていたこと、および史書中に劉授・劉熹の名が舂陵侯家を祖とする各王家の直系としては見えないことから、彼らはともに肺腑に該当する人物と考えられる。

劉授・劉熹は、前掲『後漢書』楊震列伝所載の太尉楊震の上疏に見えるように、耿宝らの意向に従い辟召を行ったことを楊震に批判された。また、先に述べた通り、同列伝において、劉授は耿宝・閻顕の請託に応じていた。このように、劉熹と劉授は耿氏・閻氏の勢力と協調関係を結んでいた。

（6）馮石

馮石は、光武帝期・明帝期に太僕・司空などを歴任した馮鲂の孫にあたる。実母は獲嘉長公主（明帝の娘、馮柱の妻）で、母の爵位を継承し、さらに侍中に任官した。その後、鄧太后臨朝時の永寧元年まで執金吾に在官し（『後漢書』巻一五来歙列伝附来歴列伝）、やがて衛尉・光禄勳を歴任した。建光元年（一二一）九月には、親政を開始したばかりの安帝の行幸を自らの衛尉府に迎えている。ここでは、彼が尚主婚家の出身であった点に特に留意しておきたい。

馮石が安帝親政時にどのような政治姿勢を有していたのかを示す直接的な記事は、史書中に見えない。しかし、『後漢書』巻三三馮魴列伝によると、彼は第八代の順帝（在位：一二五～一四四）が閻氏を誅滅して帝位を継承した後、閻顕や江京におもねっていたことを理由に、劉熹とともに罷免された。かかる人事は安帝の崩御後に行われたものであるが、そのことからは馮石が閻顕や江京と協調関係を結んでいた様子を見て取ることができる。

以上の事柄を整理すると、次のようになる。すなわち、安帝は親政開始当初、三公に士人を専ら任用していた。これらの士人は、鄧氏政権を基本的に支持する者、ならびに耿氏・閻氏の勢力と彼らを任用する安帝を批判する者であった。しかし、安帝は、右の士人たちを三公から次第に退任させて、耿氏・閻氏の勢力と協調関係を結ぶ胏腑・尚主婚家を三公に、耿氏を大将軍に段階的に任用した。かくして延光三年八月以降、政治姿勢を同じくする安帝の血族（胏腑）・姻族（尚主婚家・外戚）が大将軍・三公を占めるようになった。

第二節　九卿・側近官の任官者の出自とその政治姿勢

（1）九卿の任官者の出自とその政治姿勢

前節の検討結果に基づくと、安帝は延光三年八月以降、誰を、どのように用いて親政したのであろうか。この問題を明らかにするためには、大将軍・三公以外の諸官のうち政策案の作成と審議に参加していた官についても、当時における任官者の出自とその政治姿勢を分析する必要があろう。

両漢代には集議と呼ばれる皇帝の諮問会議が開催され、そこで政策案を作成・審議していた。後漢の集議には、皇帝臨席のもと百官を招集して行われる「大議」、皇帝と三公・九卿（太常・光禄勲・衛尉・太僕・廷尉・大鴻臚・宗正・大司農・少府）の参加する「公卿議」、太傅・三公・将軍とその属僚の参加する「三府議」があった。それらのうち「大議」は朝堂（後漢洛陽城の南宮の南宮前殿に隣接）ならびに百官朝会殿（南宮の東門の外にある三公の官衙のうち司徒府に付設）にて、「公卿議」は朝堂にて、「三府議」は百官朝会殿にて開催された。[16] このように集議には、太傅・三公・将軍に加えて、主に九卿が参加していた。

延光三年八月以降の九卿の任官者を分析するにあたっては、同年九月に安帝が皇太子劉保（実母は李氏）を廃位した事件に注目される。この時、王聖・王伯栄・樊豊らは、劉保の乳母たる王男と厨監邴吉を讒言して死に追いやった。さらに王聖・樊豊らは、王男らの死を嘆く劉保が帝位継承後に自分たちを排斥することを懼れ、耿宝や閻皇后・閻顕と結んで劉保を讒言した。激怒した安帝は、皇太子の廃位の可否を集議において審議させた後、劉保を廃位して済陰王に封じた。[17]

この事件に関する史料には、当時における九卿の任官者の名が見える。すなわち、『後漢書』来歙列伝附来歴列伝に、樊豊らが劉保を讒言した後のこととして、次のようにある。

（安）帝、怒り、公卿以下を召して廢立せんことを會議せしむ。耿寶等、旨を承け、皆な以爲えらく、「太子、當に廢すべし」と。（來）歴、太常桓焉・廷尉張皓と議して曰く、「經に説くらく、「年、未だ十五に滿たざれば、過惡は其の身に在らず」と。且つ王男・邴吉の謀、皇太子は容《なん》ぞ知らざること有らん。宜しく忠良を選びて保傅し、輔くるに禮義を以てすべし。廢置の事は重し。此れ誠に聖恩の宜しく宿留すべき所なり」と。帝、従わず。是の日、遂に太子を廢して濟陰王と爲す。

安帝が劉保の廃位の可否を「公卿以下」に審議させると、大将軍耿宝らは安帝の意向を受けて廃位に賛成した。それに対して、来歴と太常桓焉・廷尉張皓は、劉保に罪の無いことを説いて反対した。

来歴は、後漢建国の功臣たる来歙（「雲台二十八将」の一人）の曾孫にあたり、実母は武安公主（明帝の娘、来稜の妻）である。安帝親政時の延光二年（一二三）に執金吾から太僕に転任し、劉保が廃位された当時も在官していた。ここでは、来歴が尚主婚家の出身であった点に留意しておきたい。

桓焉は、桓郁（和帝期の太常、楊震の学問の師）の子で、桓栄（光武帝期の太常）の孫にあたる。彼を輩出した沛国桓氏は、後漢の歴代皇帝に学問を代々教授した「帝師」（『後漢書』巻三七桓栄列伝の論）の家柄であった。桓焉もまた、永初元年に安帝に学問を教授し、その後は侍中などを歴任した。さらに、永寧年間（一二〇～一二一）に安帝が劉保を皇太子に冊立すると、太子少傅・太子太傅を歴任して劉保の養育にあたり、安帝の親政開始後は光禄大夫を経て、父祖と同じく太常に昇進した。

張皓は、大将軍鄧騭の故吏である。鄧太后臨朝時に尚書僕射などを経て廷尉に昇進し、鄧氏が誅滅された後も引き続き在官した[18]。彼は集議の席上で来歴・桓焉とともに劉保の廃位に反対した後、『後漢書』巻五六張皓列伝所載の上疏において、次のように述べている。

昔、賊臣の江充、讒逆を造構し、戾園をして兵を興し、終に禍難を及ばしむるに至る。後に壺關の三老、一言し、上、乃ち覺悟す。前失を追い、之を悔ゆると雖も、何ぞ逮ばん。今、皇太子は春秋、方に始めて十歳にして、未だ保傅の九德の義を見ず。宜しく賢輔を簡びて、聖質を就成すべし。

ここで張皓は、前漢武帝期（前一四一～前八七）に起きた巫蠱の乱を事例として挙げている。巫蠱の乱とは、「戾園」こと皇太子劉拠（戾太子）が江充の讒言により追い詰められて挙兵し、敗れて自殺した事件である。張皓は、江充の讒言を信じて劉拠を死に追いやったことを悔いる武帝の様子を述べた上で、賢人を選んで皇太子劉保の教育にあたらせることを安帝に求めた。先に確認したように、そもそも劉保の廃位は、耿宝や閻顕と結ぶ樊豊らが安帝に劉保を讒言したことに起因するものであった。張皓は樊豊らの讒言を信じる安帝の姿を、江充の讒言を信じた武帝の姿に重ね合わせたのであろう。しからば、張皓は単に劉保の廃位に反対するのみならず、耿氏・閻氏とその与党を意思決定に参与させる安帝の姿勢をも問題視していたことになる。

他方、前掲『後漢書』来歴列伝の後文には、安帝が劉保を廃位した後、来歴らが光禄勲祋諷・宗正劉瑋らとともに反対運動を展開した様子が記されている。祋諷は、鄧太后臨朝時に大将軍鄧騭に推挙された人物である（『後漢書』巻一六鄧禹列伝附鄧騭列伝）。また、劉瑋は、宗正を本官としていたことから、胏腑に該当する人物と考えられる。

以上の五名は劉保の廃位に際して反対運動を行っていたため、少なくとも当時は、廃位を画策する安帝や耿氏・閻氏の勢力を批判する立場にあったといえる。他方、大鴻臚の任官者については、安帝が崩御した延光四年三月まで閻顕が在官していたことを確認できる（『後漢書』安帝紀・延光四年条）。先に述べた通り、耿宝が延光三年八月まで大鴻臚に任官していたことを勘案すると、おそらく閻顕は耿宝の後任として大鴻臚に任用されたのであろう。ただし、この時期における衛尉・大司農・少府の任官者の名は史書中に明記されていないため、彼らがどのような出自と政治姿勢を有していたのかは不明である。しかし、右の分析結果に基づくならば、当時の九卿には出自と政治姿勢を異にする人物がともに在官していたことになる。

（2）側近官の任官者の出自とその政治姿勢

前漢では、武帝期以降、禁中（前漢では長安城の未央宮の内部に所在）に宿衛する側近官集団の「内朝官」に所属する加官（大司馬・左将軍・右将軍・前将軍・後将軍・侍中・中常侍・散騎・諸吏・給事中・左曹・右曹）が「政策の立案と事実上の決定」

を担う「政務担当機関」として機能していた[19]。それに対して後漢は、冨田健之・米田健志両氏の指摘する通り、「内朝官」に所属する加官のうち侍中・中常侍を本官と化し、さらに散騎・諸吏・給事中・左曹・右曹を廃止した[20]。かくして後漢では、側近官として侍中・中常侍・大夫・議郎が設置された。これらのうち侍中・中常侍は禁中（皇帝の生活空間。後漢では洛陽城の北宮・南宮の内部に所在）において、大夫（光禄大夫・太中大夫・中散大夫・諫議大夫）・議郎は前殿（皇帝の主たる執務場所。後漢では北宮・南宮の内部に所在）において、皇帝に口頭で進言することを許されていた[21]。

中常侍については、前節で確認した宦官の樊豊・李閏・江京以外の任官者を史書中からは見出せない。他方、議郎に関しては、延光三年一〇月に安帝が長安に行幸した時、韋豹（章帝期の行司徒事たる韋彪の族子）が安帝の徴召を受けて任用されたことを確認できるが（『後漢書』巻二六韋彪列伝）、当時、彼がどのような政治姿勢を有していたのかは不明である。そこで、以下では侍中・大夫の任官者を検討の対象とする。

前掲『後漢書』来歴列伝の後文には、来歴らとともに劉保の廃位に反対した人物として、侍中閭丘弘・陳光・趙代・施延の名が見える。施延は、安帝が親政を開始した後、侍中に任用された人物である（『後漢書』巻四六陳寵列伝附陳忠列伝）。侍中在官中の延光二年には、現行の四分暦の誤りを指摘し、これを改めるよう主張した（『後漢書』律暦志中・延光論暦条）。だが、他の三名の出自と詳しい事績は不明である。

他方、来歴列伝によると、太中大夫朱倀・第五頡、中散大夫曹成、諫議大夫李尤も、施延らとともに、劉保の廃位に反対した。朱倀は、安帝親政時の建光元年当時は太常に在官し、その後、太中大夫に転任した（『後漢書』劉般列伝附劉愷列伝）。第五頡は章帝期の司空たる第五倫の子で、太中大夫に任官する以前は桂陽太守・南陽太守などを歴任した（『後漢書』巻四一第五倫列伝）。また、曹成は鄧皇后（後の鄧太后）の師たる班昭（班彪の娘、曹寿の妻、曹大家）の実子で、安帝の徴召を受けて中散大夫に任用された（『後漢書』巻八四列女伝の李賢注引『三輔決録』摯虞注）。李尤は、安帝期に諫議大夫に任官すると、謁者僕射劉珍とともに『漢記』（『東観漢記』）の編纂にたずさわった。

以上の八名はいずれも劉保の廃位に反対していたため、少なくとも当時は安帝や耿氏・閻氏の勢力を批判する立場にあったと考えられる。ただし、前節で確認したように、安帝親政時には、肺腑に該当する劉瓌、外戚かつ尚主婚家の耿承・耿良、士人の周広・謝惲らも侍中に任官し、耿氏の勢力に属していたとみられる。しからば、当時の侍中には出自と政治姿勢を異にする人物がともに在官していたことになる。

第三節　安帝の親政と政策形成

前節までの検討結果を踏まえ、延光三年八月以降における諸官の任官者をその出自と政治姿勢に基づいて整理すると、**表2**のようになる。この表に示した①〜⑧は、安帝が任用した外戚の耿氏・閻氏とその与党であり、それに対して⑨〜⑬は、①〜⑧を批判する者たちである。先に述べたように、安帝が耿氏・閻氏とその与党を任用していたこと、ならびにそのような安帝の姿勢を楊震や張皓〔⑩〕が問題視していたことからすると、①〜⑧は安帝による統治の支持者、⑨〜⑬はその批判者、とみなすことができる。

右の①〜⑬を、政策案の作成・審議を行った場所や皇帝に進言した場所に基づいて後漢洛陽城の概念図に表すと、**図1**の通りである[22]。こ

表2　安帝親政時の諸官の任官者（延光三年八月以降）

政治姿勢		出自	安帝との続柄	本官	図1の番号
安帝との関係	外戚との関係				
安帝による統治の支持者	耿氏の勢力	耿氏（外戚かつ尚主婚家）	姻族	大将軍	①
				侍中	②
		肺腑	血族	侍中	③
		士人		侍中	④
		宦官		中常侍	⑤
	閻氏の勢力	閻氏（外戚）	姻族	九卿	⑥
	耿氏・閻氏の勢力と協調	肺腑	血族	三公	⑦
		尚主婚家	姻族	三公	⑧
安帝による統治の批判者	耿氏・閻氏の勢力を批判	肺腑	血族	九卿	⑨
		尚主婚家	姻族	九卿	⑩
		士人		九卿	⑪
				侍中	⑫
				大夫	⑬

※ 出自および政治姿勢の不明な人物を除く

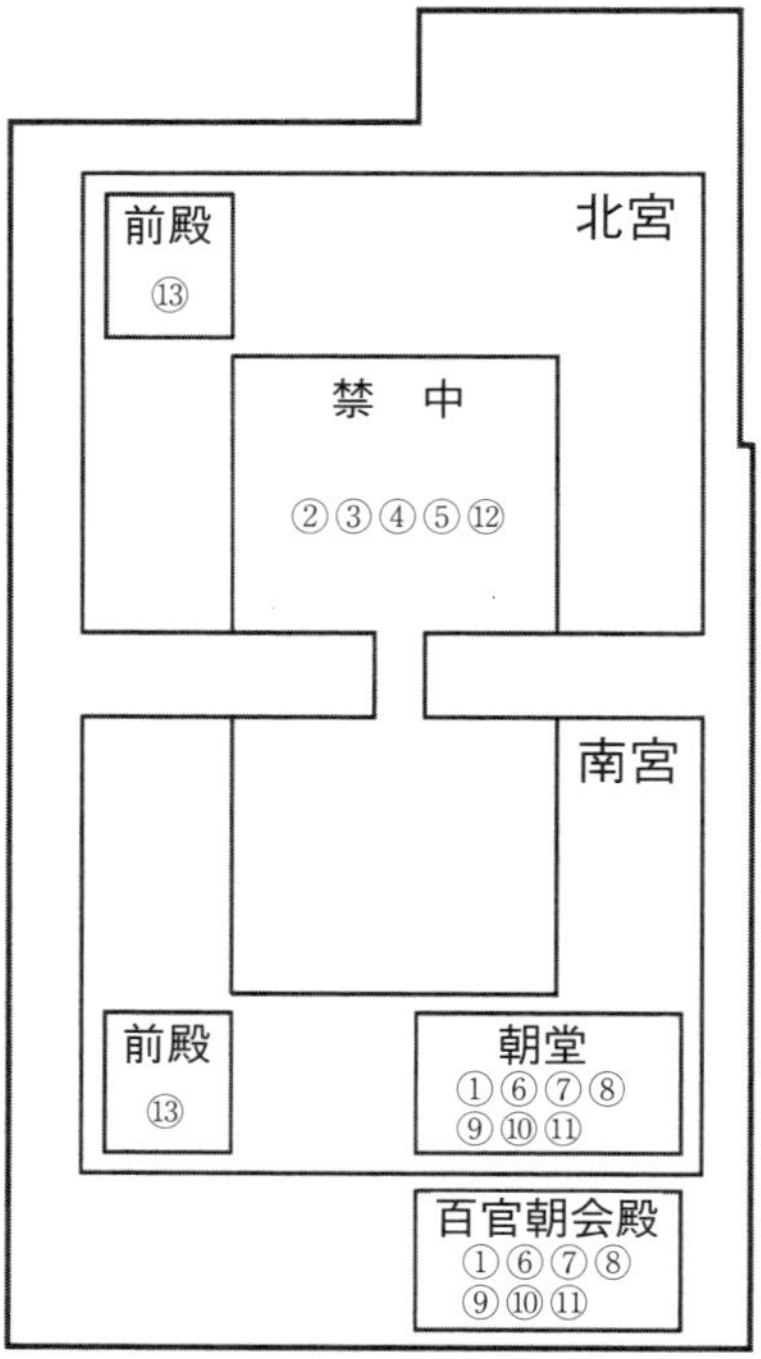

注）①～⑬の番号は表２に対応

図１　安帝親政時の諸官の任官者と洛陽城

の図に示した状況のもとで、安帝は延光三年八月以降に統治するにあたり、具体的にはどのように政策を形成していたのであろうか。

　ここで注目されるのが、安帝が皇太子劉保を廃位するまでの経緯である。先述したように、耿氏の勢力に属する王聖や宦官の中常侍樊豊〔⑤〕は、外戚かつ尚主婚家の大将軍耿宝〔①〕、外戚の大鴻臚閻顕〔⑥〕らと結び、劉保に関する事柄を安帝に進言（正確には譏言）した。それをうけて安帝は、前掲『後漢書』来歙列伝附来歴列伝に見えるごとく、劉保を廃位しようと考えた。この当時、侍中・中常侍が皇帝に口頭で進言することを許されていた場所が禁中であったことから、樊豊らの進言もまた禁中において行われたとみられる。

　前節までに確認した通り、当時の侍中には、肺腑に該当する劉瓌〔③〕、外戚かつ尚主婚家の耿承〔①〕・耿良〔①〕、士人の周広〔④〕・謝惲〔④〕・施延〔⑫〕らが在官していた。彼らのうち施延以外はいずれも耿氏の勢力に属しており、そのなかには安帝の血族（肺腑）と姻族（尚主婚家・外戚）が含まれていた。あるいは、彼らもまた、樊豊らとともに、劉保に関する事柄を進言したのかもしれない。

　次に安帝は、劉保の廃位の可否を集議において審議させ、そこでの議論の内容に基づいて廃位を決定した。この集議の参加者について、前掲来歴列伝は「公卿以下」とする。しかし、この記事に対応する『後漢紀』巻一七安帝紀下・延光三年条に、上、大將軍・公卿を召して太子の廃に廢すべきことを議せしむ。

とあり、ここでは集議の参加者を「大將軍・公卿」としている。『後漢書』に先行する『後漢紀』の記事に依拠するならば、安帝は、三公・九卿が参加して朝堂で開催される「公卿議」に大将軍を隣席させて、彼らに劉保の廃位の可否を審議させたことになる。

ここでの「公卿議」には、外戚かつ尚主婚家の大将軍耿宝〔①〕、外戚の大鴻臚閻顕〔⑥〕に加えて、尚主婚家の太尉馮石〔⑧〕、胏胕に該当する司徒劉熹〔⑦〕・司空劉授〔⑦〕ら、耿氏・閻氏の勢力と協調関係を結ぶ者たちが参加していた。さらに、その「公卿議」には、尚主婚家の太僕来歴〔⑩〕、士人の太常桓焉〔⑪〕・廷尉張皓〔⑪〕・光禄勲祋諷〔⑪〕、胏胕に該当する宗正劉瑋〔⑨〕ら、耿氏・閻氏の勢力を批判する者たちも列席していた。前掲来歴列伝によれば、「耿寶等」は集議の開催に先立ち安帝の「旨を承」け、それに基づいて「公卿議」の席上で劉保の廃位に賛成した。耿宝が閻顕らと結んで劉保の廃位を画策していたことや、当時の三公の任官者がすべて耿氏・閻氏の勢力と協調関係を結んでいたこと、ならびに九卿の任官者のうち来歴・桓焉・張皓・祋諷・劉瑋が廃位に反対していたことから、この時、安帝の意向を事前に受けた人物には、耿宝・閻顕・馮石・劉熹・劉授が含まれていたとみられる。しかも、前節までに確認した通り、彼らはいずれも安帝の血族（胏胕）または姻族（尚主婚家・外戚）であった。

以上のように、安帝は、侍中・中常侍を本官とする血族〔④〕・姻族〔②〕・士人〔④〕・宦官〔⑤〕が禁中の内部で進言した内容に基づいて劉保を廃位しようと考え、その可否を禁中の外部で開催される「公卿議」において審議させた。その際に安帝は、大将軍・三公・九卿を本官とする血族〔⑦〕・姻族〔①・⑥・⑧〕に自らの意向を事前に伝え、彼らが「公卿議」の席上で廃位に賛成するよう働きかけた。かかる「公卿議」における議論の結果を踏まえて、安帝は劉保の廃位を決定したのである。ここでは、右に挙げた大将軍・三公・九卿・侍中・中常侍の任官者が、いずれも安帝による統治の支持者であった点に注目される。

言うまでもなく、皇太子劉保の廃位は、後漢政治史上、極めて特殊な事件である。だが、劉保の廃位が各種の政策案を日常的に審議する「公卿議」を経て決定されたことから、この事件は安帝親政時における政策形成の一事例として位置づけることができる。そのことからは、安帝が自分を支持する血族・姻族を禁中の内部で政策案の作成に参加させるとともに、彼らを禁中の外部で政策案の審議に参加させ、それらを通じて政策形成の過程を自ら掌握しようとする様子が浮かび上がってくる。

後漢では、前漢武帝期以来の「内朝官」を解体した後、禁中の外部を中心に、諸官が政策形成と文書伝達（上奏文ならびに詔の伝達）を分掌して皇帝による統治を輔翼する政治制度を、和帝期頃までに形成した。なかでも政策形成は、太傅・三公・将軍・九卿が中心的に担当していた。和帝はかかる政治制度に基づき、三公・九卿の任官者に政策案の作成と審議を主に担当させる形で統治しようとしていたとみられる[23]。

このような和帝期以来の政治制度が安帝親政時に大きく改編された形跡は見えない。しからば、安帝は、禁中の外部に重心を置く政治制度のもとで、血族・姻族のうち自分の支持者を、禁中の外部で政策案の作成・審議を担当する諸官（大将軍・三公・九卿）と、禁中の内部でそれらを担当する官（侍中）にともに任用していたことになろう。これによって安帝は、自らの意向を国政運営に反映させようとしていたのである。

第四節　安帝の親政の政治的背景とその限界

前節までに検証したように、安帝劉祜は親政するにあたって、血族（肺腑）と姻族（尚主婚家・外戚）を積極的に任用していた。そこには如何なる政治的な背景があったのであろうか。この問題を明らかにするために、まず安帝が傍系から帝位を継承した点に注目したいと思う。

そもそも、両漢代において皇帝崩御時に皇子・兄弟がともにいない場合、もしくは皇子がおらず兄弟も帝位継承者として不適当な場合には基本的に、今文学説（具体的には『春秋公羊伝』成公十五年の伝文など）を論拠として、皇帝と傍系（皇帝の子の世代）の間または皇帝の父と傍系（皇帝の父の子の世代、つまり皇帝と同世代）の間で父子関係を擬制した上で、傍系に帝位を継承させていた。ところが、延平元年に殤帝が二歳で崩御すると、鄧太后と鄧騭は、殤帝の兄たる平原王劉勝が存命であり、しかも帝位継承者として必ずしも不適当ではなかったにもかかわらず、彼が持病を患っていると偽った。そして、和帝と傍系の劉祜（和帝の甥）の間で父子関係を擬制した上で、劉祜に帝位を継承させた。このようにして不適切な形で帝位を継承した点において、安帝劉祜の正統性は著しく欠如していた[24]。

『後漢書』巻三三周章列伝によると、臣下たちは、劉勝が実際には持病を患っていないことから、彼が帝位を継承することを望み、鄧太后が安帝に帝位を継承させた後も安帝に心を寄せなかった。また、司空周章は、鄧太后が劉勝を擁立しなかったことに不満を抱き、永初元年に安帝の廃位を企てた。これらの事例からは、安帝が正統性を欠くことを臣下たちが認識していたことが分かる。

他方、『後漢書』宦者列伝によれば、王聖・李閏らは鄧太后の臨朝時に、鄧騭の弟たる鄧悝らが安帝の廃位と平原王劉翼の擁立を計画していると讒言した。それをうけて安帝は、自分が廃位されることを危惧し、ついには鄧太后の崩御後に鄧氏を誅滅した。この事例からは、安帝もまた正統性の欠如を自ら認識して、廃位の企てを常に警戒していた様子を見て取ることができる。

安帝は鄧氏を誅滅した後、遼東太守陳禅を鄧騭の故吏であることを理由に罷免した（『後漢書』巻五一陳禅列伝）。また、彼は鄧氏と対立関係にあった陳忠の劾奏に基づき、鄧騭の故吏たる大司農朱寵を罷免した[25]。だが、「關西の孔子」と称えられた楊震をはじめとして、鄧騭に辟召された故吏や彼に推挙された人物は一定の名声を有しており、容易には排除し得なかった。そのため、当時の中央政府には、鄧騭の故吏や彼に推挙された人物が依然として多く存在していた[26]。特に政策案の作成・審議を担当する三公・九卿には、馬英・楊震・張皓ら鄧氏政権を基本的に支持する人物が引き続き任官していた。

こうした状況のもとで、安帝が自分の帝位継承や鄧氏の誅滅に不満を抱く人物を抑えて自らの意向通りに統治するためには、自分を支持する勢力を新たに形成する必要があった。とりわけ政策案の作成・審議を担当する諸官については、鄧氏と直接の関係を有さず、かつ自分と親近な関係にある人物を任用することが求められたであろう。そこで安帝は、政策形成の過程を自ら掌握するために、鄧氏政権を基本的に支持する士人を三公から次第に退任させた。その上で、血族・姻族のなかから自分の支持者を選び、彼らを大将軍・三公に段階的に任用すると同時に、九卿・侍中にも任官させたのである。(27)安帝が先述のごとく親政した背景には、その正統性の欠如という政治的な問題があった。

では、安帝は自分を支持する勢力の形成に努めた結果、自らの意向通りに統治することができたのであろうか。先に述べたように、来歴らは集議の席上で劉保の廃位に反対し、廃位が決定した後も反対運動を展開した。これに対して安帝は、『後漢書』来歙列伝附来歴列伝所載の詔に、

父子は一體にして、天性自然なり。義を以て恩を割くは、天下の爲にすればなり。(來)歴・(祋)諷等は大典を識らず、而して羣小と共に讙譁を爲し、外は忠直を見わすに、而るに内は後福を希い、邪を飾り義に違う。豈に君に事うるの禮ならんや。朝廷、廣く言事の路を開く。故に且く一切假貸す。若し迷いを懷きて反らざれば、當に刑書を顯明にすべし。

とあるように、「皇太子劉保の廃位に対する反対意見を今後再び述べた場合には処罰する」と来歴らを脅した。このように、来歴らによる反対運動が起き、それを恫喝という形で抑え込まざるを得なかったことから、安帝は自分を支持する勢力の形成に努めたものの、臣下たちを自らの意向に必ずしも十分には従わせることができなかったといえる。

また、先述の通り、安帝は親政時に、血族・姻族のうち自分の支持者を、禁中の内部で政策案の作成に参加させると

ともに、禁中の外部で政策案の審議に参加させた。その結果、彼らは宦官らと結んで政策形成の過程を恣意的に運用し、ついには皇太子劉保の廃位という帝位継承に深く関わる重大な事件を引き起こした。安帝の親政は、政策形成の過程を自ら掌握する必要から、禁中の内部と外部の両方で血族・姻族に大きく依存せざるを得なかった点に限界を有していたのであった。

むすび

本稿では、後漢の皇帝支配の特色を解明する手がかりを探るために、安帝の親政の構造とその政治的な背景を検証した。

「はじめに」で述べたように、従来の漢代政治史研究では、外戚による国政への参与を、後漢の政治過程を明らかにするための重要な観点と認識した上で、当時の皇帝支配の特色を検討してきた。だが、本稿で検証したごとく、安帝は親政するにあたって、外戚のみならず、肺腑・尚主婚家をも任用し、禁中の内部と外部の両方で政策案の作成・審議に参加させていた。それゆえ、後漢の皇帝支配の特色を、その親政の構造を中心に明らかにするためには、従来のように皇帝と外戚の関係のみに焦点を合わせるのではなく、肺腑を含む宗室と尚主婚家にも目を向けて、血族（宗室）・姻族（尚主婚家・外戚）による政策形成への参加のあり方を具体的に検討する必要があると考えられる。

また、通説では、後漢において外戚が国政に参与した背景を皇太后の臨朝に求めてきた。しかし、本稿で検証した通り、傍系出身の安帝が外戚や肺腑・尚主婚家を積極的に任用した背景には、その正統性の欠如があった。安帝以降も桓帝・霊帝らが相次いで傍系から帝位を継承したことは、「はじめに」において指摘した通りである。ゆえに、後漢の皇帝支配の特色を、その親政の構造を中心に解明するにあたっては、皇帝の正統性の如何が統治に与えた影響にも目を向けるべきであろう。

今後は、以上のような観点に基づいて、順帝・桓帝・霊帝の親政の構造を政治空間（具体的には、政策形成に参加する人物と皇帝の空間的な位置関係）の変化に留意しつつ検証し、後漢の皇帝支配の特色を解明していきたいと思う。

注

（1）岡崎文夫『魏晉南北朝通史』内編（弘文堂書房、一九三二年）一～八頁、李学銘「従東漢政権実質論其時帝室婚姻嗣続与外戚升降之関係」（『新亜学報』九－二、一九七〇年、後に同氏『東漢史事述論叢稿』万巻楼図書、二〇一三年に収録）、狩野直禎『後漢政治史の研究』（同朋舎出版、一九九三年）三五七～四九三頁、渡邉義浩『後漢国家の支配と儒教』（雄山閣、一九九五年）二七一～三二五頁、衛広来『漢魏晉皇権嬗代』（書海出版社、二〇〇二年）三六～六〇頁、など。

（2）東晋次『後漢時代の政治と社会』（名古屋大学出版会、一九九五年）九一～一四一・一九三～二四六・三二八～三三六頁。東氏は、「貴戚」には諸侯王・王子侯・公主・外戚などが含まれるとし、皇帝が彼らを尊重する慣行が儒家思想に基づく「親親主義」を背景に生み出された、としている。

（3）最近では、平松明日香「後漢時代の太后臨朝とその側近勢力」（『東洋史研究』七二－二、二〇一三年）が、皇太后の臨朝の構造、ならびに皇太后の権力と外戚の権力の関係について検討している。

（4）安帝の親政に関しては、かつて拙稿「後漢安帝の親政と外戚輔政」（『東洋学報』九三－四、二〇一二年）において論じたことがある。しかし、そこでは、安帝が外戚を国政に参与させた理念的な背景の検証に重点を置いたため、その親政の実態については検討が手薄になった。本稿において先述の観点から検討を行うことにより、前稿にて残された課題に対する回答も提示できると思われる。

（5）殤帝・安帝の帝位継承、および鄧氏の誅滅と平原国の国除について、詳しくは注（4）前掲拙稿を参照。

（6）拙著『後漢政治制度の研究』（早稲田大学出版部、二〇一四年）二一三～二四八頁を参照。従来の漢代政治制度史研究では、後漢の尚書台を、政策案の作成と審議を担当する官署、とみなしてきた（労榦「論漢代的内朝与外朝」〔『中央研究院歴史語言研究所集刊』一三、一九四八年、後に同氏『労榦学術論文集』甲編上冊、芸文印書館、一九七六年に収録〕。西嶋定生「武帝の死─『塩鉄論』の政治史的背景─」〔石母田正他編『古代史講座』一一、学生社、一九六五年所収、後に同氏『中国古代国家と東アジア世界』、東京大学出版会、一九八三年に収録〕。鎌田重雄「漢代の尚書官─領尚書事と録尚書事とを中心として─」〔『東洋史研究』二六─四、一九六八年〕など）。しかし、前掲拙著、二一三～二四八頁において検証したように、当時の尚書台は上奏文ならびに詔の伝達を管掌する文書伝達の中核機関として基本的に機能していたとみられる。

（7）小尾孝夫「劉宋前期における政治構造と皇帝家の姻族・婚姻関係」（『歴史』一〇〇、二〇〇三年）は、劉宋において公主を娶った一族を「尚主婚家」と呼称している。本稿で用いる「尚主婚家」の語は、この概念を後漢に援用したものである。

（8）注（3）平松明日香前掲論文。

（9）注（2）東晋次前掲書、一九七～二一四頁。

（10）故吏については、鎌田重雄「漢代の門生・故吏」（『東方学』七、一九五三年。後に同氏『秦漢政治制度の研究』、日本学術振興会、一九六二年に収録）を参照。

（11）楊震の事績については、注（1）狩野直禎前掲書、三九四～四一八頁を参照。また、弘農楊氏に関しては、落合悠紀「後漢末魏晋時期における弘農楊氏の動向」（『駿台史学』一四四、二〇一二年）がある。

（12）『三国志』魏書巻一四蔣済伝所載の太尉蔣済の上疏に「……臣備宰司、民所具瞻、誠恐冒賞之漸自此而興、推讓之風由此而廢」とあり、蔣済は自分が「宰司に備」わっていると述べている。このことから、「宰司」は三公を指す語と解される。

（13）楯身智志『前漢国家構造の研究』（早稲田大学出版部、二〇一六年）四八一～五三一頁。

（14）沈剛「漢代宗正考述」（『社会科学戦線』二〇〇二─一、二〇〇二年）。

（15）劉般・劉愷以外の宗正の任官者の出自について、劉匡は『後漢書』巻一四宗室四王三侯列伝に、劉軼は同巻六九儒林列伝上に、劉寵は同巻七六循吏列伝に、劉焉は『三国志』蜀書巻三一劉焉伝および『後漢書』巻七五劉焉列伝に明記されている。

（16）渡辺信一郎『天空の玉座─中国古代帝国の朝政と儀礼─』（柏書房、一九九六年）三〇～三四・五八～六四頁。

(17) 皇太子劉保が廃位されるまでの経緯について、詳しくは注(1)狩野直禎前掲書、四一九～四三三頁を参照。
(18) 張皓の事績については、注(1)狩野直禎前掲書、三七五～三八四頁を参照。
(19) 注(6)労榦前掲論文、注(6)西嶋定生前掲論文など。
(20) 冨田健之「前漢武帝期以降における政治構造の一考察—いわゆる内朝の理解をめぐって—」(『九州大学東洋史論集』九、一九八一年)、同「内朝と外朝—漢朝政治構造の基礎的考察—」(『新潟大学教育学部紀要』二七‐二、一九八六年)、米田健志「前漢後期における中朝と尚書—皇帝の日常政務との関連から—」(『東洋史研究』六四‐二、二〇〇五年)など。
(21) 注(6)前掲拙著、五六～六八頁、拙稿「後漢における側近官の再編」(『東方学』一三〇、二〇一五年)を参照。
(22) 後漢洛陽城の内部にある建物・建物群の位置関係などについて、詳しくは注(6)前掲拙著、五九～六八・二五〇～二六八頁を参照。
(23) 注(6)前掲拙著、二四九～二九二頁を参照。
(24) 傍系による帝位継承のあり方と安帝の帝位継承の関係については、注(4)前掲拙稿を参照。
(25) 注(1)狩野直禎前掲書、三八〇～三八二・四〇一～四〇七・四二七～四二八頁、注(2)東晋次前掲書、二一五～二二七頁。
(26) 注(2)東晋次前掲書、二一五～二二〇頁。
(27) 安帝が親政を開始した当時、その弟たる清河王劉虎威と広川王劉常保はすでに薨去していたため(『後漢書』安帝紀・永初二年条、同永初三年条、同巻五五章帝八王伝)、安帝は彼らに輔佐を委ねることができなかった。また、各王家の直系のうち和帝の子の世代(つまり安帝と同世代)にあたる人物たちは、安帝と同じく、和帝と父子関係を擬制することが可能であり、帝位継承の有資格者であった。各王家の直系は、かつての平原王家のように、安帝に代わる皇帝として擁立される懼れがあり、そこで安帝は彼らを国政から遠ざける必要があったとみられる。以上のような背景のもとで、安帝は血族たる宗室のなかでも、遠縁にあたる肺腑を三公・九卿や侍中に特に任用したと考えられる。

「士王」考
―士燮神格化までの過程と評価の変遷―

川手　翔生

はじめに

筆者は、北部ベトナム地域が中華世界の最南端として組み込まれた時代（北属期）、中国史でもベトナム史でもなく、「嶺南地域史」という一体の歴史世界が千年以上も存続していたという実態を前に、これがどのようにして形作られ、どのようにして分裂したのか、また、中越双方からどのように評価されてきたのか、という点について、これを明らかにすべく検討している。[(1)]

中国諸王朝に対して叛服常ならぬ嶺南地域の歴史上、一時の安寧をもたらした士燮（一三七～二二六）という人物がいる。彼の祖先は魯国出身で、王莽の帝位簒奪に伴う混乱を避け嶺南地域へ逃れた（嶺南士氏の始まり）。士燮は嶺南士氏の七代目当主である。大儒としての名声を聞き、多くの人士が中原の混乱を避けて嶺南地域へ渡った。また彼は、情勢不安の間隙を衝き、地方制度を利用する卓越した外交手腕により、肩書きは一太守ながら、一時は嶺南地域一帯（広東・広西・北部ベトナム）を事実上支配した。[(2)]その権勢は新末後漢初の「群雄竇融」（袁徽評）、「南越国王趙佗」（陳寿評）に比肩するものと評され、城を出入りする際の行列は荘厳で、道の両脇には数十人の胡人が焼香していたという。二一五年の孫呉への帰順以降は、南中豪族を孫呉に服属させたり、南海の珍産や西南シルクロードより得た軍馬を毎年孫呉へ贈るなどして忠誠を怠らず、二二六年に死去するまで嶺南士氏の既得権益を守り続けた(3)。

士燮を研究するに当たっては、大別して二つの視点が考えられる。一つは、『三国志』巻四九呉書士燮伝（以下、士燮伝）を中心とし、当時の士燮の事績が記された文献を踏まえ、彼による嶺南統治の実態を探るという視点。もう一つは、士燮という人物像が後世においてどのように受容されていったのかという視点である。先行研究(4)には、この点を切り分けずに士燮を論じたため、後世の評価と実態を綯い交ぜにして論述してしまっているものが多く、そのため、士燮が嶺南地域を儒学によって教化した人物であるかの如き結論に至っている。その点の是正については、すでに後藤均平氏(5)が行った他、筆者も前稿(6)にて中越双方の諸史料を用いて検討している。本稿は、前稿に引き続いて後者の視点から論ずるものである。

さて、ベトナム史上、中国諸王朝の支配に抗った人物(7)は、英雄視・神格化の対象とされ、尊崇を受けて来た。この中で、ベトナム人の英雄たちとともに、国家に貢献したとして礼賛され、ともすれば神格化された時期を有する漢人統治者も存在する。士燮もその一人である。たとえば、黎聖宗期の洪徳一〇年（一四七九）に編纂された、現存最古のベトナム王朝の正史である『大越史記全書』(8)（以下、『全書』）外紀巻三士王紀（以下、士王紀）に附された、編者呉士連の評価を見ると、

我が國の詩書に通じ、禮樂を習い、文獻の邦と爲るは、士王自り始まる。

とあり、呉士連は士燮に対し「士王」の尊称を用い、「ベトナム文学の祖」と評価を下している。また、呉士連評の他の記述にも見えるが、民衆や知識人階級からは「士王」もしくは「士王仙（僊）」などと呼ばれて崇敬を受けたり、陳朝期（一二二五〜一四〇〇）には国家により「嘉応善感霊武大王（善感嘉応霊武大王など、諸本により異同が見られる）」なる神号を与えられている。本稿では、朝廷・民間社会問わず、士燮を「王」と呼称する評価を指して「士王」評価と呼ぶこと

にする。

だが、士燮伝に見える士燮の経歴からは、「ベトナム文学の祖」という評価や「士王」評価を見出すことはできない。この二つの評価の内、後者については、「士王」などの呼称・神号の類がどのようにして形成され、どのような形でベトナムへと受容されていったのかなどに関して、紙幅の都合上、検討することができなかった。この点については、やはり後藤氏(9)が先鞭を付けているものであるが、その検討は、ベトナム史上における士燮の位置づけを論ずるという論旨から、「士王」評価のベトナム社会における受容が主軸となっており、その淵源や形成過程については、明確な根拠を提示しきれていないように思われる。

そこで、本稿においては、「士王」評価がいつ頃ベトナム側文献に登場するのかを確認した後、その成立過程を追うために、士燮関連説話について比較検討を行った上で、その後のベトナムにおける受容推移について、前稿にて触れることのできなかった新史料を用いて考察を加えたい。

第一節　ベトナム側文献における「士王」評価の登場

ベトナム側の文献において、士燮を「王」と表現する最古のものとして、以下の二例が挙げられる。

燮、字は彦威《ママ》、蒼梧廣信の人。……魏の黄初七年、王薨ず、壽九十、治に在ること四十餘年。
（撰者不明『大越史略』(10)巻上・歴代守任条）

士王、能く寛厚を以てし、謙虚にして士に下り、人の親愛を得、一時の貴盛を致す。又た能く義を明らかにして時を識り、才勇は趙武帝に及ばざると雖も、事大に屈節し、以て疆土を保全し、智と謂う可し。惜しむらくは、其の嗣子先業を負荷するに克てず、越土の字をして既に皆な全盛せしむるも、復た分裂す。悲しいかな。（『全書』士王紀）

前者は、ベトナムの編年体史書の『大越史略』である。その原本自体は散逸してしまっているが、幸いにして『四庫全書』載記類に『越史略』の名で収録されている。内容としては、南越国などを含むベトナム上古の時代から李朝期（一〇〇九年～一二二五年）の事績を叙述している。山本達郎氏[11]は、属明期（明朝によるベトナム占領期、一四〇七～一四二七）に各種文献が中国側へ渡った際、『大越史略』もまた中国王朝の知る所となったとする。その成書年代については諸説あるが、概ねその原型を陳太宗期（一二二五～一二五八）に編纂された陳周普『越志』（佚書）に求めている。[12]

『大越史略』の内、北属期の太守・刺史などの事績について簡潔に記した「歴代守任」という綱目の中に士燮の事績も記されており、その内容はおおよそ士燮伝のそれに等しい。しかし、士燮の名を表記する際、前半こそ「燮」とするが、士燮の死を記した箇所以降は「王」としている。歴代守任条は、北属期に太守や刺史、節度使としてベトナムの地を統治した人物について列記するが、その中で「王」と呼称されているのは士燮のみである（漢人全体で見れば、南越歴代君主が「趙紀」として別に項目を立てられ、「帝」や「王」と呼称されている）。歴代守任条に含まれていることから、当時の公式見解として彼をベトナム歴代君主の一人に据えることはできなかったことがわかるが、後半部の「王」表記に「士王」評価の片鱗を見ることができる。

一方後者は、前述の『全書』に引用された、黎文休の按語である。黎文休は、一二七二年に編纂され、『全書』のプロトタイプとなった、ベトナム最初の正史である『大越史記』の編者で、本書は散佚してしまったものの、幸いにして呉士連によって按語が『全書』に収録された。そこでは「士王」が時勢をよく推し量ってベトナムに安寧をもたらしたことなどが記され、その功績を讃えている。前者と異なり、完全に「王」表記に統一されており、その浸透具合を窺うことができる。

なお、後藤氏[13]は「士王」という呼称について、前述の陳寿評が趙佗に比肩するものとしているため、これと整合性を取るべく、「帝」に比肩する存在として「王」を冠したのではないかとする。士燮が「王」とされた理由としては、他に史料を探すことができない以上、ひとまずこれに従う。

これらの「士王」評価の明確な根拠を指摘しているのが、一三二九年、陳朝に仕える官吏の李済川により編纂された『越甸幽霊集』(14)である。本書は、各篇が略伝・霊験・称号付与の記録という体裁を採った神話小説集であり、陳朝における国家祭祀の記録でもある。その中の一篇である「嘉応善感霊武大王」には、

> 又た『報極傳』を按じて云う、「王、攝養を善くす。王薨ぜし後、晉末に至り、凡そ一百六十餘年、林邑入寇し、王陵の冢を掘る。王の體壞たれず、面色生くるが如くを見、大いに懼れ、復た埋む。土人以て神と爲し、廟を立て之を祀り、呼びて士王仙と爲す。唐の咸通中（八六〇～八七四）、高駢《べん》、南詔を破り、其の地を經過し、一異人に遇う。面貌熙怡、霓裳羽衣にして、道を遮り相接す。高王之を悦び、延《ゆ》きて幕中に至り、與に語るに、皆な三國の時の事なり。門を出て相送り、忽ち見えず。高駢怪しみて問うに、土人、王陵を指して對うるを爲し、嗟訝《さげん》して已まず。吟じて曰く、「魏呉の初め自り後、今は五百年、唐の咸通八載（八六七）にして、幸いにも士王仙に遇う」と」と。陳（朝）の重興元年（一二八五）、敕して「嘉應大王」に封ず。四年（一二八八）、「善感」の二字を加う。興隆二十一年（一三一三）、「靈武」の二字を加う。

とある。『報極伝』というベトナム側の史料を引用する形で、民衆より「士王仙」として崇拝の対象となるに至る背景が記述されている。また、唐末の八六七年、安南都護高駢が士王仙に遭遇し、これに感銘を覚えて詩を吟じたこと、そして最後に、陳朝が公式に士燮を国家祭祀の対象としたことが記されている（以下、右の説話を『報極伝』説話と呼称）。

この内、陳朝期における神号付与については、すでに後藤氏(15)が見解を述べている。それによれば、三回行われた付与の時期には、ベトナムの英雄である李仏子（前李朝第二代皇帝）や馮興（反唐の兵を挙げた人物）などに対しても、それぞれ神号が付与されており、その理由として、同時期に元朝の遠征軍を撃破しており、その危機的・昂揚的状況と関係があるのではないかとしている。

『報極伝』という、おそらくはベトナム国内の様々な説話を集めたと思われる小説集は、このような引用を除いてはその内容を窺い知ることのできない文献である。ただ、『報極伝』説話を踏まえた上で、陳朝期に「嘉応善感霊武大王」なる神名を与えられたことから、その成書年代を、最初に神名を冠された一二八五年以前と見ることは誤りではないだろう。この『報極伝』説話は、前述した『全書』にもほぼ同文のものが引用されており、『大越史略』や『大越史記』も、おそらくは『報極伝』説話を踏まえて士燮を「王」としたものと思われる。

そこで次節では、この『報極伝』説話がどのようにして成立したかについて、魏晋南北朝期の志怪小説集に収録された士燮関連説話二例との比較から検討し、「士王」評価の源流を追ってみたい。

第二節 「士王」評価の成立過程

(1)「董奉」説話

最初に検討する士燮関連説話は、晉・葛洪『神仙伝』「董奉」に収録されたもの(以下、「董奉」説話)である。『神仙伝』は、個人の事績を「伝」という形でまとめる作品が数多く編まれる中で、神仙の存在を事実として疑わない神仙信仰を奉ずる人々により、その実在を証明するために編まれた「仙伝」の代表的著作である。神仙に至る方法と神仙的世界観を描き出すことを目的とした「仙伝」の中でも、特に後世の神仙思想に多大な影響を与えた著作として知られる。[16]

原本は早い段階ですでに失われており、現行本は、明・何允中『広漢魏叢書』(その後、修訂版として清・王謨『増訂漢魏叢書』所収『神仙伝』(以下、漢魏本)を底本としている。これは『太平広記』などの書物からの輯本であるが、すでに原作からかなりの改変が加えられていることが指摘されている。[17]また、『四庫全書』所収の明・毛晉刊本『神仙伝』(以下、四庫本)も存在する(毛晉刊本自体は散佚)。これもまた輯本であるが、漢魏本と比べるとより緻密で、少なくとも仙伝の配列は古い形態を留めているとされる(18)。

「董奉」説話は二系統に大別される。一つは、士燮伝の裴松之注引『神仙伝』(以下、裴本)、もう一つは、『太平広記』神仙一二・董奉条(以下、太平本)である。裴本の内容は以下の通りである。

葛洪の『神仙傳』に曰く、「燮、嘗て病死し、已に三日。仙人の董奉、一の丸薬を以て與え服さしめ、水を以て之に含ませ、其の頭を捧《かか》え搖らして之を消さしむ。食頃にして、即ち目を開き手を動かし、顔色漸く復す。半日にして能く起坐し、四日にして復た能く語り、遂に常に復す」と。奉は、字は君異、侯官の人なり。

士燮が病死した際、董奉が彼に丸薬を一つと水を与えると、数日で復活した、というものである。裴本の内容は原本の内、士燮に関連する箇所の冒頭部分を節録したものであると考えられる。その理由として、『三国志』巻六三呉書呉範劉惇趙達伝の評の裴松之注に見える、裴松之の『神仙伝』に対するスタンスが挙げられる。

臣松之以爲えらく、葛洪の記す所、近く衆を惑わすを爲すも、其の書文頗る世に行わる。故に數事を撮取し、之を篇末に載するなり、と。神仙の術、詎《なん》ぞ測量す可けんや。臣の臆斷するに、以爲らく衆を惑わすは、所謂、夏蟲の冷冰を知らざるのみ。

裴松之は『神仙伝』について、民衆を惑わすものではあるが、広く流布しているため、ひとまずいくつか篇末に載せたとし、その内容を「井の中の蛙」と同様の表現をもって侮蔑している。このようなスタンスであるから、その内容をひどく簡易に省略したとしても不思議ではないと考える。他の列伝の注に引用された『神仙伝』にしても、たとえば、『三国志』巻三二蜀書劉備伝の裴松之注引『神仙伝』では、劉備が吉凶を尋ねた仙人・李意其について記されているが、現行本のものと比較すると、その文章量の違いは一目瞭然である。ただし、その内容は太平本の冒頭部分とほぼ同内容であるため、特にこれを切り捨てて考えるものではない。

一方、太平本の内、士燮に関連する部分では、次のような内容になっている。

又た杜燮《ママ》、交州刺史と爲り、毒を得て病死す。死して已に三日。奉、時に彼に在り、乃ち往き、薬三丸を與え、内るに口中に在り、水を以て之を灌《すす》ぎ、人をして其の頭を捧《かか》え擧げ、搖らして之を消さしむ。須臾にして、手足動くに似たり、顏色漸く還る。半日にして乃ち能く起坐し、後四日にして乃ち能く語る。云わく、「死せし時、奄忽《えんこつ》として夢の如し。十數の烏衣の人來るを見る。燮を收えて車に上げて去る。大なる赤門に入り、徑《ただ》ちに以て獄中に付せらる。獄は各〻一戸にして、戸は纔《わず》かに一人を容るのみ。燮を以て一戸の中に内れ、乃ち土を以て外從り之を封じ塞ぎ、復た外光を見ず。忽ち戸外の人の言えるを聞くに、云わく、「太乙、使を遣わし來りて杜燮を召さしむ」と。又た其の戸の土を除かんとするを聞き、良久にして、引き出さる。車馬・赤蓋有り、三人共に車上に坐するを見る。一人は節を持し、燮を呼びて車に上らしめ、將に還りて門に至らんとして覺む」と。燮、遂に活《よみが》える。因りて起謝して曰く、「甚だ厚恩を蒙れり。何ぞ以て効に報いん」と。乃ち奉の爲に樓を庭中に起つ。奉、他物を食わず、唯だ脯棗を啖らい、少しく酒を飲むのみ。燮、一日に三度之を設く。奉、來る毎に飲食し、或いは飛鳥の如く、騰空して來りて坐し、食らい了るや飛び去り、人每に覺らず。是の如きこと一年餘、燮に辭して去らんとす。燮、涕泣して之を留むるも住《とど》まらず。燮問う、「何所に之かんと欲す。大船を要すること莫しや否や」と。奉曰く、「船を用いず、唯だ一つの棺器を要するのみ」と。燮、即ち爲に之を具う。明日の日中時に至り、奉死す。燮、其の棺を以て之を殯埋す。七日後、人の容昌從り來る有り、奉に囑されて云わく、「爲に燮に謝す。好く自愛し理めよ」と。燮、之を聞き、乃ち殯を啓き棺を發きて之を視、唯だ一帛存するのみ。一面は畫きて人形と作し、一面は丹書して符と作す。

その内容をまとめると以下のようになるだろう。

①交州刺史（史実では交阯太守）の杜燮（士燮の誤り）が毒死した。その三日後、董奉が現れて彼に三つの丸薬と水を与えた。

②しばらくすると士燮は話せるようになった。彼が言うには、黒衣を纏った人が数十人現れ、彼を車蓋の無い車に乗

せた。彼は一人入れる程度の獄中に入れられ、出口を土でふさがれてしまった。しばらくして外から「太乙が使者を遣わし、士燮を連れてこいと言われた」と話す声が聞こえ、牢屋の前の土が除かれ出獄した。そこには赤い車蓋の馬車と三人の御者がおり、節を持った一人に呼ばれて車に乗せられ、門に到達した所で目が覚めた。

③復活できたことに感謝した士燮は、董奉のために高楼を建てるも、董奉はただナツメと少量の酒を飲食しては鳥のように飛び去ることを繰り返した。

④一年余り後、董奉は去ろうとし、士燮は泣いて彼を留めようとした。董奉は棺桶を求め、翌日に死んだ。士燮は彼に与えた棺桶に入れて葬った。

⑤七日後、容昌（おそらく蕩昌の誤り）[19]という土地から来た人より董奉からの伝言を聞き、士燮が棺桶を開くと、そこには人形を描いたり符として朱書きされた帛が一枚あるのみだった。

「董奉」説話の中で特に着目すべき点は、裴本・太平本双方に共通する、士燮を復活させたという「丸薬」と「水」についてである。葛洪は、『抱朴子』内篇巻四金丹に、

然らば則ち此の二事（還丹・金液）は蓋し仙道の極みなり。此れを服して仙たらざれば則ち古来仙無からん。

とあるように、仙薬を服用することで昇仙をはかる「煉丹」（外丹）を重視した[20]。実際、原料となる辰砂を求めて交阯郡に赴任しようとするなど、彼の仙薬に対する想いは強く、「董奉」説話もまた、このような葛洪の思惑が反映されたものと推測される。

また、「丸薬」と「水」を与えるという手法は、仙人になるための儀式である「尸解」の一種に類似している。北宋・張君房『雲笈七籤』巻八五尸解部二所収「太極真人飛仙宝剣上経叙」には、「屍解之法」の一つとして「兵解」と呼ばれる手法が次のように記されている。

一丸を以て水と和えて之を飲み、木を抱きて卧さば、則ち他人已に空室中に傷つきて死するを見る、之を兵解と謂う。

これによれば、丸薬を水とともに飲み、しかる後に木を抱いて寝ると、屍解を行った人が空き部屋の中で傷ついて死んでいるのを見ることとなるという。儀式を行った者が死ぬというのは、「尸解仙」として昇仙に成功したということであろう。「董奉」説話において、士燮が昇仙したという記述は見られないが、士燮が死んでいる間に見たと話す光景の中には、昇仙やこれに必要な丸薬との関連を示す語が見える。たとえば、獄中の士燮を連れてくるように要求したという「太乙」である。その存在自体は、言うまでもなく古来より天の中心に位置する星官であり、またその神格とされてきたものとして良く知られているが、『抱朴子』内篇・金丹においては、金丹を生成するための祭事においてこれを監視する神々（太乙・元君・老君・玄女）の一柱とされている。つまり、「太乙」もまた丸薬と関連性が強い存在であり、そのために「董奉」説話において登場したものと思われる。

では、この「董奉」説話はどのような形で『報極伝』説話に組み込まれていったと考えられるだろうか。両者が影響関係を持っているという指摘は、すでに後藤均平氏によって為されているが、特に具体的な論拠を示しているわけではない。そこで、改めて『報極伝』説話を見てみると、士燮は「士王僊」と呼ばれて現地住民より神格化されており、高駢が彼に遭遇した際には「面貌熙怡、霓裳羽衣」という仙人然とした姿で現れている。すなわち、「董奉」説話によって尸解仙の諸要素を付された士燮の姿が、裴松之の言う「葛洪の記す所、近く衆を惑わすを爲すも、其の書文頗る世に行わる」という状態が表す通り、現地住民に広く流布した結果、士燮自身が完全に昇仙したという説話に変化し、それが「士王僊」の形で現れたのではないかと考えられるのである。

（2）「蒼梧王墓」説話

「董奉」説話とは別に、もう一つの士燮関連説話が、南朝宋・劉敬叔『異苑』「蒼梧王墓」に収録されている（以下、「蒼梧王墓」説話）。民間の奇怪な話などを収録した六朝志怪小説の一つである『異苑』は、四四〇～四五〇年頃に著されたとされ、博物的な話題や人の死の予兆、民間信仰に関する記述が多いのが特徴であり、全体的に短い話から構成されている。通行本は、万暦一六年（一五八八）、胡震亨が臨安において宋代の『異苑』の版本を入手し、友人の沈汝納とともに百余字の題辞を加え、『秘冊匯函』という類書に引用したもの（秘冊匯函本）を底本とする。その内容について『四庫全書総目提要』が、「疑うらくは、已に佚脱竄亂する所有るを免れず」としているように、南朝宋の高祖の諱を用いたり、説話に国号を付している点から、多少の改竄や脱文があることを指摘しているが、その一方で、「其の大致を核《しら》ぶるに、尚お完整爲り」としてその完成度の高さに対して賛辞を述べている。(21) 前者の問題点について大橋由治氏(22)は、類書に引用する際、必要に応じてそれぞれの説話に国号などを付加した結果とする。

さて、この説話は次のように非常に短いものとなっている。

蒼梧王士燮、漢末に交趾に死し、遂に南境に葬らる。而るに墓は常に霧を蒙り、靈異恆ならず。屢〻離亂を經、復た發掘せられず。晉の興寧中（三六三〜三六五）、太原の溫放之、刺史と爲り、躬ら乘騎し往きて之を開く。還り、即ち馬より墜ちて卒す。

「蒼梧王」士燮の墓の周辺では、不可思議な現象が発生し、異様な状態であった。騒乱の中でしばらく盗掘を受けなかったが、東晉の興寧年間に、交州刺史温放之が墓を発くと、帰る途中落馬して死んだ、というものである。

説話について検討する前に、士燮の墓の位置について確認しておきたい。士燮墓は蒼梧郡と交阯郡の二箇所に存在したとされる。前者は『古今図書集成』方輿彙編・職方典・梧州府部・彙考・陵墓附に、「漢の太守士燮の墓。（梧州）府城西北四里に在り」とあり、後者は清・唐景崧『請纓日記』に、「呉の士燮、北甯《バクニン》に在りて墓有り祠有り」とある。「蒼梧王墓」説話における墓は、「漢末に交趾に死し、遂に南境に葬らる」とあるので、後者の位置にあるものを指すのであろう。ちなみに後者に関しては、現在もベトナムのバクニン省トゥアンタイン県にある士燮廟の敷地内に存在する。

さて、「蒼梧王墓」説話には特異な点がいくつか見受けられる。まず、「蒼梧王」という士燮に対する呼称である。漢人である劉敬叔が、交阯太守という肩書きと実態は異なっていたとは言え、士燮を「蒼梧王」という王号で呼ぶことは考えにくいことである。『異苑』のほかに、中国側史料において彼を王号で呼ぶものは無い。

ならば、この呼称はどのようにして生まれたものなのだろうか。「蒼梧」は、いわずもがな士燮の出身地である蒼梧郡に由来するものであるだろう。すでに筆者の検討により、中国側から士燮を評価する際、その多くは彼を「蒼梧（梧州）の賢人・英雄」として賞賛していることが判明している。(23) つまり、王号に「蒼梧」という地名が冠されること自体は理解しやすい。

では、王号についてはどうであろうか。『異苑』の記述のすべてが志怪で構成されていることを踏まえると、この「蒼梧王」もまた民間に流布した呼称であったと考えるのが自然であろう。士燮伝にも見えるように、士燮は「百蠻を震服せしめ、その威容は「尉佗（趙佗）も踰ゆるに足ら」ずと評価されており、このような評価が現地の民衆をして「蒼梧王」と呼ばせたのだと推測される。つまり、嶺南地域住民による「士王」評価は、実際に「士王」という呼称が登場するよりもだいぶ以前に遡ることができるだろう。

次に問題となるのは、墓が盗掘を受け、盗掘者が死亡したという結末についてである。大橋氏(24)はこの現象について、亡魂が墓にとどまっていたためとする。大橋氏の論に史料的補足を加えて説明すると、本来であれば、墓は遺体を葬る場所で、魂は別に宗廟を設けて祀るものである。しかし、『続漢書』祭祀志下に、

古は墓祭せざるも、漢の諸陵皆な園寝有り、秦を承くる所の爲めなり。

とあるように、漢代には陵墓の傍らに「園寝」と呼ばれる祭祀用の建物が造られ、墓祭が行われており、これは秦制を受け継いだもののようである。「園寝」のように、陵墓の側に寝殿を設ける行為は、『漢書』巻二五郊祠志下に、

後に韋玄成、丞相と爲り、議して郡國廟を罷め、太上皇・孝恵帝自りの諸園の寝廟皆な罷む。後に元帝寝疾し、神靈の諸廟祠を罷むるを譴むるを夢み、上遂に焉を復す。後に或いは罷め或いは復し、哀・平に至るも定まらず。

とあるように、廃止されては復活するということを繰り返しており、漢代においては不安定な状態であったが、『宋書』巻一五礼志二に、

文帝の黄初三年（二二二）に至り、乃ち詔して曰く、「古は墓祭せず、皆な廟を設く。高陵上殿屋皆な毀壊し、車馬厩に還し、衣服府に藏め、以て先帝の倹徳の志に従わん」と。文帝自ら終制を作るに及び、又た曰く、「壽陵は寝殿を立つること無く、園邑を造らん」と。自後今に至るまで、陵寝遂に絶つ。

とあるように、曹魏・文帝が自ら埋葬方法を定めるに至って廃止されることとなった。

ところが、同じく『宋書』礼志二に、

宋の明帝又た羣臣の初めて陵に拝謁するを斷ち、而して辭むこと故の如し。元嘉自り以來、毎歳正月、輿駕必ず初寧陵に謁し、漢儀を復すなり。世祖・太宗亦た毎歳初寧・長寧陵に拜す。

とあるように、南朝宋においては、元嘉年間（四二四～四五三）以来、明帝が廃止するまでこの祭祀儀礼は行われたという。つまり、『異苑』の成書時期には、陵墓を重視する祭祀儀礼が行われており、このことが墓中の亡魂による怪異な現象を生み出した。以上が、大橋氏の見解である。

これを補強するのが王子今氏[25]の盗掘行為に関する見解である。王子今氏は、「蒼梧王墓」説話を含むいくつかの盗掘記事を採り上げ、これを必ず何らかの報いを受ける忌むべき行為であったとする。宗廟ではなく陵墓そのものを重視する意識が、いつしか盗掘行為を戒める説話を生み出したのだと言えよう。

ところで、盗掘者とされている温放之についてだが、彼は実在する人物である。

交州刺史溫放之、兵を帥いて林邑の參黎・耽潦を討ち、竝びに之を降す。（『晉書』巻八穆帝紀・升平三年（三五九）条）

温放之は、東晉・明帝の近侍であった温嶠の長子である。彼は実際に交州刺史として赴任しており、林邑討伐に功績があった人物で、『晉書』巻六七温嶠伝附温放之伝によれば、

将たりて林邑を征するも、交阯太守杜寶・別駕阮朗竝びに従わず、放之、其の沮眾を以て之を誅し、兵を勒《おさ》めて進み、遂に林邑を破りて還る。官に卒す。

とあり、交州刺史に在任中、当地で死んでいる。温放之の当地での死という現実と、士燮の亡魂への畏敬の念が融合し、このような訓戒要素を含んだ志怪を生み出したと言えるのではないか。

さて、この「蒼梧王墓」説話を一目してわかる通り、その内容は『報極伝』説話の冒頭部と非常によく似ている。士燮墓が盗掘された結果、盗掘者に霊異を及ぼしたという点で、両者は同一の内容を持つ説話と言え、前者が後者に影響を及ぼしているとするのも不思議ではないだろう。また、盗掘時期も同じ東晉期であり、年数にもそれほどの差異はない。

ただ一方で、両者には特筆すべき違いも見受けられる。まず、士燮墓を盗掘した人物の違いである。「蒼梧王墓」説話では交州刺史の温放之とされていたのが、『報極伝』説話では「林邑（チャンパ、占城とも）」となっている。この変化については、ベトナム諸王朝の領域たる北部ベトナム地域が、たびたびチャンパの侵略を受けていたことによるものだと推測される。例えば、『全書』本紀巻七・紹慶二年（一三七一）条には、

閏三月、占城入寇し、大安海門由り京師を直犯す。游兵、太祖津へ至り、帝、舶に移り東岸江を過ぎ之を避く。二十七日、賊、城に亂入し、宮殿を焚毀し、女子を虜掠して錦に至り以て歸る。

とある。これによれば、チャンパ軍は都昇竜を侵略し、陳芸宗が都落ちする事態に陥り、結果都城は焼き払われ、女子は多く略奪されたという。陳朝とチャンパとの攻防が最も激しくなった時期の記事であるが、これ以外にも、北属期の頃よりすでにチャンパの侵攻は繰り返されており、北部ベトナム地域とチャンパとの戦いの歴史は根深く、生活を脅かすチャンパに対するベトナム人の心象が良いはずがない。

それに加え、「蒼梧王墓」説話における温放之の末路について、ある種の忌避感情が影響しているとも考えられる。

前述したように温放之は林邑討伐で功績を挙げた武将であり、チャンパに苦しめられたベトナム人にとっては、喝采を送るべき相手であろう。それ故、盗掘した末に祟りを受けて落馬したとする「蒼梧王墓」説話の記述を嫌い、意図的に変更したものとも推察されるのである。

次に、「蒼梧王墓」説話には見えなかった、士燮の遺体の描写がなされている点に注目したい。「蒼梧王墓」説話では、社会通念に反した行為をした者に罰を与え、民衆を畏怖させる士燮像が見られた。一方、『報極伝』説話では、士燮の墓や遺体は霊異ではなく、「生くるが如く」であったという一種の神仙性を纏っている。この点については、第一に、信仰する対象の違いという要因が考えられる。「蒼梧王墓」説話では、あくまでも墓中にとどまる亡魂への畏怖、盗掘行為への戒めが主眼に置かれ、士燮個人の性格や事績とは全く関連しないものであり、言ってしまえば対象は士燮で無くとも成立する。ところが、『封極伝』説話では、まず「攝養を善くす」として士燮個人の頑健さが記され、次いで士燮の遺体が生けるが如くであったことが述べられている。つまり、後者には士燮個人への信仰が見受けられるのである。

第二に、現地住民の士燮に対する見方の違いに起因するものだとも考えられる。「蒼梧王墓」説話の段階では、士燮は「畏怖」の対象であったのに対し、『報極伝』説話の段階では、士燮は明確に「士王仙」として神格化される「崇敬」の対象となっている。士燮が敬うべき神とされたという事実に結びつけるため、その記述は神仙性を強調するものとなったのだろう。「士王仙」という呼称も、「董奉」説話でも関連づけた、高駢と遭遇した際の「面貌熙怡、霓裳羽衣」という仙人然とした出で立ちも、まさしく神仙性の描写そのものである。

第三に、前述したチャンパに対する民族感情も絡んでいると考えられる。現実の生活を脅かすチャンパ人の暴威を、面妖な霊異ではなく、生気に満ちあふれる神々しさで退ける存在としての士燮像は、ベトナム人が信仰する対象としてわかりやすいものだったのではないだろうか。

最後に、中国側のその他の類似する説話の影響を受けている可能性も指摘される。同じように遺体が「生くるが如く」

であったという事例はしばしば中国側の史料でも見受けられる。

黄初末、呉人、長沙王呉芮の冢を發き、其の塼を以て臨湘に孫堅の爲に廟を立つ。芮、容貌生くるが如く、衣服朽ちず。
（『三国志』巻二八魏書諸葛誕伝・裴松之注引『世語』）

（劉）表の死後八十餘年、晉の太康中、表の冢發かるる。表及び妻の身形生くるが如く、芬香數里に聞こゆ。
（『三国志』巻六魏書劉表伝・裴松之注引『世語』）

右の二例は、いずれも裴松之注の引く『世語』が伝える、盗掘を受けた遺体が「生くるが如く」であったことを示す記事である。前者は、前漢の長沙王呉芮の墓をとある呉人が曝いた際、呉芮の遺体が「生くるが如く」であったことを、後者は、後漢末の荊州牧劉表の墓がやはり盗掘され、劉表とその妻の遺体が「生くるが如く」であったことを、それぞれ伝えている。士燮の事績を著す以上、『報極伝』の撰者は『三国志』を読んだと考えるのが自然であり、その際にこれらの類似した遺体描写を持つ記事を参照した可能性は十分にあるだろう。

また、「生くるが如」き遺体は実際に我々にその姿を見せている。湖南省長沙市にある馬王堆漢墓一号墓から、一九七二年の発掘調査により、二号墓の被葬者である利蒼の夫人・辛追の遺体が発見されたが、その遺体は腐食を遅らせる物質を含んだ液体に浸かっており、「生くるが如く」（「湿屍」）であった[26]。こうした遺体への防腐処理が士燮にも施されており、盗掘者を驚かせたことが説話成立の背景にあるとも推測できる。

ここまでの検討により、ベトナムに「士王」呼称が表れる以前から、すでに士燮へ神仙性を付与し得る土台となる説話が存在しており、これに士燮を「王」と礼賛する民衆心理を表した説話が組み合わさり、さらに当時の北部ベトナムの社会情勢や他の類似説話が影響し、『報極伝』説話が成立したと推測される。そしてこの説話を根拠とし、士燮は国家を守護する神格となり、やがて正史に独立した項目を立てられるに至るのである。

第三節　その後の「士王」評価―紅河デルタ地域の城隍神たる士燮像―

では、その後ベトナムではどのように「士王」評価が受容されていったのだろうか。序文に述べた通り、『全書』の編者呉士連は、「士王」評価を継承しつつ、新たにベトナムを儒学によって教化した人物という評価（以下、教化者評価）を付与している。この教化者評価の淵源とその後の展開については、前稿[27]において検討したものであるが、ここでは、再度この点について簡潔にまとめておきたい。

筆者は、ベトナム側に対して教化者評価を受容せしめたのは、『宋史』巻四八八外国四・交阯条に見える、北宋・太宗による以下の制書であると考えている。

是の歳（雍熙三年（九八六））の十月、（北宋の太宗）制して曰く、「……権知交州三使留後黎桓（前黎朝初代皇帝）、義勇を兼資し、特に忠純を稟え、能く邦人の心を得、彌く藩臣の禮を謹む。往者、丁璿（丁朝二代皇帝）方に童幼に在り、撫綏に昧し。桓、乃ち肺腑の親にして、軍旅の事を専掌し、號令して自ら出で、威愛幷行す。璿、盡く三使の権を解き、以て衆人の欲するに狥う。遠く誠款を輸し、節旄を領するを求む。士燮彊明にして、越俗を化し咸な乂《おさ》む。尉佗恭順にして、漢の詔を稟くるに以て違うこと無し。宜しく元戎の稱を正し、以て通侯の貴を列ね、夷落を控撫し、天休を對揚すべし。……」と。

その内容を見ると、すでに前黎朝を建立しつつ、北宋に朝貢を求める黎桓に対し、士燮が現地の風俗を教化してよく統治し、趙佗が漢朝に対して従順であった故事に照らして、あくまでも宋朝の臣として現地を統治するように諭している。筆者は、この制書が『全書』本紀巻一・天福七年（九八六）冬十月条に、ほぼ同文のものが収録されていることから、これを教化者評価のベトナムにおける淵源と見ている。また、呉士連がこれを容れた理由として、儒教偏重政治を行った黎聖宗の意向を反映させたためと結論づけた。

その後長期間に渡り継承されていくこととなるこうした士燮像も、『全書』の版本の一つである「西山本」（一八〇〇年刊行）以降、正史上では途切れることになる。「西山本」では、士燮の事績が記された項目の名が「士王紀」から「内属東漢紀」と改められ、他の後漢時代の歴史にまとめられている。その理由について、「西山本」の編者である西山朝期の史官呉時仕は、ベトナムを実際に教化したという根拠の不足や、他の教化者（後漢初期の九真太守任延など）が立伝されていないことなどを挙げている。また、阮簡宗期の建福元年（一八八四）に編纂された正史である『欽定越史通鑑綱目』では、士燮の事績そのものが削除され、編者潘清簡は、呉時仕とほぼ同じ削除理由を挙げている。

こうして「士王」評価はベトナムから完全に消え去ってしまったかに思われたが、前述の『越甸幽霊集』や『嶺南摭怪』といった説話集における後代の版本や、漢字・チュノム混交文（漢喃文）の歴史長編詩である『大南国史演歌』、そして『天南四字経』・『啓童説約』といった漢文教育用の初学テクストなど、士燮の根拠地たるバクニン省を中心とした紅河デルタ地域において、主に知識人層を中心として支持され、存続し続けたのである。そして、現在においても

表1　士燮に関連する神蹟

	神蹟名	現在地	呼称	年代
①	羅石総羅石社神蹟	ハノイ市	保忠大王	洪福元年（一五七二）
②	知止総黄流社東村上村神蹟	ハノイ市	嘉応善威霊武士王	不明
③	寿域社神蹟	ハノイ市	当境城隍聖文神武	不明
④	美舎社米豆村神蹟	ハノイ市	済世護国大王	洪福元年（一五七二）
⑤	河尾社神蹟	ハノイ市	神名記述されず	洪福元年（一五七二）
⑥	車幕総安排社神蹟	ヴィンフック省	南邦学祖士王仙	洪福二年（一五七三）
⑦	彭舎社神蹟	ハイズオン省	当境大都城隍士王上等霊神	洪福元年（一五七二）

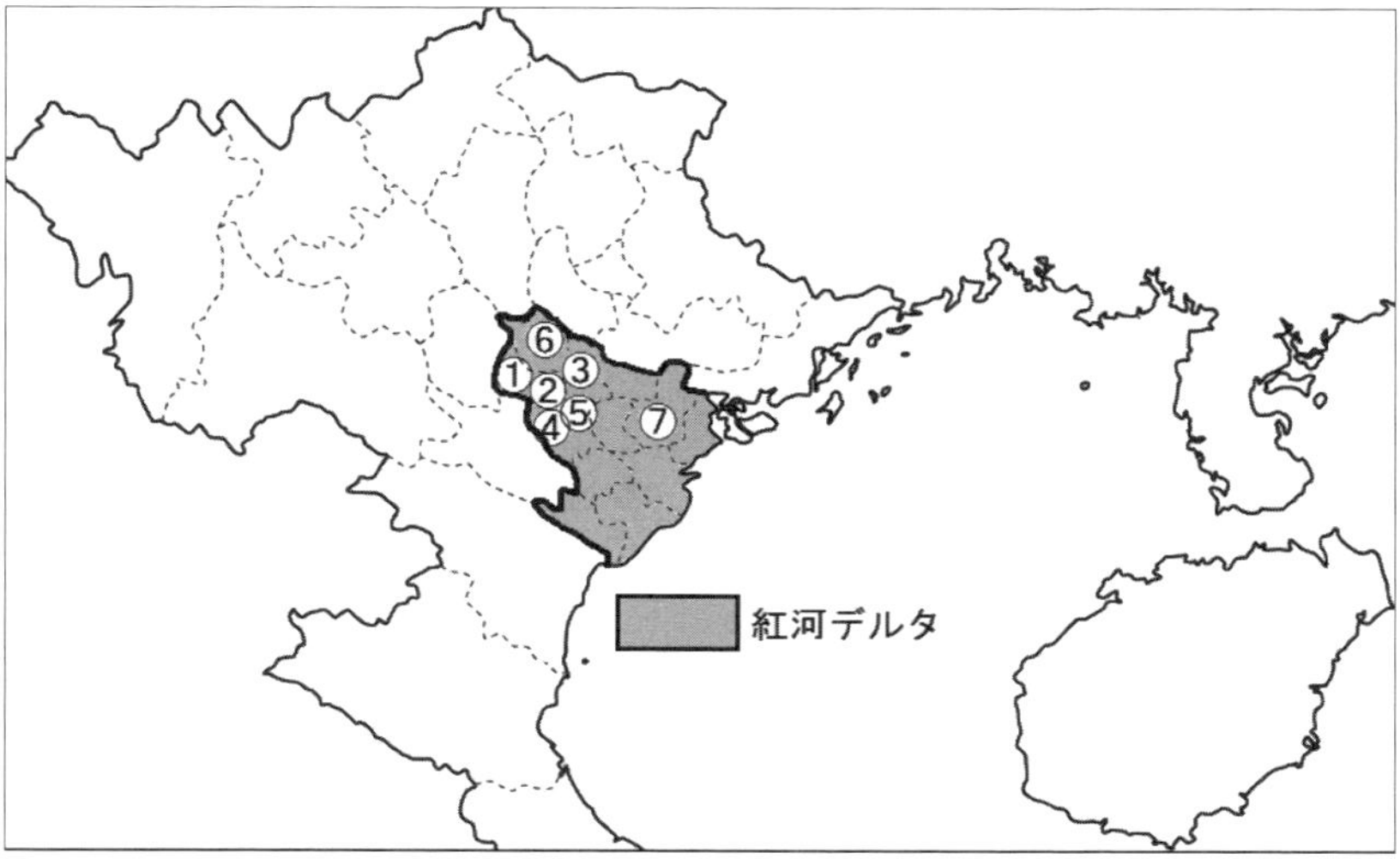

図1　士燮関連神蹟分布図

なお、龍編城跡地にある士燮廟において、毎年士燮を祀る祭事が執り行われ、士燮は「ガイ（閣下）」と呼ばれて現地住民より親しまれているのである。(28)

こうした「士王」評価の変遷の中において、各村落の城隍神について記された神蹟の内には、士燮に城隍神としての名前を与え、その事績を叙述したものが存在する。

表1は、ベトナム社会科学院ハンノム研究院図書館に所蔵された、士燮の事績が収録された神蹟をまとめたものである。(29)まず、神蹟が分布している位置について図1と見比べてみると、判明している七種の内、五種までもがハノイ市内にあった村落の城隍神について記された神蹟であり、残りの二種もまた、同じ紅河デルタ内のものであることがわかる。このことから、その信仰が、士燮の居城周辺に限られた極めて局地的なものであることが窺える。

次に編纂年代や編纂者について見てみたい。年代の特定できない②・③以外の五種に関しては、全て黎世宗最初期の洪福元年（⑤は洪福二年と記されているが、次の元号である嘉泰への改元までの空白期間を指すと考えられる）(30)に、翰林院東閣大学士（皇帝顧問官）の阮炳(31)によって編纂された神蹟である。他の神蹟を見てみると、数百種にのぼる膨大な量の神蹟が同時期に阮炳によって編纂され、そのほとんどが紅河デルタ地域に位置する村落のもので、その全てが都・昇龍城近辺であることがわかった。

洪福元年は、一五二七年に帝位を簒奪した莫登庸の建てた莫朝が、反莫朝勢力を率いる鄭松によって倒され、鄭松が傀儡だった黎英宗を殺害してその息子の黎世宗を即位させた年であり、都の情勢がまだ非常に不安定な年でもあった。そのような中で、おそらくは権力者の鄭松の意向で、阮炳に都周辺の神々を顕彰させたと推測される。

呉士連によって正式にベトナム歴代王朝の統治者として士燮が位置づけられてから、呉時仕によってそれが否定されるまで、「士王」評価を見ることができたのは、いずれも国家の意向により編纂されたものばかりであり、民衆レベルの「士王」評価は、呉時仕以降に編纂された地元の教科書レベルのものに一部見える程度のものであった。しかし、今回の神蹟の検討により、一六世紀後半以前にはすでに城隍神信仰として姿を変え、民衆レベルの「士王」評価が存在していたことを明確に示すことができた。こうした民間信仰は、前述した通り現在では士燮廟にて祭事が執り行われる程度となったが、⑤に関しては、阮朝期の嘉隆三年（一八〇四）の写本であるため、あるいはその頃まではまだ息づいていたのかもしれない。

むすび

本稿の検討により、「士王」評価の推移をまとめると、以下のようになるであろう。

①晉代、「董奉」説話が成立。士燮に昇仙に必要な要素が付与され、後の神仙性付与の淵源となる。
②東晉期までに、士燮は民衆によって「王」と称される。これより、南朝宋代に「蒼梧王墓」説話が成立。
③両説話を基に、北部ベトナム地域の社会情勢や他の史料との融合といった要因が重なり、「士王」評価の根拠とな

る『報極伝』説話が成立。

④一三世紀、元軍撃退などに対する記念の意味から、その他の英雄とともに、士燮は陳朝により国家祭祀の対象とされ、「士王」評価が国家により公認される。

⑤一四七九年、『全書』編纂。士王紀が立てられ、『宋史』由来の教化者評価が「士王」評価に付与される。

⑥いつの頃からか、紅河デルタ地域特有の民間信仰として、士燮は城隍神となる。一五七二年、権臣による皇帝弑殺という混乱の中、都周辺の安定のために、阮炳に城隍神の顕彰を目的とした神蹟を作らせる。

⑦一八〇〇年、「士王」評価が国家より否定される。ただし、文学作品や地元の教科書などには、その後も「士王」評価は生き続け、現在も士燮廟での祭事が行われている。

「士王」評価とは、嶺南地域の民間社会より生まれたものであり、やがて『報極伝』説話という形に編纂され、ベトナム諸王朝の思惑に沿う形に変容していった。一方で、北部ベトナム地域が分離した後も、残った嶺南地域では士燮を「蒼梧の誇る偉人」として神格化する動きが見られ、別の評価が生まれることとなる。前稿(32)では、前者を「交阯型士燮像」、後者を「蒼梧型士燮像」と名付けた。「士王」評価は、嶺南地域社会に共通する士燮礼賛感情の表れである。ベトナム側の史書に「士王」という呼称が見られるからと言って、これをベトナム固有の評価と見るならば、その本質を見誤ることとなる。

このように、「嶺南地域史」という視点は、国境線で切り分けた現地社会を統合し、そこに住まう人々の意識を復元することに効果的であると考える。「士王」評価をベトナム王朝が捨て去った後も、紅河デルタ地域社会はこれを保持し続けたように、民衆心理とは王朝の思惑に必ずしも迎合しない。だからこそ、国境線が出来る以前の地域区分を用いなければ、本来の現地社会の姿を引き出すことはできないのである。

今後も引き続き士燮という人物の意義を問い直すとともに、北属期における様々な事象に対しても「嶺南地域史」という基本視座から検討していきたい。

注

（1）吉開将人「歴史世界としての嶺南・北部ベトナム―その可能性と課題―」（『東南アジア―歴史と文化』三一・二〇〇二年）。筆者の言う「嶺南地域史」は、吉開氏の提唱された「嶺南と北部ベトナム全体を積極的に一つの歴史世界として見なす視点」を継承するものである。なお、現在の定義では北部ベトナムは「嶺南」から外れているが、適当な語彙が無いため、歴史用語としての「嶺南」を使用するものである。

（2）拙稿「嶺南士氏の勢力形成をめぐって」（『史観』一六九、二〇一三年）。

（3）拙稿「嶺南士氏交易考」（『史滴』三四、二〇一二年）。

（4）ここでは、士燮に関する代表的な研究についてまとめておきたい。山内晋卿「安南史上の一政権としての士燮」（『史淵』一一、一九三五年）は、嶺南士氏政権が、いくつかのベトナムの史書に見えるように真に自家独立を果たしていたのかについて検討し、その実態が単なる交阯太守に留まるものではないと指摘しつつ、独立政権と言うよりは単に支配基盤を守っていたにすぎないと論じた。後藤均平「士燮」（『史苑』三二―一、一九七二年）は、山内論文を支持し、後述する中国人研究者らによる「学術保護者・士燮」論に対し、士燮を頼った人士が結局地域に貢献していないという史実からこれに反駁しつつ、嶺南士氏政権を「土着勢力に支えられた土着的政権」とし、さらに本稿にて採り上げたように、「士王」評価の受容背景についても論じている。

士燮周辺の情勢把握に努めた研究としては、宮川尚志「三国の分立と交州の地位」（『東洋史研究』七―二・三、一九四二年）、尾崎康「後漢の交阯刺史について―士燮をめぐる諸勢力―」（『史学』三三―三・四、一九六一年）が、後漢末期の交州の情勢について論ずる中で、士燮をめぐる周辺勢力の動向についても考察している。

一方、中国人研究者による数多くの研究の中から、士燮を中心に扱うものを数点挙げておきたい。中国における士燮研究の先駆的存在である、蔣君章「士燮対交州的貢献―対越南政治文化最有貢献的漢官」（同『越南論叢』中央文物供應社、一九六〇年）は、『全書』などのベトナム側の史料に見える礼賛記事をもって、士燮を現実にベトナムの教化者と論じている。こうした姿勢はこの後の中国人研究者に共通して見られる。これ以外には、胡守為「士燮家族及其在交州的統治」（『学術研究』一一、一九九六年）が、嶺南士氏による嶺南統治について述べているが、史料の概観に終始してしまっているように見受けられる。また、邱普艶・李新平「士燮与儒学在交州的伝播」（『平頂山学院学報』二〇、二〇〇五年）が、蔣君章氏の見解をなぞるような形で、士燮をベトナムの教化者としている。このように、中国側からの士燮研究には実態解明に資するものはあまり見られない。

（5）後藤均平「士燮」（『史苑』三二―一、一九七二年）、七～一一頁。

（6）拙稿「ベトナムの教化者たる士燮像の形成過程」（『早稲田大学大学院文学研究科紀要』五九―四、二〇一四年）。

（7）後漢初期の反乱者である徴姉妹や、南朝梁代に独立した（前李朝）李賁などがこれに該当する。

（8）陳荊和『校合本大越史記全書』上（東京大学東洋文化研究所附属東洋学文献センター、一九八四年）に拠った。

（9）注（5）後藤均平前掲論文、一八～二五頁。

（10）陳荊和『校合本大越史略』（創価大学アジア研究所、一九八四年）に拠った。

（11）山本達郎「越史略と大越史記」（『東洋学報』三二―四、一九五〇年）、五三頁。

（12）注（11）山本達郎前掲論文、六八～七二頁、陳荊和「『大越史略』―その内容と編者―」（山本達郎博士古稀記念論叢編集委員会編『東南アジア・インドの社会と文化』下、山川出版社、一九八〇年）、一五〇～一五四頁。

（13）注（5）後藤均平前掲論文、一九～二〇頁。

（14）孫遜・鄭克孟・陳益源主編『越南漢文小説集成』二（上海古籍出版社、二〇一〇年）所収のフランスアジア協会図書館所蔵H.M.2119本に拠った。

（15）注（5）後藤均平前掲論文、二一頁。

（16）土屋昌明「仙伝文学と道教」（福井文雅他編『講座道教第四巻道教と中国思想』第二章、雄山閣出版、二〇〇〇年）、一六八～一六九・一七三～一七六頁。

(17) 福井康順『東洋思想の研究』「神仙伝考」（理想社、一九五五年）、亀田勝見「『神仙伝』再検討のために―諸本における仙伝の配列から見て―」（『中国思想史研究』一九、一九九六年）等。

(18) 土屋昌明「四庫本『神仙伝』の性格および構成要素―特に「陰長生伝」をめぐって―」（『東方宗教』八七、一九九六年）。

(19) 文献資料上、嶺南地域に「容昌」なる地名が見えるのは、明・劉基『大明清類天文分野之書』巻七・梧州府・普寧県条に、「漢の本合浦縣の地なり。晉析きて容昌縣を置く」とある箇所のみである。『宋書』巻三八州郡志四・越州・合浦太守条には、「蕩昌長、晉武（西晉・武帝）、合浦を分けて立つ」とあり、『大明清類天文分野之書』の記述と合致するため、「董奉」説話における「容昌」を「蕩昌」の誤りとするものである。唐・貞観元年（六二七）に容州が設置され、明・洪武一〇年（一三七七）に容県へと改称されたことが誤字の原因と考えられる。現在の広西壮族自治区玉林市容県。

(20) 吉川忠夫「抱朴子の世界（下）」（『史林』四七、一九六四年）八三一頁。

(21) 大橋由治「『異苑』素描」（『大東文化大学漢学会誌』三五、一九九六年）。

(22) 大橋由治「『異苑』訳注（一）」（『大東文化大学紀要〈人文科学〉』三九、二〇〇一年）。

(23) 注（6）前掲拙稿、一五四～一五五頁。

(24) 大橋由治「『異苑』に於ける音声説話―銅器・墓地・山川と太常職―」（『東方宗教』九〇、一九九七年）、五一～五三頁。

(25) 王子今「中国古代懲治盗墓行為的礼俗伝統和法律制度」（『重慶師範大学学報（哲学社会科学版）』二〇〇九年第三期）。

(26) 朱淵清（高木智見訳）『中国出土文献の世界』第八章馬王堆帛書―方術の再認識（創文社、二〇〇六年）等。

(27) 注（6）前掲拙稿、一五五～一五六頁。

(28) 西村昌也「ベトナムの王都の英雄神話・伝承のはざまに窺う〝王〟たちの思考、〝王〟たちへの期待」（吾妻重二・小田淑子編『関西大学「日中関係と東アジア」講演録第二輯東アジアの宗教と思想』丸善出版株式会社、二〇一一年）、三六〇～三六一頁。

(29) 劉春銀・王小盾・陳義主編『越南漢喃文獻目録提要』（中央研究院中国文哲研究所、二〇〇二年）、劉春銀・林慶彰・陳義主編『越南漢喃文獻目録提要補遺（上・下）』（中央研究院人文社会科学研究中心亜太研究専題中心、二〇〇四年）掲載の各神蹟目録に拠った。

（30）洪福は元年のみの元号であるため。

（31）孫遜・鄭克孟・陳益源主編『越南漢文小説集成』三（上海古籍出版社、二〇一〇年）所収の『大乾国家南海四位聖娘譜録』には、「翰林院東閣大學士臣阮炳奉撰」と署名がある。ちなみに、本史料もまた洪福元年に著されたものである。

（32）注（6）前掲拙稿、一五四～一五六頁。

慕容政権遷都考
―五胡十六国時代における胡族「侵入」の一形態―

峰雪　幸人

はじめに

中国史を理解する上で、歴史の中心的な担い手であった漢族農耕民（以下、漢族）と、その北方に居住して遊牧・牧畜を生業とした諸集団（以下、胡族）との関係を捉えることは、重要であろう。両者の関係の一形態である胡族の華北への「侵入」（胡族から見れば「進出」）という問題を見ると、これまで、一時的な侵入や掠奪については、その原因を交易の延長上に捉える松田壽男氏[1]や、遊牧経済における再生産に求める護雅夫氏[2]などによって研究がなされてきた[3]。その一方で、胡族による華北への長期的な侵入と征服・支配の要因については、その原因を気候変動に求める説のほか[4]、いわゆる「征服王朝論」をはじめとする様々なアプローチがなされてきた。そのような両者の関係から歴史をとらえようとすると、本稿が考察の対象とする五胡十六国時代は、従来農耕を主たる産業として発展していた華北を胡族が初めて組織的に統治した時代であるだけに、注目に値しよう。五胡諸国のなかでも、とりわけ鮮卑の慕容氏が建てた前燕・後燕は、最盛期には華北の東半部を支配し、田村実造氏により「征服王朝」の先駆けとして位置づけられているほどであり[5]、五胡十六国時代を代表する国家として考察の対象にふさわしいといえよう。

前燕は、慕容廆・皝・儁・暐の四代にわたって存続し、当初は遼西・遼東を拠点としていたが、その中期には後趙の内部紛争に乗じて華北に進出した国家である。その後は滅亡に到るまで前秦と華北の覇権を争った。一方、後燕は前燕の有力宗室の一人であった慕容垂が、前燕を併呑した前秦の崩壊に際して自立して建国した国家で、一時は前燕を凌ぐ版図を有した。しかし、慕容垂の後を継いだ慕容宝の時代に北魏の圧迫を受け、華北の領土のほとんどを失い、その後も続く内紛とクーデターにより滅亡した。この前燕・後燕は、前秦の征服による中断を挟むものの、その支配者層・支配地域に大きな変動はなく、従来、併せて考察の対象とされることが多い。本稿では前燕・後燕の二国を総称して仮に慕容政権とよぶ。

田村氏は前燕の展開を整理するなかで、前燕は遼西を拠点とする時代から半牧半農に移行し、華北へ移ると準漢族国家として経済的基盤を農業へ置き換えたとし、前燕の拡大の原因を、領内に流入した多くの漢族をうまく取り込むことができた点に求めた。このように、政権内における漢族の影響を重要視する見解は、馮家昇氏[6]、唐長孺氏[7]、馬長寿氏[8]等中国の古典的研究においても指摘され、慕容政権は「胡漢合作政権」という評価がなされている。また、關尾史郎氏は流民・徙民が前燕成立期に与えた影響を分析し[9]、小林聡氏はその運営スタッフの分析から、慕容政権は東胡・東夷世界および、幽・平・冀州の漢人による地域連合政権であったとした[10]。さらに、三﨑良章氏は慕容政権の官僚機構の変遷を追い、その展開と国家の発展段階が即応していると指摘した[11]。また、考古学的見地からは諫早直人氏によって、前燕の成立期から現れる身分表象としての装飾馬具文化が、胡・漢を融合させた独自の秩序を可視化したものであり、その装飾馬具文化が東北アジアの東夷諸族にも影響を与えたことが指摘されている[12]。

このような慕容氏の政権内部の漢族の動向に着目する見解に対し、飯塚勝重氏は、遊牧国家が直ちに農耕国家に転換したとは考えがたいとし、前燕の国家構造は、慕容部のもつ軍事国家的性格が遊牧文化と農耕文化を仲介しつつ徐々に農耕文化圏に感化されていったとした[13]。また、谷川道雄氏は、政治・文化の面で漢化していったことを認めつつも、一方で遊牧社会に由来する部族制が実質をもって皇帝権力に介入していたとした[14]。これらの見解は、政権内に流入した漢族の影響を認めつつも、慕容氏が古くから有していた「伝統的」または「部族的」（本稿の言葉で言えば「胡族的」）な要素を重視するものである。中国においても、後燕も含めた慕容氏の歴代君主が龍城に葬られていることに着目した李海葉氏によって、慕容氏の政権は漢族との合作ではあるが、一方で龍城が慕容氏発祥の地として重要視され、政権内で進む漢化に対抗するための中原政権と並立する一つの政治的中心となっていたと指摘され、慕容氏のもつ胡族的な要素にも関心がはらわれている[15]。以上の研究に共通している慕容政権の特徴は、遊牧集団であった慕容部が、漢人の流民などを多く受け入れたことで、農耕の開始による富の蓄積を通じて君主権の強化等の勢力増強が図られ、遼西・遼東の「部族国家」から華北の東部を支配する「中原王朝」へと成長していった、というとらえ方である。特にその遷都の経歴からは、前燕が東北アジアから華北へと順次進出していく様子も見て取ることができ、このような前燕の遷都について三崎良章氏は、東北の地方政権から中原の支配者へと展開していく前燕の性格の変化と遷都が連動していた、と総括している[16]。

すなわち、慕容政権による華北への侵入と支配のあり方をめぐっては、その国家構造が「農耕」と「遊牧」の両社会に立脚する点に着目し、議論の焦点は、前燕が華北支配を確立する過程で、慕容氏の有していた胡族的な性格が、どのように「漢化」していったのか、もしくは残存したのかという、「胡」と「漢」もしくは「遊牧」と「農耕」という二つの要素の関係性を探る点に集中していたといえる。

しかしながら、あらためて前燕の拡大過程を追ってみると、必ずしも遼西・遼東から華北へと直線的に展開していたとは言えない。むしろ、華北への進出と前後して、夫余や高句麗等、東北アジア諸国に対しても積極的な攻勢をかけている様子が見られるのである。それならば、前燕の拠点が遼西・遼東から華北へと南下していった背景には、いったい何があったのであろうか。本稿では、国家的性格の変化と連動していたとされる前燕の遷都について再検討し、慕容政権の性格や国家構造をとらえなおしてみたい。

第一節　前燕の遷都について

前燕の都は棘城、龍城、薊、鄴の順に遷り、それぞれ、二九四年、三四一年、三五〇年、三五七年のこととされる。ここからは、遼西・遼東を中心に勢力を拡大した三四〇年代までと、華北へと進出した三五〇年前後、華北東半部の支配を確立した三五七年以降、というおおよその展開がうかがえるようである。そこで、まず前燕の遷都を明記した史料を挙げれば、次のとおりである。

・元康四年、都を大棘城に定む[17]。
・咸康七年、皝、龍城に遷都す[18]。
・儁、攻めて其の城（薊）を陥とし、（王）他を斬り、因りて之を都とす[19]。
・儁、薊より都を鄴に遷し、號年を光壽と爲す[20]。

以上によれば、前燕慕容氏による本拠地の移動は、「遷都」と記され、あたかも前燕が中華王朝的な首都機能の移転を行ったように見える。ところが、前燕が薊に遷都してから鄴に遷都するまでの期間（三五〇～三五七年）に、『資治通鑑』に示される前燕の君主、慕容儁の足跡を追うと、少なくとも薊遷都直後から五年間の間に三度、旧都である龍城（和龍）へ巡行した記録が確認できる。それをまとめると表1の如くである。

ここに見られる慕容儁の龍城と薊との往復記事については池培善氏、小林聡氏がそれぞれ論及している。まず、池培善氏は、後掲の三五二年三月に文武兵民の家屬を薊に移住させた記事から、薊への遷都の完了を三五二年の三月とし、それ以前の前燕は龍城を拠点としつつ、南進政策を推進するため徐々にその重心を薊に移しており、慕容儁による龍城と薊の往復はその移行期の行動であるとする[21]。しかし、それでは三五四年から三五五年にかけての往復を説明できない。

一方で小林聡氏は、慕容氏と東胡・東夷との関係性を整理する中で、慕容儁の龍城巡行は高句麗への牽制が主目的であったとした[22]。前燕と東北アジア世界との関係性を重視するこのような見解は極めて重要である。しかし、この巡行は、はたして外的要因のみに起因するのであろうか。

そこであらためて先の表を見ると、この期間に確認される慕容儁の龍城滞在期間は、三回で合計約十三ヶ月におよび、比較的長期間にわたって龍城に滞在していたことがわかる。さらに、龍城東巡が行われなかった三五二年から三五四年については、『晋書』巻一一〇慕容儁載記に、

　儁、慕容恪及び相國封弈を遣し冉閔を安喜に討たしめ、慕容垂をして段勤を繹幕に討たしめ、儁、中山に如き、二軍の聲勢と爲す。

表1　慕容儁の足跡

記　事	年	月
儁入都于薊	三五〇	三月
儁還至龍城	三五〇	九月
燕王儁還薊	三五一	二月
燕王儁如龍城	三五一	十二月
燕王儁還薊	三五二	三月
燕王儁如龍城	三五四	十月
燕主儁自和龍還薊	三五五	四月
自薊徙都鄴	三五七	十一月

とあり、『資治通鑑』巻九九永和八年（三五二年）条に、

　十月丁卯、燕王儁、薊に還る。

とあるように、慕容儁みずから長期にわたって前線基地の中山に滞在するなど、中原進出戦争が佳境を迎える時期であり、龍城への東巡はできない状況であったことが推測できる。一方で、『資治通鑑』巻九九永和九年（三五三）二月庚子条に、

　燕主儁、其の妃の可足渾氏を立てて皇后と爲し、世子の曄もて皇太子と爲し、皆、龍城より薊宮に遷らしむ。

とあることから、慕容儁が東巡せずとも、三五三年の二月以前には、その妻子が龍城に滞在していたことが知られる。このことは、『資治通鑑』巻九九永和八年（三五二）三月乙巳条に、

　稍く軍中の文武兵民の家屬を薊に徙す。

とあり、前年の三月には臣下の家族が薊に移住させられていることを併せて考えると、君主である慕容儁の妻子のみが三五三年の二月まで龍城に残されていたとは考えにくく、最前線にいた慕容儁の代わりに、その妻子が龍城を訪れていたと見てよいであろう。

では、慕容儁やその妻子が龍城を繰り返し訪れる理由は何処にあったのであろうか。そこで、彼らの移動の時期を見ると、冬は龍城、夏は薊という、おおよその移動傾向がつかめる。このような季節的移動を見るとき、まず想起されるのは遊牧民の生業的移動であろう。遊牧民が季節に応じて一定の地域を定まった順路で移動することは周知のとおりであり、その季節移動が祭祀とも密接に関係していたことも既に指摘されている[23]。また、このような君主による都市間の季節移動は、より後代の遼における「捺鉢」や元のクビライによる大都と上都からなる大首都圏とも通じるものがあるのであろう[24]。なお、『晋書』慕容儁載記には、慕容儁の東巡をめぐって、

幽・冀の人、以て東遷と爲し、互相驚擾し、所在屯結す。其の下、之を討つを請い、儁曰く「羣小朕の東巡を以て、故に相惑うのみ。今朕既に至り、尋いで當に自ら定むべし。然れば不虞の備亦た爲さざるべからず」と。是において内外をして戒嚴せしむ。

とあるように、当時新附したばかりの幽州・冀州の人々にとって、慕容儁の東巡は理解の及ばない行動であった。このようにしてまで東巡するのは、この東巡が慕容氏にとって重要な意味を持っていたに違いない。

そこであらためて東巡の記事を見ると、『資治通鑑』巻九八永和六年（三五〇）十月条には、

燕王儁、薊に還り、諸將を留め之を守らしむ。儁、還りて龍城に至り、陵廟に謁す。

とあり、その目的の一つが陵廟への参拝であったことがわかる。そもそも、前燕の宗廟は、『太平御覧』巻一九二居処部二〇所引『燕書』に、

太祖（慕容）皝八年、唐柱等をして龍城を築き、門闕・宮殿・廟園・籍田を立て、後に遂に改めて龍城縣と爲す。

とあるように、龍城築城と同時にそこに築かれた。そこで祭られたのは当時の君主である慕容皝より前の君主、廆をはじめとする祖先であろう。さらに『晋書』巻一〇七石季龍載記下には、慕容儁が、当時華北に勢力を築いていた冉魏の君主である冉閔をとらえ、薊で尋問し、龍城で処刑した際（三五二年）の記事として、

儁、怒り、之（冉閔）を鞭うつこと三百、龍城に送り、廆・皝の廟に告ぐ。

とあるように、龍城には慕容廆の他に慕容皝の廟も存在したことがわかる。[25] これらの廟が、薊への遷都（三五〇年）後にも龍城に残されていたことは注目に値する。以上によって、慕容氏にとって龍城は、薊遷都後の華北進出期においても先祖を祭る重要な地域であったことが確認できるのである。

また、『太平御覧』巻一二一偏覇部五所引『十六国春秋』前燕録には建熙四年（三六三）のこととして、

十月、太尉（封）奕、神王（神主）を和龍（龍城）より迎う。

とあり、『資治通鑑』巻一〇一興寧二年（三六四）八月条には、

燕の侍中慕輿龍、龍城に詣り、宗廟及び留る所の百官を徙し皆鄴に詣らしむ。

とあり、これら前燕歴代君主の廟は三六四年まで龍城にあったことを伝えている。すなわち、前燕において史料上「遷都」と記される出来事の後も、前燕歴代君主の廟は長らく旧都の龍城に残されており、少なくとも、三六四年の宗廟移転までは、都と宗廟の所在が乖離した状態が続いていたと言える。なお、前燕滅亡の後のこととして、『晋書』巻一二三慕容垂載記に、

時に（苻）堅の子丕、先に鄴に在り、（慕容）垂の至るに及び、丕、之を鄴の西に館せしむ。垂、具に淮南の敗状を説く。

…垂、鄴城に入りて廟に拝するを請う。丕、許さず。

とあり、鄴移転後の慕容氏の宗廟は前燕滅亡後まで鄴に存在したことが確認できる。

ところで、先の表でみた通り、慕容儁が龍城に滞在したのは、①三五〇年九月から三五一年二月、②三五一年一一月

から三五二年三月、③三五四年一〇月から三五五年四月である。北方遊牧民の祭祀の在り方を示す史料として、『史記』巻一一〇匈奴列伝を見ると、

> 歳の正月、諸長單于庭に小會し、祠る。五月、蘢城に大會し、其の先・天地・鬼神を祭る。秋、馬肥え、蹛林に大會し、校人畜計を課す。

とあり、匈奴は、正月・五月・秋に集会を行っている[26]。これらの祭祀のうち、慕容儁が龍城で行っていたのは正月の祭祀と見るのがもっとも穏当な解釈であろう。匈奴では正月祭祀は族長のみが会するのであり、おそらく慕容氏においても正月に族長が会して部族連合を確認する儀式が行われていたと見てよいのではないだろうか[27]。

この点を考慮に入れると、先に見た東巡の記事は、前燕が薊へ「遷都」の後も、祭祀のために定期的に君主やその妻子が旧都を訪れるという周遊体制をとっていたことを示すのであって、この時点では政権の重心が華北へと移ったとは言えないのである。

第二節　慕容氏の祭祀と宗廟移転

そこで、あらためて前燕における祭祀とその変化について考察してみたい。前燕における中原進出と祭祀の変化を追ってみると、慕容儁が皇帝に即位したときのこととして、『魏書』巻九五慕容儁伝に、

> 建國十五年、儁、皇帝を僭稱し、百官を置き、年を元璽と號し、國を大燕と稱し、天地に郊祀す。

とあり、三五二年の皇帝即位にともなって天地を郊祀したと記される。この時期は、先に述べた慕容儁の東巡が行われている時期でもある。ついで三五七年に鄴への遷都が行われるが、『晋書』慕容儁載記に、

> 昌黎・遼東の二郡をして（慕容）廆の廟を營起せしめ、范陽・燕郡をして（慕容）皝の廟を構えしめ、其の護軍平熙

を以て將作大匠を領せしめ、二廟を監造せしむ。

とあり、昌黎・遼東二郡の人々を動員して慕容廆の廟を作らせ、范陽・燕郡の人々には慕容皝の廟を作らせたことが見える。ここで鄴遷都後も昌黎・遼東・范陽・燕郡という前燕北部の諸郡が廟の造営に関わっている点は注目に値する。続いて慕容儁が没して慕容暐が即位すると、『太平御覧』巻一二一偏覇部五に引かれた『十六国春秋』前燕録に三六三年のこととして、

四年正月、暐、南郊す。

とあり、さらに既に見たように、同年に封奕を派遣して神主を迎え、三六四年に宗廟の移転が行われている。つまり、この時期においてはじめて、鄴の宗廟が整えられ、都と宗廟の所在地が一致する、本当の意味での「遷都」が完了したと言えよう。

以上のように考えると、慕容氏の政権は、華北進出期においては未だその拠点を華北に移したとは言えず、彼らの心的拠点は龍城であり、むしろ薊は華北の農耕民をおさえるための出先機関であったと言ってよい。その国家的性格は前半期から漸次漢化し定住化していったという直線的な変化ではなく、鄴への遷都と、その後の宗廟の移転とを境としてようやく都と宗廟の位置が一致し、完全に華北に拠点を移した体制へと大きく変化したと考えるべきなのである。

ところが、前燕の後継国家である後燕の都と宗廟の位置を見ると、このような、慕容政権の都と宗廟の位置が華北において一致する体制は、引き継がれているとは言いがたいのである。後燕の当初の都は中山であるが、これは前秦から自立した慕容垂が定めたものである。その際のこととして、『魏書』巻九五慕容垂伝に、

（慕容）垂、都を中山に定む。登國元年（三八六）、垂大位を僭稱し、號年は建興と爲す。宗廟・社稷を中山に建つ。

とあるように、後燕の宗廟は中山に存在していたことが分かる。しかし、『資治通鑑』巻一〇六、太元一〇年（三八五）一一月条には、

（慕容農）還りて龍城に至り、上疏して陵廟を繕脩するを請う。

とあり、龍城の宗廟の修繕が提案されており、三九六年頃のこととして『晋書』巻一二四慕容宝載記に、

龍城の舊都にして宗廟の在る所を以て……

とあることから、龍城にも後燕の宗廟が置かれていたことがわかるのである。この龍城の宗廟は、『晋書』慕容垂載記に、

（慕容）垂、捷を龍城の廟に告ぐ。

とあるように、慕容垂自身も訪れており、後燕において重要な存在であったことは間違いない。つまり、後燕の宗廟体制は、前燕末期の宗廟と都の所在地が一致し華北にその拠点を移した体制とは異なっていたのであり、再び龍城にも重心が置かれていたのである。

では、華北の東半分を支配下におく慕容政権において、これほどまでに龍城が重要視された理由はどこにあるのであろうか。先に述べたように李海葉氏は、政権内で進む漢化に対抗する拠点として、慕容氏発祥の地である龍城が重要視されたとするが[28]、慕容政権内における龍城の位置づけは、はたして「漢化への対抗」や「発祥の地」といったような精神的な要因のみに求められるのであろうか。

第三節　慕容政権の性格と商業

そこで、今一度、慕容氏の拡大過程を考察してみたい。

前述のように、慕容政権の拡大の要因としては、その領内に流入した多くの漢族を取り込むことができた点に求められてきた。そして、漢族の取り込みを容易にしたのは、前燕が繰り返し江南の東晋へ朝貢を行い、東晋から官号を得るなど、長らく東晋の影響下に在ったことが挙げられてきた[29]。

前燕・東晋間における朝貢や冊封という形での使者の往来は、三二〇年代から三五〇年代初頭にかけて頻繁に行われていたことが『晋書』本紀や慕容氏の載記の中に見える。この他にも『晋書』巻一〇八慕容廆載記には陶侃と、同慕容皝載記には庾冰ら東晋高官と前燕君主とが文書のやりとりをしていることが見える。(30)

ところで、唐代においても、朝貢にともない君主間のみならず、朝貢国と政府高官とのあいだにも交流があったことは既に知られ、そこに私的な贈与物のやりとりがあったことも指摘されている。(31) 同様に、前燕君主と東晋高官との文書のやりとりの存在を示す史料も、前述の正史にみえる例のみならず、断片的ながら複数残されている。管見の限り、類書に引用された佚文として確認できるのは「陶侃答慕容瓌（廆）書」(32)、「庾翼與燕王書」(33)、「庾翼與慕容皝書」(34)「習鑿齒與燕王書」(35)、「桓溫與慕容皝書」(36)、「慕容晃（皝）與顧和書」(37)であるが、これらの文書からは、前燕政権が使者の往来の際に、正史にみえる以外にも多くの東晋高官と交渉を持っていたことが分かる。

ここで特に注目したいのは、東晋から前燕に送られた物資を多く示している「庾翼與燕王書」と「慕容晃與顧和書」である。これらの文書には、庾翼から燕王（おそらくは慕容皝）へ、慕容皝から顧和への贈物のリストが断片的に示されている。ここには前燕・東晋間の使者の往来にともない、モノの移動が盛んに行われていたことが端的に示されているといえる。とりわけ、『太平御覧』巻八一九布帛部六所引「庾翼與燕王書」に、

今、細練十端・竹練三端を致す。

とあるように、東晋の高官である庾翼から前燕に絹織物が送られている点に着目したい。

いうまでもなく、胡族が交易を通じて求める際にまず想起されるのは絹であろう。前燕と絹の関係については、『資治通鑑』巻九一太興二年（三一九）条に、

廆、（鞠）彭を以て參龍驤軍事とし、鄭林に車牛粟帛を遺す。

とあるように、慕容廆の時代にはすでに下賜品として絹が用いられていたことがうかがわれる。ところが、『晋書』慕

容宝載記に、

是より先、遼川桑無く、（慕容）廆の晉に通ずるに及び、種を江南に求む、平州の桑は悉く呉より來る。

とあることから、前燕初期において、その勢力圏内では絹の生産は行われておらず、前燕の発展とともにようやく絹の生産が行われるようになったことが確認できるのである。さらに、五胡十六国時代末期に龍城一帯を支配していた北燕の君主の馮跋の言葉として、『晋書』巻一二五馮跋載記に、

跋、又た書を下して曰く、「…（前略）…桑柘の益、有生の本なり。此の土は桑少く、人未だ其の利を見ず…（後略）…」

とあり、また、『魏書』巻一一〇食貨志に、

調する所は各〃其の土の出す所に随い…（中略）…幽・平…（中略）…安・營…（中略）…皆な麻布を以て税に充てよ。

とあるように、前燕の華北進出以前の勢力圏は、北魏の税制においては絹ではなく麻布を調として納める規定となっている。この規定で税目を定める基準が「各随其土所出」とあることから見れば、この地域における絹の生産は五胡十六国時代には必ずしも十分に発展していなかったといえよう。[38]一方で、華北に進出した前燕が滅亡直前においては、『太平御覧』巻三三四兵部六五に引かれた『十六国春秋』に、

（慕容）評性は貪鄙にして、山泉を鄣固し、樵鬻水を賣り、錢絹を積むこと丘陵の如く、三軍、鬭志有る莫し。

とあり、当時の前燕最高権力者である慕容評が、戦場で必需品である水や薪を兵士相手に売っていたとされる。ここで水や薪の対価が銭と絹である点に着目すれば、前燕滅亡直前には、その領内に絹が広く流通するようになっていた事がうかがえよう。

逆に、慕容氏から東晋の高官に送られたものとしては『太平御覧』巻九九一薬部八の中に散在して残る「慕容晃與顧和書」の中に、

今、人參十斤を致す。

とある。受取手の顧和は、『晋書』巻八三に立伝される人物と見てよいであろう。となれば、顧和はその伝によれば永和七年（三五一年）に没しているので、この「慕容晃與顧和書」は三五一年以前のものとなり、薊遷都以前の遼西・遼東時代における慕容氏からの贈物リストの佚文ということになる。魏晋南北朝時代に遼東半島から海路を通じて南朝にもたらされた人参が、高句麗等の東北アジア産であることは既に松田壽男氏によって指摘されており[39]、五胡十六国時代においても高句麗等、東北アジア産の人参が遼東から海路で江南の東晋に贈られていたといえよう。

この他に「慕容晃與顧和書」の佚文からうかがえる慕容氏から東晋に送られた物資としては、「繡靴一量[40]（緉）」および「䬸餬十斤[41]」、「麻黄五斤[42]」である。量数の少ない「繡靴」を除いて考察すると、䬸餬は乳製品であり、北アジアにおける牧畜民の特産品である。麻黄は生薬として古くからその名が見え、『名医別録』をはじめ、多くの本草書ではその産地は現在の山西省、河南省、河北一帯とされており、シナマオウ（*Ephedra sinica* Stapf）であるとされる[43]。しかし、木島正夫氏によれば、中国東北部からモンゴル高原東部にかけても、シナマオウと同属のマンシュウマオウ（*Ephedra distachy* L.）が自生しており、古くから日本にも漢方薬とて輸出されていたという[44]。この点をかんがみれば、慕容皝から顧和へ贈られた麻黄はマンシュウマオウであった可能性も十分にある。

そもそも、慕容政権が重要視した龍城は、華北と東北アジアを結ぶ交通の要所であり[45]、前燕期にその地に出鎮していた慕容垂が「大いに東北の和を収む[46]」とされるなど、慕容政権においても東北方面を抑える重要な拠点であった。つまり、慕容政権による龍城の重要視の背景には龍城を窓口とする東北アジアとのヒト・モノの流通があったと言えるのである。

以上を総合すると、遼東・遼西を拠点としていた時期の前燕が絡んだ朝貢使節の往来は、同時に乳製品や人参・麻黄などの北アジア・東北アジアの産物と、絹に代表される華北・江南の産物が交換される場でもあった。すなわち、当時の慕容政権は、東北アジアと江南との物資の流通を中継する存在であった可能性が極めて高い。小林聡氏は、東北アジア諸国の慕容政権以外の政権への朝貢事例を整理し、慕容政権が弱体化したときに東北アジア諸国が慕容政権以外の政権への朝貢記事が増加し、慕容政権の力が増すと、その他の政権への朝貢が見られなくなるという相関関係を指摘している。[47]これを中継貿易の観点から見れば、まさに慕容政権は勢力を拡大することで、華北・江南と東北アジアの中継貿易を独占する存在に成長していったと言える。

さらに、先に述べたように、慕容氏の勢力拡大は華北方面のみならず、東北アジアの諸国家に対してもその矛先が向けられていた。具体的には、華北進出に先だつ三四一年に高句麗に大攻勢をかけ、首都の丸都を陥落させ、[48]三四六年には夫余にも遠征し、大打撃を与えている。[49]これらは、慕容氏が中継をしていた東北アジアと華北とが一つの商業圏にくみ込まれていく過程を示している。

つまり、薊遷都以後も慕容氏が龍城に宗廟を残し、遼東・遼西と華北北部を周遊する二都的体制を取っていた三五〇年代前半は、前燕が東北アジアと華北の両方をその影響下に収めていく時期にあたり、このような二都的体制をとった背景には、前燕という国家がもつ華北・江南と東北アジアの仲介者という性格が色濃く反映されていたのである。

第四節　慕容政権の都と商業

従来、一四〇年近い動乱の時代であった五胡十六国時代の分析では、その商業活動については、一部を除いてさほど重要視されてこなかった。[50]しかし近年、劉馳氏によって、五胡十六国の動乱の中においても、中断を挟みつつも商業活動は脈々と続いていたことが示された。[51]さらに、そもそもの慕容氏の拠点であった徒何（徒河）は中国と東北アジアの物資を中継する交通・交易の要衝であり、そこを拠点とした慕容廆が東北アジアと華北との中継貿易に関わっていたことはすでに松田壽男氏が示唆するところである。[52]

以上のような背景を鑑みると、従来さほど言及されてこなかった、慕容政権と商業との関係は今一度確認されるべきであろう。

まず、慕容氏と商人との関係については、『資治通鑑』巻九六咸康六年（三四〇）正月条に、

燕王皝…（中略）…乃ち、商人王車を遣して市を宇文部に通じ、以て（慕容）翰を窺う。…（中略）…復た車をして之を迎えしむ。

とあるように、近隣の宇文氏に亡命していた慕容翰が慕容氏のもとに帰参する際、その仲介を商人が行っていたことが見え、三四〇年の段階で慕容氏と宇文氏の勢力圏を商人が往来していたことがわかる。慕容氏が直接関わる交易については、より早く慕容氏政権初期のこととして、『晋書』巻九七夫余伝に、

爾後、毎に（慕容）廆の其の種人を掠するを爲し、中國に賣る。帝、之を愍み、又た詔を發し官物を以て贖還せしめ、司・冀二州に下して、夫餘の口を市するを禁ず。

とあり、慕容廆が掠奪した夫余の人びとを西晋に売るという形で、西晋との間に交易が存在していたことが確認できる。加えて、前述の前燕末期における最高権力者である慕容評が戦場で必需品である水や薪を兵士相手に売っていた事例などからは、前燕はその初期から末期に至るまで、商業と密接な関係を持っていたことがうかがえる。

では、前燕の華北進出に伴う遷都と商業とはどのような関係があるのであろうか。

龍城が東北アジアと華北をむすぶ重要拠点であったことはすでに述べたが、前燕の最終的な拠点となる鄴についても、『文選』巻六所収の西晋・左思の「魏都賦」に、

真定の梨、故安の栗。醇酎は中山、流湎千日。淇洹の筍、信都の棗、雍丘の粱、清流の稻、錦繡の襄邑、羅綺の朝歌、緜纊の房子、縑緫の清河あり。此の若きの屬、繁富夥夠たり。

とあるように、陸運・水運を通じて河北平原一帯から食料品や絹製品が集められる、物資の一大集積地であったことが

知られる。[53]また、やや後代の事例ではあるが、北魏においても鄴の市が首都の洛陽とともに繁栄し、重要な経済的地位を占めていたことが指摘されている。[54]そして、前燕以前に鄴を都としていた後趙が遼東・遼西時代の慕容氏への攻撃を計画した際、『晋書』巻一〇六石季龍載記上に、

季龍、將に慕容皝を討たんとし……鄴城の舊軍と合せて五十萬に滿たし、船萬艘を具え、河より海に通じ……

とあるように水運を通じても遼東・遼西へと繋がる場所でもあった。

つまり、前燕が最終的に拠点とした鄴は、商業都市としての性格が色濃く、華北におけるヒトとモノの集積地であり、同時に水陸ともに遼東・遼西とも繋がる都市であったのである。前燕の都として最終的に鄴が選ばれた背景にも、鄴が持つ、東北アジアと華北を結ぶ商業都市としての性格が考慮されるべきであろう。さらに、前燕の遺領を引き継いで復興した後燕においても、北魏の侵攻を受けて華北の領土を失うまで首都であった中山は、洛陽や鄴と東北とを結ぶ交通の要衝であり、交易の中心地でもあったことが前田正名氏によって指摘されている。[55]

これらを総合すると、華北進出と同時期に高句麗や夫余などの東北アジアの諸国家もその影響下に収めた慕容政権は、東北アジアと華北・江南を介在するという政権構造がその根幹にあり、その勢力範囲は華北と東北アジアを一つの商業圏にまとめた存在であったと言えるのであり、龍城だけでなく、鄴・中山などの華北の都市がその本拠地となった背景にも、慕容政権における「商業」という要素の影響を十分に考慮する必要があると言えよう。

むすび

五胡諸国および北魏の国家構造について、研究を大きく進展させたのは谷川道雄氏の一連の論考であったと言ってよいであろう。谷川氏は、五胡諸国に多く見られる激烈な権力闘争に着目し、その原因を血縁に基づく「部族制」が国家

の根幹にある点に求めた。そして、胡族を君主とする国家のなかで「部族解散」を行った北魏のみが、華北において長期政権を築けたと理解した[56]。このような谷川氏の理解は、五胡十六国および北朝史の研究に多大な影響を与えた。これより以後は、この時代の特徴を、胡族が如何に漢化していったかという枠組みで語られる傾向を示す。つまり五胡諸国の研究は、同時期に成立しながらも唯一、一〇〇年を超える華北統治を可能とした北魏との対比の中で、「漢化に成功した」北魏と、「漢化に失敗した」五胡諸国という構図で捉えられたのである。極言すれば、それは、農耕文化・漢文化を国家の安定要素として肯定的に、遊牧文化・胡族文化を分裂・動乱の要素として否定的に捉え、その対立と融合という展開の中でとらえたものであったと言える。

本稿が考察の対象とした慕容氏は、五胡十六国時代において最も顕著に華北への進出・征服を果たした集団であった。彼らの移動とその背景をめぐって、本稿で述べたことをまとめれば、①前燕は棘城→龍城→薊→鄴のように拠点を移したが、これは直線的な遷都ではなく、一時は龍城と薊の二都体制であったこと、②龍城には慕容氏の宗廟が置かれ、薊はいわば華北支配の出先機関であり、宗廟までが鄴に移されてはじめて遷都完了と言えること、③慕容氏は遼東・遼西時代より晋との使者の往来を通じて、中国と東北アジアとの中継交易に携わっており、後燕が華北の領土を失うまで、その勢力範囲は華北と東北アジアを一つの商業圏にまとめる存在として拡大していったこと、④慕容政権の華北への進出に際しては、常に華北・江南と東北アジアとの関係性が念頭に置かれ、その華北における拠点は、東北アジアへの窓口である龍城との交通が密接に結びつく場所が選ばれていたこと、のごとくである。

従来の研究では、慕容氏による華北への進出・征服の要因として、漢人をはじめとする農耕流民の吸収や徙民、農耕の開始による華北統治の基礎的体制の確立や君主権の強化などに注目が集まっていた。そして、国家体制の性格については「胡」と「漢」、「遊牧」と「農耕」というに二項対立的な問題意識が中心となっており、その他の要素はほとんど顧みられてこなかった。無論、本稿においても慕容政権の発展において漢族や農耕が果たした役割を否定するつもりは毛頭無い。

しかし、本稿で述べたとおり、前燕が鄴に都を遷し華北に大きく重心を移すに至った背景には、「遊牧」と「農耕」という二つの要素だけではなく、「商業」の要素もまた大きく関わっていた。彼らは決して農耕化したのではなく、[57]絹をはじめとする華北の農耕生産物を吸い上げ、それらを用いた商業によって国家を発展させようと目論んだのである。

かつて松田壽男氏は、地理的多元性をもつアジアを一つの歴史的対象としてまとめる上で中継貿易が果たした役割を強調した。[58]このような中継貿易の姿は、ヒト・モノの広域な移動のあり方を追うことで見えてくるものであろう。従来、動乱・分裂の時代であった五胡十六国時代については、流民や徙民など、広範囲にわたるヒトの移動に関しては数多くの研究が為されてきた。[59]しかし、それらヒトの移動にともない流通したはずのモノの移動に関しては、さほど顧みられてはこなかった。分裂・戦乱により多元的となった五胡十六国時代もまた、モノの移動に着目することで、従来と異なる姿を浮かび上がらせることができるのではないだろうか。

注

（1）松田壽男「絹馬交易覚書」（『歴史学研究』六―二、一九三六年。後に『松田壽男著作集』二、六興出版、一九八六年に収録）。

（2）護雅夫「古代東アジアにおける遊牧国家と農耕国家」（『歴史学研究』一四七、一九五〇年。後に同氏『古代トルコ民族史研究』Ⅲ、山川出版社、一九九七年に収録）。

（3）蕭啓慶「北亜遊牧民族南侵各種原因的検討」（『食貨月刊』復刊一‐一二、一九七三年）及び、沢田勲「古代遊牧民族の掠奪に関する理論的再検討―匈奴の中国侵寇を例として―」（『金沢経済大学論集』一一、一九七七年）参照。

（4）妹尾達彦「東アジア都城時代の形成と都市網の変遷―四～十世紀」（『アフロ・ユーラシア大陸の都市と国家』中央大学出版部、二〇一四年）参照。

（5）田村実造『中国史上の民族異動期』五胡篇第四章「慕容王国の成立とその性格」（創文社、一九八五年、一二四頁。初出は『東洋史研究』一一―二、一九四九年）。
（6）馮家昇「慕容氏建国始末」（『禹貢』三‐一一、一九三五年。後に『馮家昇論著輯粋』中華書局、一九八七年に収録）。
（7）唐長孺「晋代北境各族「変乱」的性格及五胡政権在中国的統治」（同氏『魏晋南北朝史論叢』生活・読書・新知三聯書店、一九五五年、一七八～一七九頁）。
（8）馬長寿『烏桓与鮮卑』（上海人民出版社、一九六二年）。本稿では二〇〇六年の広西師範大学出版社版、一九七～二〇〇頁を参照。
（9）關尾史郎「前燕「屯田」政策に関する二、三の問題」（『上智史学』二二、一九七七年）、同氏「前燕政権（337‐370）成立の前提」（『歴史学研究』四八八‐一、一九八一年）。
（10）小林聡「慕容政権の支配構造の特質―政治過程の検討と支配層の分析を通して―」（『九州大学東洋史論集』一六、一九八八年）。
（11）三﨑良章『五胡十六国の基礎的研究』第二部第三章「前燕の官僚機構」（汲古書院、二〇〇六年、六九頁。初出は『史観』一二二、一九九二年）。
（12）諫早直人『東北アジアにおける騎馬文化の考古学的研究』終章「騎馬文化の東漸とその史的意義」（雄山閣、二〇一二年、二九三～二九八頁）。
（13）飯塚勝重「慕容部の漢人政策についての一考察―前燕国成立以前を中心として―」（『白山史学』九、一九六三年）。
（14）谷川道雄『増補　隋唐帝国形成史論』第Ⅰ編第2章「慕容国家における君権と部族制」（筑摩書房、一九九八年、八六頁。初出は『名古屋大学文学部研究論集』二九、一九六三年）。
（15）李海葉「慕容氏龍城帰葬習俗与民族融合」（『内蒙古師範大学学報』〔哲学社会版〕四〇‐三、二〇一一年）。
（16）三﨑良章『五胡十六国―中国史上の民族大移動―〔新訂版〕』（東方書店、二〇一二年、一八〇頁）。
（17）『太平御覧』巻一二一偏覇部五所引『十六国春秋』前燕録。

(18)『晋書』慕容皝載記。なお、『資治通鑑』は慕容皝の龍城遷都を咸康八年(三四二)の事とするが、ここでは『晋書』に従う。
(19)『晋書』巻一一〇慕容儁載記。
(20)『魏書』巻九五慕容儁伝。
(21)池培善『中世東北亜史研究—慕容王国史—』(一潮閣、一九八六年、一二七~一二九頁)。
(22)注(10)小林聡前掲論文。
(23)江上波夫「匈奴の祭祀」(同氏『ユウラシア古代北方文化』全国書房、一九四八年)。
(24)杉山正明『クビライの挑戦—モンゴル海上帝国への道—』(朝日新聞社、一九九五年)一五〇~一五四頁等参照。
(25)金子修一氏によれば、このように父祖を一つの廟ではなく、個別の廟で祭るのは中国の宗廟祭祀の伝統には無い方法とされる(同氏『中国古代皇帝祭祀の研究』第六章「北朝における郊祀・宗廟の運用」(岩波書店、二〇〇六年)二七三頁。初出は『山梨大学教育学部研究報告』四七・四八、一九九七年・一九九八年)。
(26)『漢書』九四上、匈奴伝にもほぼ同様の記事が見え、そこに付された顔師古注に拠れば、「鮮卑之俗、自古相、秋天之祭…(中略)…此其遺法」とあり、鮮卑も秋に祭祀をおこなっていたことが確認できる。
(27)注(23)江上波夫前掲論文は、北方アジア遊牧民の間で古来原則的に行われていた祭祀は春秋二回の公的大祭で、匈奴における正月の祭祀は、中国の正月朝会の制にならったものであり、元来は匈奴には無かったが、単于一族の私的な祭祀として始まり、勢力拡大とともに、服属する諸部族の長も参列する国家的性格を持つ祭祀へと変化していったとする。
(28)注(15)李海葉前掲論文参照。
(29)注(5)田村実造前掲書、一三八~一四〇頁等参照。
(30)慕容廆およびその幕僚と東晋高官の陶侃との間で交わされた文書の分析としては板橋暁子「東晋初期の周縁と天下観—慕容廆と陶侃の往復書簡を手がかりに—」(『東洋学報』九七-三、二〇一六年)がある。
(31)石見清裕「唐朝外交における私覿について」(鈴木靖民編『日本古代の王権と東アジア』、吉川弘文館、二〇一二年)等参照。
(32)『太平御覧』巻三五七兵部八八等引。

(33)『太平御覧』巻三三八兵部六九、同巻三四一兵部七二、同巻三五六兵部八七、同巻七五九器物部四、同巻八一九布帛部六、『藝文類聚』巻六〇軍器部、『北堂書鈔』巻一二一武功部九、同巻一二四武功部一二、同巻一三三儀飾部四等引。なお、『北堂書鈔』巻一二一は「『晉中興書』庾翼與燕王書」とする。また、前燕が東晋から正式に燕王に冊封されたのは三四一年であり、庾翼の没年は三四五年であることから本書は三四一年～三四五年に出されたものと推定できる。

(34)『太平御覧』同巻三四一兵部七二引。慕容皝と燕王は同一人物であるため、前掲「庾翼與燕王書」と同じものが表題のみ変更されて伝わっている可能性もあるが、この二書が別のものであるならば、慕容皝が東晋から燕王に冊立される前(三四一年以前)の文章と推定できる。

(35)『史記』巻一一〇匈奴列伝の『史記索引』、『太平御覧』巻七一九服用部二一等引。習鑿歯は前燕滅亡後に没しており、また、慕容氏が東晋より燕王に冊立されていたのは三四一年～三五二年の間であるので、本書は三四一年～三五二年の間のものと推定できる。

(36)『太平御覧』巻三五八兵部八九等引。

(37)『太平御覧』巻四七八人事部一一九、同巻六九八服章部一五、同巻八一五布帛部二、同巻八五八飲食部一六、同巻九九一薬部八、同巻九九三薬部一〇等引。

(38)史念海氏は、この地域での養蚕の記述が史料上に見えることから、龍城を養蚕が行われていた地域の一つに加えているが(同氏『河山集』、生活・読書・新知三聯書店、一九六三年、二六〇頁)、上掲史料の記述を見るに、この地域の絹生産の規模はあまり大きかったとは言えないのではないだろうか。

(39)松田壽男「戎塩と人参と貂皮」(『史学雑誌』六六－六、一九五七年。後に『松田壽男著作集』三、六興出版、一九八七年に収録)参照。

(40)『太平御覧』巻四七八人事部一一九、同巻六九八服章部一五、同巻八一五布帛部二引。

(41)『太平御覧』巻八五八飲食部一六引。

(42)『太平御覧』巻九九三薬部一〇引。

(43) 木島正夫「古文献に見られる麻黄に就いて」(『生薬』一－一、一九四七年)。
(44) 木島正夫「中国の生薬を地誌的に観る―現代中国生薬地誌―」(『生薬学雑誌』四四－二、一九九〇年)、同氏「中国の生薬を地誌的に観る―現代中国生薬地誌(第2部)―」(『生薬学雑誌』四五－二、一九九一年)。
(45) 王綿厚・李健才『東北古代交通』(瀋陽出版社、一九九〇年)九三～九七頁参照。
(46) 『魏書』慕容垂伝。
(47) 注(10)小林聡前掲論文参照。
(48) 『晋書』慕容皝載記に「咸康七年(三四一)、皝遷都龍城。率勁卒四萬、入自南陜、以伐宇文・高句麗……大敗之、乘勝遂入丸都」とある。
(49) 日野開三郎「夫余国考―特にその中心地の位置について―」(『史淵』三四、一九四六年。後に同氏『日野開三郎東洋史学論集』一四、三一書房、一九八八年に収録)等参照。
(50) 蒋福亜『前秦史』(北京師範学院出版社、一九九三年、四六～四七頁)は前秦前期において重商政策がとられたことを指摘する。
(51) 劉馳「十六国時期的商業与物資流通」(『北朝研究』七、二〇一〇年)。
(52) 松田壽男「蘇子の貂裘と管子の文皮」(『早稲田大学大学院文学研究科紀要』三、一九五七年。後に『松田壽男著作集』三、六興出版、一九八七年に収録)。
(53) 塩沢裕仁『後漢魏晋南北朝都城境域研究』第六章「鄴城が有する都市空間」(雄山閣、二〇一三年、二五一頁。初出は『中国史研究』四〇、二〇〇六年)。
(54) 佐藤佑治『魏晋南北朝社会の研究』第五章「北朝の市」(八千代出版、一九九八年、二〇四～二〇五頁。初出は『中国古代史研究』七、研文出版、一九九七年)参照。
(55) 前田正名『平城の歴史地理学的研究』第四章第五節「平城から河北平野に出る交通路」(風間書房、一九七九年、二二六～二三〇頁。初出は『立正大学教養部紀要』八、一九七四年)。

（56）注（14）谷川道雄前掲書第Ⅱ編第1章「北魏の統一過程とその構造」一二三頁。
（57）市来弘志氏は、当時の鄴周辺は度重なる戦乱により農業が衰退しており、牧畜がその人口を支える産業の柱の一つであった可能性を指摘している（同氏「魏晋南北朝時代における鄴城周辺の牧畜と民族分布」〔鶴間和幸編『黄河下流域の歴史と環境―東アジア海文明への道』東方書店、二〇〇七年〕）。
（58）松田壽男『東西文化の交流』（至文堂、一九六二年、一頁）等参照。
（59）闕尾史郎「古代中国における移動と東アジア」（『岩波講座　世界歴史』一九、岩波書店、一九九九年）等参照。

［付記］本稿は、二〇一三年三月八日から九日にかけて明治大学（駿河台校舎）で開催された、第二回〝中国中世（中古）社会諸形態〟国際大学院生若手研究者学術交流論壇における口頭報告「前燕の遷都より見た胡族国家の性格」を骨子として大幅に増補したものである。当日会場の諸先生方から貴重なご意見を賜った。末筆ながら記して謝意を表す。

【前燕・後燕首都地図】

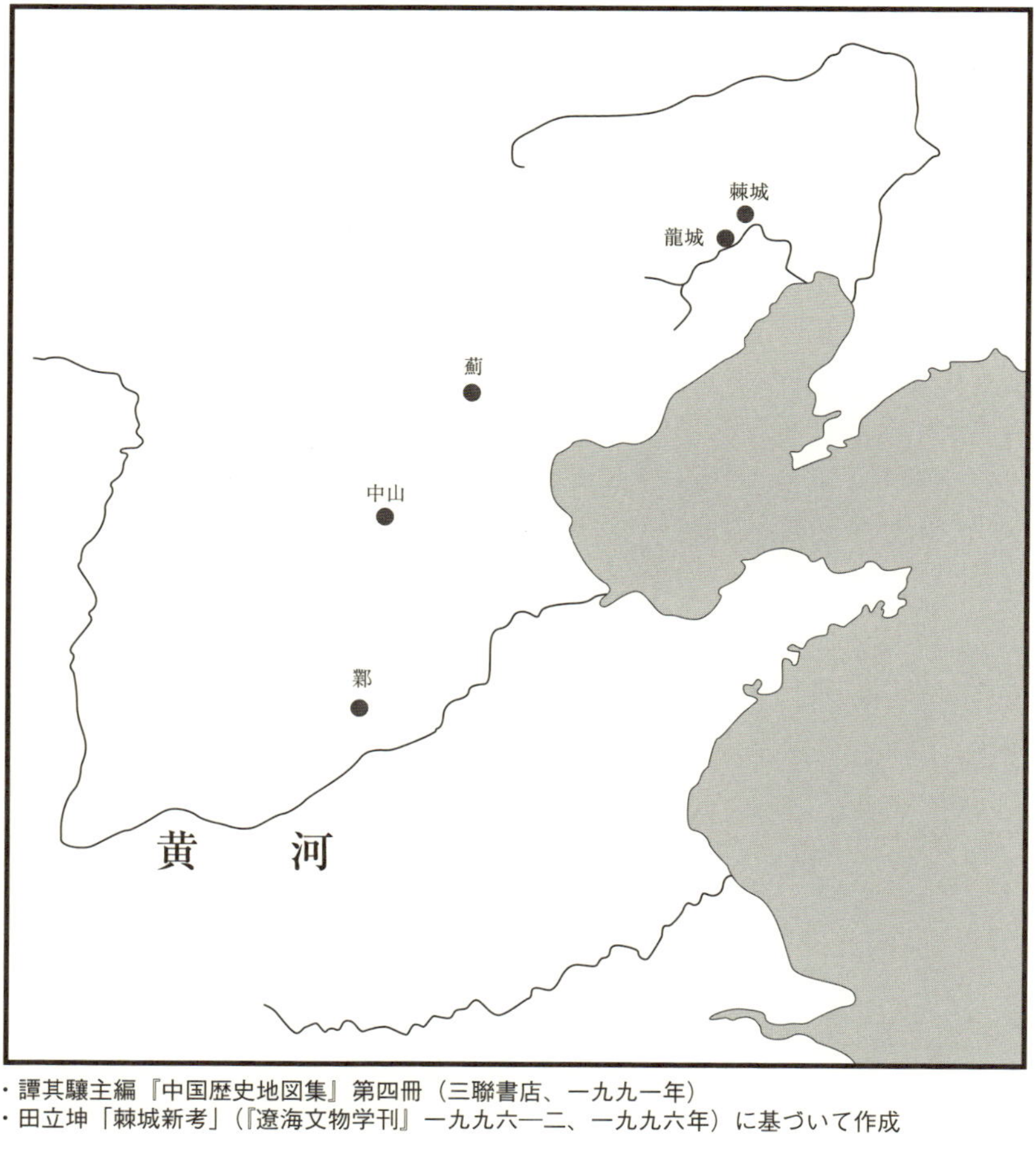

・譚其驤主編『中国歴史地図集』第四冊（三聯書店、一九九一年）
・田立坤「棘城新考」（『遼海文物学刊』一九九六―二、一九九六年）に基づいて作成

『儀礼』に見える「筮」について

―『易経』の成立に関する一考察―

川村　潮

はじめに

中国古代の「文化」を考えるにあたって、[1]「易」は重要な意味を持つ。それは『漢書』巻三〇芸文志（以下漢志）に、[2]

易に曰く、「河は圖を出し、雒は書を出す、聖人之に則る」と。故に書の起る所は遠く、孔子に至りて篹《あ》まれ、上は堯に斷ち、下は秦に訖わること、凡そ百篇、而して之が爲に序し、其の作意を言う。（六芸略・書類後序）

易に曰く、「夫婦・父子・君臣・上下有りて、禮義の錯《ほどこ》す所あり」と。而して帝王の質文は世〻損益有り、周に至りて曲は之が爲に防がれ、事は之が爲に制せらる。故に曰く、「禮經三百、威儀三千」と。周の衰うるに及び、諸侯將に法度を踰えんとし、其の己を害するを惡み、皆其の籍を滅去し、孔子の時自りして具わらず、秦に至りて大いに壞たる。（六芸略・礼類後序）

などとあることからもわかる。遅くとも後漢初には、「儒教」の根本的経典である「六芸」の思想的理由づけに易の理論が用いられているからである。[3]漢代に「国教化」された儒教が、[4]以後永く続く中国的支配体制（東アジア世界）を理念的に支えるようになったと見るのであれば、[5]易の持つ重要性も容易に理解される。

もちろん、古くに欧陽脩が『易童子問』で断じたように、[6]易は荒唐無稽な占いに過ぎず、書物としての『易経』も孔子が「韋編三絶」するような典籍であったかは大いに疑問が残る。しかし、その内容が雑駁で、その伝承についても歴史的に疑わしい点が多々あるにせよ、漢儒たちがこれを古来のすぐれた典籍と認めていたことまでは否定できない。

そこで問題となるのは、数ある占いの一つに過ぎなかった易が、どのようにして六芸に数えられるようになり、儒教の中に取り込まれていったのかということである。この問題を考えるうえで参考になるのが「間テキスト性(Intertextuality)」の議論である。[7]間テキスト性とは、あるテキストを読むとき、読者はそのテキストだけでなく、「引用のモザイク」によって形成される、その背後にある様々なテキストをも含めて「読み」を形作る、ということを意味する。

かつての儒学者たちの「読書行為」もこのようなものであったと想定したとき、易が儒教に取り入れられるようになった要因の一つとして、漢志の「六芸」に分類されているような多数のテキストが先行してあり、それらに『周易』やその理論が参照されているという関係性を挙げることができよう。

具体的に言えば、「文王重卦」や「韋編三絶」をはじめとする易にまつわる聖人たちの伝承や、また『左伝』荘公二十二年に、

陳厲公は、蔡の出なり。故に蔡人五父を殺して之を立て、敬仲を生む。其の少きに、周史の周易を以て陳侯に見える者有り、陳侯之をして筮せしむるに、観の否に之くに遇う。曰く、「是れ「國の光を観る、王に賓たるに用うるに利《よろ》し」と謂う。此れ其の陳に代りて國を有《たも》つか。此に在らず、其れ異國に在り。此れ其の身に非ず、其の子孫に在り」と。

と見える「周易」の例などが、『周易』が古来の聖人たちの手になるすぐれた典籍であることを証明するものと信じられていたということである。古い来歴を持ち、早くから経典として重視されていた『詩』や『書』にその名が見えるということが、易の価値をきわめて高らしめていたことは容易に推測できる。こうして、やがて盛んになる訓詁的な意味

の確定作業を通じて、『周易』は儒教経典の一つとして数えられるに至ったのではないか。

そこで重要になるのは、先秦文献を相互的な引用によって結びついていた一つの大きなメタテキストとして捉え、かつての経学者たちが、その関係性の中で易をどのように理解してきたかを具体的にあとづけていくことである。そのため本稿では、『易経』と同じく十三経の一つに数えられる『儀礼』を中心に、その儀式において行われている「筮」の意味について検討してみることにしたい。

第一節 『儀礼』について

まずは、『儀礼』の来歴とその内容について整理しておく。現在、最も信頼できる『儀礼』のテキストは十三経注疏本である（以下注疏本）。清・阮元によって、宋厳州単注本・宋単疏本や唐石経などを用いた精密な校勘がなされている。その「儀礼注疏挍勘記序」によると、宋厳州単注本は宋本の中でも最善であり、宋・張淳『儀礼識誤』もこれに依拠したという。宋単疏本はその名の通り賈公彦疏のみを刊行したもので、疏の校勘にはこのテキストが用いられた。ただしこの序文にもある通り、宋単疏本には欠葉があって完全ではない。唐石経とは現在西安の碑林博物館にある「開成石経」のことで、『儀礼』を含めた十二経が一一四枚の石碑に刻まれている。唐の開成年間に完成、のち明代に地震のため倒壊破損したが、王尭恵によって欠字の修訂がなされている。

阮元が校勘で用いたテキストには現在では既に失われているものもあり、その精度から言っても、注疏本が今日目にすることのできる最善の版本であると言える。とはいえ、清朝考証学者たちの目指したところは「孔子の制定した聖なる教えの復元」にあるので、その手法が現在の視点から見てもきわめて「科学的」であるとはいえ、古来の典籍そのままの姿を留めているとは必ずしも言えない部分もある。(8)

そこで、近代以降の出土文字資料が重要な史料になる。これには、熹平石経および武威漢簡「儀礼」の二点がある。熹平石経は後漢熹平年間に立てられたとされる石碑で、一九二二年頃から洛陽の東部、かつて太学のあったとされる場所などで発見されている[9]（以下石経本）。これらの石碑には『儀礼』を含む七つの儒教経典が刻まれたと伝えられ、石経本は後漢後期の正統なテキストがどのようであったかを窺わせる重要な史料といえるが、残念なことにそのほとんどが数字程度の砕片で分量も少なく、その全体像はほとんどわからない[10]。

武威漢簡は一九五〇年代後半に発見された甘粛省武威県磨咀子六号漢墓より出土したもので、甲本・乙本・丙本（服伝のみ）の三種があった[11]。副葬された五銖銭や墓葬の形式などの考古学的知見から、当該墓の墓主は前漢末から新代に埋葬されたと考えられており、これに副葬された武威漢簡『儀礼』（以下漢簡本）もそれからさほど遠くない過去に書写されたものとみられる。漢簡本は現時点で最古のテキストであると同時に、相当な分量がまとまって出土したことから、きわめて重要である。

現時点では、『儀礼』を検討するにあたっては、注疏本を中心に、これら出土文字資料を勘案しながら用いるのが最も確かである[12]。もちろん、これら注疏本・石経本・漢簡本の三種にはいくつかの差異が見られるが、ほとんどは通仮などによる文字の違いであり、それほど内容的な差異はない。

諸テキスト間の差異に関して、賈公彦疏に引く鄭玄『三礼目録』によると、後漢末に存在した『儀礼』には戴徳・戴聖・劉向がそれぞれ整理した三系統があり、これらはそれぞれ篇序が異なっていたことがわかる（表1）。漢簡本の篇序は戴徳本・戴聖本・劉向本のいずれとも合致せず、さらに別の系統が存在していた可能性があり、陳夢家はこれを『漢書』巻三〇芸文志・六芸略・礼類に見える后蒼本と推定している[14]。漢簡本がいずれの系統に属すにせよ、どんなに遅くとも前漢末には今日『儀礼』として知られる典籍とほぼ同じ内容を持つものが、複数のバリエーションに分岐しつつも存在していたことがわかる。

さらにいえば、漢志に、

周の衰うるに及び、諸侯将に法度を踰えんとし、其の己を害するを悪み、皆其の籍を滅去し、孔子の時自りして具わらず、秦に至りて大いに壊たる。漢興るや、魯の高堂生士禮十七篇を傳う。（六芸類礼経後序）

とあり、『史記』巻一二一儒林伝にも、

諸學者多く禮を言えど、魯の高堂生最も本たり。禮固より孔子の時よりして其の經具わらず、秦に至りて焚書せらるに及べば、書の散亡すること益〻多し。今獨り士禮のみ有り、高堂生能く之を言う。

とあることから、我々の手にする『儀礼』は高堂生の伝えた「士礼」十七篇ともおおむね同じものであると推定できる。

表1　戴徳・戴聖・劉向・漢簡本の篇序

戴徳本
士冠　昏礼　相見　士喪　既夕　士虞　特牲　少牢　有司徹　郷飲酒　郷射　燕礼　大射　聘礼　公食　覲礼　喪服
戴聖本
士冠　昏礼　相見　郷飲　郷射　燕礼　大射　士虞　喪服　特牲　少牢　有司徹　喪　既夕　聘礼　公食　覲礼
劉向本
士冠　士昏　士相見　郷飲酒　郷射　燕礼　大射　聘礼　公食大夫　覲礼　喪服
士喪　士喪下　士虞　特牲饋食　少牢饋食　少牢下
漢簡本
【士冠第一】【士昏第二】士相見之礼第三【郷飲第四】【郷射第五】【士喪第六】【既夕第七】服伝第八【士虞第九】
特牲第十　少牢第十一　有司第十二　燕礼第十三　泰射第十四【聘礼第十五】【公食第十六】
【覲礼第十七】[13]

続いて『儀礼』の内容について見ていくことにする。以下、各篇がいかなる内容を持つものか、はじめに鄭玄『三礼目録』を引き[15]、簡単に説明する。なお、ここで筮とともに「卜」に着目した理由は二つあり、一つは『尚書』洪範に「擇びて卜筮の人を建立す」、君奭に「若し卜筮すれば、是れ孚《まこと》ならざるは罔《な》し」とあるように、古くから卜・筮はしばしば同時に用いられていたこと[16]、もう一つは士冠礼・特牲饋食礼・少牢饋食礼に祭祀の日取りを占う筮日という儀節があるのに対して、士喪礼にもほぼ同様の卜日という儀節があることである。これらの儀礼において、両者が同じ儀礼的なコンテクストにあって用いられているのであれば、筮にしても卜にしても、その儀礼の体系の中で意味しているところはおおむね同じと見てよいだろう。それゆえ本稿では卜も筮に準じる形で検討の対象とすることにしたい。

一、士冠礼

童子の職を任ぜらるるに士の位に居らば年二十にして冠す。主人立冠して朝服せば、則ち是れ諸侯・天子の士たり。朝服は皮弁にして素積なり。古は四民世事し、士の子は恆に士たり。(鄭目録)

鄭目録によると、天子・諸侯に仕える士が成人して加冠する時の儀礼である。本篇の内容は、

筮日、戒賓、筮賓、宿賓宿賛冠者、為期、冠日陳設、主人以下即位、迎賓及賛冠者入、始加、再加、三加、賓醴冠者、冠者見於母、賓字冠者、冠者見兄弟・賛者・姑・姊、冠者見君及郷大夫・郷先生、醴賓、送賓帰俎、醮用酒之礼、孤子冠、庶子冠、見母権法、戒賓宿賓辞、加冠祝辞、醴辞、醮辞、字辞、屨

に細分でき[17]、筮日より送賓帰俎までが実際に行うべき儀節で、醮用酒之禮以下は特定の条件下での補足的な説明である。筮が見られるのは筮日および筮賓の両節で、それぞれ冠礼を行う日取りと儀式の主賓である賓を筮によって定めている。

二、士昏礼

士の妻を娶るの禮なり。昏を以て期と爲さば、因みて焉に名づく。必ず昏を以てするは陽の往きて陰の來ればなり。日入りて三商なるを昏と爲す。（鄭目録）

妻を娶る時の婚礼である。本篇の内容は、

納采、問名、醴使者、納吉、納徴、請期、将親迎豫陳饌、親迎、婦至成礼、婦見舅姑、賛者醴婦、婦饋舅姑、舅姑饗婦、饗送者、舅姑没婦廟見及饗婦・饗送者之礼

に細分でき、問名・納吉の記に、[18] 問名の際の言葉として「某既に命を受く、将に諸《これ》を卜に加えんとす。敢えて請う、女《じょ》は誰氏《だれうじ》と爲すか」とあり、納吉の際の言葉として「吾子、命を貺《たま》う有り。某、諸を卜に加えるに、占に曰く、吉と。某也《ぼうや》をして敢えて告げしむ」などとあることからすると、卜が行われていたことがわかる。

三、士相見礼

士の職位を以て相親しむに、始めて摯を承け相見するの禮なり。雜記會葬禮に曰く、「相見や、反哭して退く。朋友や、虞祔して退く」と。（鄭目録）

初めて相見する時の儀礼である。本篇の内容は十二の儀節に細分できるが、士相見礼には卜・筮ともに見られない。

四、郷飲酒礼

諸侯の郷大夫、三年の比に賢者・能者を其の君に獻じ、禮を以て之を賓し之に與る。（鄭目録）

郷において宴飲するときの儀礼である。本篇の内容は二十五の儀節に細分できるが、郷飲酒礼には卜・筮ともに見られない。

五、郷射礼

州長の春秋に禮を以て民を會して州序に射せしむるの禮。之を謂いて郷とするは州が郷の屬なればなり。郷大夫或いは焉に在り、其の禮を改めず。(鄭目録)

郷において行われる射礼である。本篇の内容は五十二の儀節に細分できるが、郷射礼には卜・筮ともに見られない。

六、燕礼

諸侯の事無く、若し卿大夫に勤労の功有らば、羣臣と與に燕飲して以て之を樂しむ。(鄭目録)

宴会を行う時の儀礼である。本篇の内容は三十の儀節に細分できるが、燕礼には卜・筮ともに見られない。

七、大射儀

名づけて大射と曰うは、諸侯の將に祭祀の事あらんとして、其の羣臣と與に射して以て其の禮を觀ればなり。數〻中つる者は祭に與かるを得、數〻中たらざる者は祭に與かるを得ず。(鄭目録)

弓射の儀礼である。本篇の内容は四十六の儀節に細分できるが、大射儀には卜・筮ともに見られない。

八、聘礼

大いに問うを聘と曰う。諸侯の相久しうして事無くんば、卿をして相之に問わしむ。禮小かれば聘して大夫を使う。『周禮』に曰く、凡そ諸侯の邦、交歳なれば相問う。殷なれば相聘するなり。世なれば相朝するなりと。(鄭目録)

互いに聘問する時の儀礼である。本篇の内容は三十三の儀節に細分できるが、本文中には卜・筮ともに見られない。ただし帰饔・餼於賓・介の記には「饔を賜われば唯だ羮飪のみす。一尸を筮するに、若しくは昭、若しくは穆。僕を祝と爲す。祝して曰く、「孝孫某・孝子某、嘉禮を皇祖某甫・皇考某子に薦む」と。饋食の禮の如くす」とあり、尸の選定に筮を用いることが見える。

九、公食大夫礼

國に主たる君は禮を以て小に食らわしめ、大夫を聘するの禮なり。（鄭目録）

前の聘礼と関わる内容で、食事を与える時の儀礼である。賓客を待遇するのに酒を主とするのが燕礼、飯を主とするのが食礼である。本篇の内容は十八の儀節に細分できるが、公食大夫礼には卜・筮ともに見られない。

十、覲礼

覲は見なり。諸侯の秋に天子に見ゆるの禮。春に見ゆるを朝と曰い、夏に見ゆるを宗と曰い、秋に見ゆるを覲と曰い、冬に見ゆるを遇と曰う。朝・宗は禮備わり、覲・遇は禮省かる。是れ享獻を以て見えざるなり。三時の禮は亡び唯此れのみ存す。覲禮は五禮の賓に屬す。（鄭目録）

鄭目録によれば、周王に秋に謁見するときの儀礼である。本篇の内容は十二の儀節に細分できるが、覲礼には卜・筮ともに見られない。

十一、喪服

天子以下死して相喪し、衣服は年月親疏もて之を隆殺す。禮は死と言うを忍ばざれば喪とす。喪は棄亡の辭なり。若し全く存して彼に居らば、已に之を亡とするのみ。（鄭目録）

葬儀の際の服装について記したものであり、厳密に言えば儀礼について記したものではない。卜・筮ともに見られない。

十二、士喪礼

士の其の父母を喪し、始めて死するより既に殯するに至るの禮なり。（鄭目録）
父母が死に、殯が終わるまでの葬儀。殯より後の儀礼は次の既夕に記されている。本篇の内容は始死・復、楔齒　綴足　奠　帷堂、使者赴君、尸在室主人以下哭位、君使人弔襚、親者・庶兄弟・朋友襚、爲銘、沐浴・飯含之具陳於階下者、襲事所用衣物陳于房中者、沐浴飯含之具陳於序下者、沐浴、飯含、襲、設重、陳小斂、饌小斂奠及設東方之盥、陳小斂絰帶、陳牀笫夷衾及西方之盥、陳鼎実、小斂遷尸及主人主婦袒・髻髮・免・髽・襲絰、小斂奠及代哭、小斂後致襚之儀、小斂之夜設燎、陳大斂衣奠及殯具、徹小斂奠、大斂、殯、大斂奠、大斂畢送賓送兄弟及出就次之儀、君臨視大斂之儀、成服、朝夕哭奠、朔月奠及薦新、筮宅兆、視椁視器、卜葬日に細分でき、筮宅兆・卜葬日の両節において、墓所である宅と、そこに埋葬する日である葬日の選定に筮・卜が行われている。

十三、既夕礼

士喪禮の下篇なり。既は已なり。葬に先んずること二日を巳夕と謂い、哭の時葬と閒つること一日なり。凡そ廟に朝する日は啓期を請い必ず容る。此れ諸侯の下士は一廟、其の上士は二廟なれば、則ち既夕の哭は葬前に先んずること三日なり。（鄭目録）

本篇は士喪礼の後半部にあたる。本篇の内容は十七の儀節に細分できるが、本文中には卜・筮ともに見られない。末尾の記には「宅を筮するに、冢人土を物《み》る。日を卜して吉ならば、從うを主婦に告ぐ」とあって筮・卜が見えるが、これは前篇士喪礼の筮宅兆・卜葬日の説明である。

十四、士虞礼

虞は安なり。士既に父母を葬り、精を迎えて反し、日の中するに之を殯宮に祭り、以て之を安んず。（鄭目録）

葬儀の後、祭祀の前に行われる儀礼。本篇の内容は十一の儀節に細分できるが、士虞礼には卜・筮ともに見られない。

十五、特牲饋食礼

特牲饋食の禮、諸侯の士祖禰を祭るを謂い、天子の士に非ず。（鄭目録）

特牲（豚一匹）を犠牲として祖先を祭祀する儀礼。本篇の内容は

筮日、筮尸、宿尸、宿賓、視濯・視牲、祭日陳設及位次、陰厭、尸入九飯、主人初献、主婦亞献、賓三献、献賓与兄弟、長兄弟為加爵、衆賓長加爵、嗣挙奠献尸、旅酬、佐食献尸、尸出帰尸俎徹庶羞、嗣子・長兄弟養、改饌陽厭、禮畢賓出

に細分でき、筮は筮日・筮尸の両節に見え、祭祀の日取りや祖先のよりしろとなる尸の選定のために行われる。

十六、少牢饋食礼

諸侯の卿大夫、其の祖禰を廟に祭るの禮、羊豕もてするを少牢と曰う。（鄭目録）

少牢（羊と豚）を犠牲として祖先を祭祀する儀礼。本篇の内容は

筮祭日、筮尸宿尸宿諸官、為祭期、祭日視殺視濯、羹定実鼎饌器、将祭即位設几加勺載俎、陰厭、迎尸入妥尸、尸十一飯是謂正祭、主人献尸、尸酢主人命祝致嘏、主人献祝、主人献両佐食初献礼竟、主婦献尸、尸酢主婦、主婦献祝、主婦献両佐食亜献礼竟、賓長献尸、尸醋賓長、賓長献祝終献礼竟、祭畢尸出廟、養

に細分でき、筮は筮祭日・筮尸宿尸宿諸官の両節に見え、特牲饋食と同様に祭祀の日取りや尸の選定のため行われている。

十七、有司徹

少牢の下篇なり。大夫既に儐尸を堂に祭るの禮、祭畢わり尸を室中に禮す、天子諸侯の祭は日を明かして繹す。（鄭目録）

本篇は少牢饋食礼の後半部にあたる。本篇の内容は二十八の儀節に細分できるが、卜・筮ともに見られない。

以上十七篇のうち、筮あるいは卜の見えるものに士冠礼・士昏礼・聘礼・士喪礼・既夕礼・特牲饋食礼・少牢饋食礼の七篇があるが、先に見たように既夕礼は士喪礼の後半部分にあたるため、実質的には六篇に筮と卜が見えることになる。

第二節　儀礼とは

続いて「儀礼」そのものについて検討する。儀礼と聞いてまず思い浮かべるのは、王朝の権威を文字通り劇的に体感させるような、荘厳な戴冠式などの典礼だろう。近代の歴史学において、儀礼は、権威が発現し、その参加者によってそれが追認され共有される場として注目されてきた。例えばブロックは、フランスやイギリスの王が持つ、病を癒す力が、古来の儀礼によってもたらされたことを論じた(19)。中国史においても、皇帝による天の祭祀である郊祀を中心に、儀礼と権力の関係について多くの議論がなされてきた(20)。

とはいえ、『儀礼』に見える士冠礼をはじめとする諸儀礼は、このような国家的儀礼と比べるといささか限定されたものであることは否めない。『儀礼』がもともと「士礼」と理解されてきたように、その内容から見ても、それほど大規模な儀礼を意図していたものとは考え難い。『儀礼』に残された諸儀礼は、どちらかといえば文化人類学で用いられる意味での「儀礼」として考えたほうがよいように思う。

文化人類学において初めて儀礼について理論づけたヘネップは、非常に多種多様な儀礼を「通過儀礼」として総括的に定義し、これを分離・過渡・統合の三つに分けた[21]。またヘネップは、物理的あるいは象徴的な「通過」の儀礼を経ることで、その前後における社会的な役割が変化することに注目した。

この古典的な理論に基づけば、士冠礼は典型的な通過儀礼ということになり、そのあらましはこのようになる。すなわち、ある一族の附属物に過ぎなかった男児が、この儀礼を通じて一族全員の承認を得、晴れてその正式なメンバーとして迎え入れられる、ということになろう。これと同様に『儀礼』の諸篇に挙げられている儀礼のうち、卜あるいは筮の見える諸篇について、主役である人物とその役割の変化、またこれへの参加者によって整理すると、おおよそ表2のようになる。

さて、表に掲げたもののうち、士冠礼・士昏礼・士喪礼はいずれもその主役となる人物が明確なため、その人物が儀礼の前後にいかなる状態となるか理解しやすいが、それ以外の儀礼については少しばかり検討を要しよう。

聘礼は使者を歓待し交誼を結ぶための儀礼で、互いに未知あるいは疎遠という状態から、既知という状態へとそれぞれの役割を変化させるために行われる。ただし、それは単に我々のイメージするような交流を深めるという意味だけではなく、『礼記』雑記下に、

相趨や、宮を出でて退く。相揖や、哀次して退く。相問や既に封して退く。相見や、反哭して退く。朋友や虞・附して退く。

とあって「相趨」から「朋友」まで親しさの度合いによって行

表2　卜・筮の見える『儀礼』諸篇における儀礼の概略

篇名	儀礼の前	儀礼の後	参加者
士冠礼	男児	男子	一族
士昏礼	男女	夫婦	血族と姻族
聘礼	未知の人	知己	両者
士喪礼	父母	先祖	一族
特牲饋食礼	悪鬼	神	一族
少牢饋食礼	悪鬼	神	一族

うべき礼が定められていたことからすると、聘礼もそのような交誼の段階を変化させるものであったと考えられる。

特牲饋食礼・少牢饋食礼はいずれも祖先祭祀を中心とした儀礼である。両者の違いは、

特牲饋食の禮は諸侯の士を謂い、祖禰を祭るは天子の士に非ず。（特牲饋食礼・鄭目録）

諸侯の卿・大夫が其の祖禰を廟に祭るの禮なり。羊豕を少牢と曰う。（少牢饋食礼・鄭目録）

曲禮に云う、大夫は索牛を以てし、士は羊豕を以てす。彼は天子の大夫、士は此れ儀禮の特牲なり。少牢は故に是れ諸侯大夫の士なるを知るなり。（特牲饋食礼・経典釈文）

などとあることからすると、第一に供犠が「特牲」であるか「少牢」であるかにあり、それは祭祀を行う人物の身分に起因すると理解されている。とはいえ、細部の違いはあれ、いずれの儀礼とも祖先の招魂に始まり共食を経て一族での会食を終えて解散するという流れは同じであり、祖先祭祀の目的が、荒ぶる祖先に食事を供することで、それによって子孫にもたらされる様々な災禍を防ぐことにあるというのも同様である。こういった祭祀の理念的背景には永い伝統があり、戦国楚の卜筮祭祷簡にも、

恆には貞吉なれど、少しく外に憂《うれい》有り、志事は少しく遅れて得ん。其の故を以て之を説す。昭王に特牛もて罷禱し、之を饋す。文坪夜君・郚公子春・司馬子音・蔡公子家に各特豬・酒食もて罷禱す。夫人に特豬もて畢禱す。志事は速やかに得ん、皆速やかに之を賽せ。（包山楚簡199-200簡）

とある。[22]卜筮祭祷簡は、災禍を避け福徳を招くための祭祀の提案と、その実施の吉凶について卜・筮を用いて占ったものの記録であり、[23]そこには祖先に対する祭祀（すなわち犠牲の供与）によって現世的な禍福がもたらされるという観念が存在する。先に掲げた文は「志事は速やかに得ん」がために昭王をはじめとする墓主の祖先に対して特牛などの犠牲を用いて祭祀すべきかを問うものであった。ヘネップの理解に即して言えば、これらの祭祀はこの世に厄災をもたらす「荒魂」である祖先神を、その血肉を受け継ぐ子孫の祭祀によって鎮め、「和魂」へと変化させる儀礼ということになる。

以上見てきたように、『儀礼』における様々な儀礼は、その主役たる人物の権威を表出するためというよりも、祖先や祭祀体系などの文化的背景を共有する比較的小規模な集団内での結びつきを強めるために存在していたと考えられる。

第三節　『儀礼』に見える筮の目的

先に見たように、筮の見える儀節では、主たる儀節を行う日取りや、死者を複葬する宅、祖先に代わり祭祀を受ける尸の選定などが行われていた。いずれも主たる儀節や儀式そのものの当否を左右する重要な事柄である。その選定は、士冠礼に「若し不吉なれば、則ち遠日を筮すること初めの儀の如くす」などとあるように、筮の結果が凶であった場合は吉となるまで繰り返し行われており、それゆえ、筮の結果が吉であるということは、その儀式を行ううえで前提となる必須の条件であった、と言うこともできる。筮の結果が吉となるまで、その儀礼を行うことは許されなかったのである。

とはいえ、『礼記』曲礼上に「外事は剛日を以てし、内事は柔日を以てす」とあるように、内事を行うには柔日（乙丁己辛癸）が、外事を行うには剛日（甲丙戊庚壬）が吉日と固定されることもあり、これに従えば、少なくとも日取りの選定（求日）に関しては、形骸化したものであることは否めない。いわゆる「日書」のごとく、[24]良日があらかじめ決まっているのであれば、あらためて筮によって吉日であるかどうかを判断する必要がないからである。だが、栗原圭介氏が「求日の習俗は極めて古い時代からあった…中略…（『儀礼』などに見える）求日のための卜筮は殆ど形式儀礼化していた」と述べているように、[25]それは歴史的な変化として見るべきであって、筮によって求日することの重要性が従前から低かったわけではない。それは宅や尸といった重要な事柄の選定には依然として筮が用いられていることからもわかる。

では、なぜ『儀礼』において、筮による吉凶の判断がかように重要視されていたのだろうか。それを考えるうえで注目すべきなのは、筮によって定まる吉凶が、いったい誰にとってのものなのか、という点である。

　まず士冠礼から見てみることにする。士冠礼で筮が行われるのは求日と筮賓の二つの儀節においてであるが、

> 士冠禮。廟《びょう》門に筮す。**主人**は玄冠・朝服・緇帯・素韠し、位に門の東に即き西面す。**有司**は主人の服の如くし、位に西方に即き、東面して北を上とす。筮と席・卦する所の者は、具《とも》に西塾に饌《なら》ぶ。席を門中の闑の西閾の外に布き西面とす。**筮人**は筴を執り、上韇を抽き、之を兼せ執りて、進みて命を主人に受く。**宰**は右より少しく退きて命を賛く。筮人許諾し、右還して席に即き坐して西面す。卦する者左に在り。筮を卒わり、卦を書く。執りて以て主人に示す。主人受け眡《み》て之を反す。筮人還り、東面して旅占し、卒われば進みて吉を告ぐ。若し不吉なれば、則ち遠日を筮すること初儀の如くす。筮席を徹し、**宗人**事の畢るを告ぐ。…（中略）…期に前んずること三日、賓を筮することと求日の儀の如くす。（士冠礼）

とある通り、その参加者は、主人・有司・筮人・宰・宗人の五名である。有司・宰・宗人は儀礼の進行に関わる立場にあるが、その関与は従属的であり、彼らにとっての吉凶を知るため、筮が行われていたとは考え難い。筮人は実際に筮を行うもので、残る主人も、この儀礼の執行者で中心的な立場にあるが、その意志を筮によって知る必要はなく、筮の結果については受け手に過ぎない。すると、筮はここに明示されていない誰かのため行われていることになる。それが誰なのかを考えるために、ひとたび士冠礼の儀礼的な意味に立ち返ることにする。

　士冠礼は一族を構成する「全員」が参加する、その集団への加入を承認する儀式である。ということは、鄭注に「冠するに必ず日を廟門に筮するは、成人の禮を以て子孫と成るを重んずればなり」とあることから推測されるように、既に没した祖先もまたこの儀式へ参加する資格を備えているはずで、むしろ彼らの承認こそが最も重視すべきものと考えられていたのではないか。つまり、士冠礼における筮は、祖先の承認を得るために行われていると考えられるのである。これを傍証するのが、特牲饋食礼の求日において唱えられる命辞に、

孝孫某、來日某を筮し、此の某事を諏《はか》りて、其の皇祖に某子に適《ゆ》く。尚《こいねがわくは》饗けよ。

とあり、また少牢饋食礼にも、

孝孫某、來日丁亥、用いて歳事を皇祖伯某に薦め、某妃を以て某氏に配せんとす。尚《こいねがわくは》饗けよ。

とあるもので「孝孫」「皇祖」などの語に明らかなように、祖先に対する問いかけの形となっている。士冠礼には求日に際しての命辞はないが、形式的な対応関係から見ても、これに類する言葉が発せられていたと見てよいだろう。

ただし鄭玄は、士冠礼で求日を行う場所について「堂においてせざるは蓍の靈の廟神に由るを嫌えばなり」とし、「めどき」（＝筮）の霊が祖先の霊によって干渉されてしまうのを避けるため、堂下でなく廟門において筮を行うと説く。これによると士冠礼の求日は祖先ではない別の（おそらくは筮の）神霊の意向をたずねるものであることになるが、特牲饋食礼・少牢饋食礼で求日を行うのもやはり廟門の外であり、そこでは明らかに祖先に向けての貞問が行われていることからすると、この理解に従うことはできない。

廟門において「筮」する理由は、また別の観点からも検討することができる。「門」は民俗学的にいえば内と外との中間に位置する「境界」としてしばしば認識される。例えば前漢に盛行した占術の一つである「刑徳七舎」は、「刑」と「徳」が「室・堂・庭・門・巷・術・野」の七カ所（七舎）を移動し、その位置によって陰陽の消長を占うが、そこでは「門」はまさしく内（室・堂・庭）と外（巷・術・野）とを隔てる中間点として登場する。(26) こういった門の境界としての性格が、ここで様々な祭祀が行われる原因と考えられる。(27) 士冠礼において求日が廟門にて行われるのは、それが祖先の宿る廟と生者の生活する場の境界に位置するからではないか。

士昏礼に見える卜は「賓鴈を執り、問名を請う。主人許す」とある「問名」、および「納吉は、鴈を用うこと、納采の禮の如くす」とある「納吉」の記に、

問名して曰く、「某既に命を受く、將に諸《これ》を卜に加えんとす。敢えて請う、女《じょ》は誰氏《だれうじ》と為すか」と。（士昏礼・問名）

納吉して曰く、「吾子、命を貺《たま》う有り。某、諸を卜に加えるに、占に曰く、吉と。某也《ぼうや》をして敢えて告げしむ」と。（士昏礼・問名）

とある。問名・納吉する際の言辞に「諸卜を加う」とあることからすると、婚姻に際しても卜が行われ、鄭注に「問名は、將に歸りて其の吉凶を卜わんとするなり」、「歸りて廟に卜し、吉兆を得れば、復た使者をして往告せしめ、昏姻の事は是に定まる」とあるのに従えば、それはやはり廟前で行われていたことになる。

聘礼に見える筮は、帰饔・餼於賓・介の記に見え、聘が終わり帰還し饔を廟に捧げる際の尸を選定するために行われる。その祝祷の辞に「孝孫某・孝子某、嘉禮を皇祖某甫・皇考某子に薦む」とあることからしても、聘礼に見える筮も祖先の意向を汲むものであったと言える。

士喪礼には、

筮宅。…（中略）…筮者東面して上韇を抽き、之を兼《あわ》せ執り、南面して命を受く。命に曰く、「哀子某、其の父某甫の爲に宅を筮す。茲の幽宅の兆基を度るに、後艱の有る無きや」と。筮人許諾し、命を述べず、右還し、北面し、中封を指して筮す。（士喪礼・筮宅兆）

卜日。…（中略）…宗人卜人に龜を受け、高を示す。卜に涖《のぞ》むもの受け視て之を反す。宗人還り、少しく退き、命を受く。命に曰く、「哀子某、來日某、其の父某甫を葬らんことを卜するに、考降りて悔に近づくこと有る無きか」と。（士喪礼・卜葬日）

とある「筮宅」と「卜日」の儀節があり、その言辞に「後艱の有る無きや」「考降りて悔に近づくこと有る無きか」などとあることからすると、筮・卜の目的は、明らかに、死んで祖先の一員となった亡父による災禍がないかを問うものであったことがわかる。

特牲饋食礼・少牢饋食礼に見える筮が何を目的とするかについては既に検討したが、いま結論のみを繰り返すと、やはり祭祀を執り行うにあたって、祖先の意向を求めるものであった。

同様に、占卜によって祖先の声を聞くという事例は他の文献にも見え、例えば『尚書』金縢に、

既に商に克つ。二年、王疾有り、豫《い》えず。二公曰く、「我其れ王の爲に穆卜せん」と。周公曰く、「未だ以て我が先王を戚わす可からず」と。公乃ち自ら以て功と爲す。三壇を同墠に爲り、壇を南方の北面に爲る。周公焉に立つ。璧を植え珪を秉り、乃ち大王・王季・文王に告ぐ。史乃ち冊もて祝して曰く、「惟爾の元孫某、厲虐の疾に遘う。若し爾ら三王、是れ天に丕子の責有らば、旦を以て某の身に代えよ。予は仁にして考、能く多材にして多藝なり、能く鬼神に事う。乃の元孫は旦の多材にして多藝に若かず、鬼神に事う能わず。乃ち帝庭に命ぜられ、四方を敷佑し、用て能く爾の子孫を下地に定む。四方の民は祇畏せざるは罔し。嗚呼、天の降す寶命を墜すこと無くんば、我が先王も亦永く歸すること有らん。今我即ち元龜に命ず。爾之我を許さば、我其れ璧と珪とを以てし、歸りて爾が命を俟たん。爾我を許さざれば、我乃ち璧と珪とを屛せん」と。乃ち三龜に卜す。

とある。ここで周公が武王のために「穆卜」し、その平癒を祈る相手の三王（大王・王季・文王）は周公や武王にとっての祖先であり、その意向を問うことが卜の目的であることが見てとれる。

以上より、『儀礼』において筮とその結果とが重視されているのは、それが祖先の声を伝え、それによって儀式に対する承認を得ることができるからであったと考えられよう。

むすび

最後に、祖先の声を聞くということが、当時の社会においてどのような意味を持っていたかについて考えてみたい。例えば『論語』為政に「孟懿子孝を問うに、子曰く、「違うなかれ。…（中略）…生くればこれに事うるに禮を以てし、

死すればこれを葬るに禮を以てし、これを祭るに禮を以てす」と」とあり、『礼記』祭統にも「是の故に孝子の親に事うるや、三道あり。生くれば則ち養い、没すれば則ち喪し、喪畢れば則ち祭る」とあるように、「孝」には老いた父母を養うことだけではなく、死没した父母の葬儀やその祭祀も含まれている。

加地伸行氏によると、祖先崇拝の中にある死生観を具体化したものが孝であり、その上に儒家思想の体系全体が構築された。[28] また池澤優氏は、古代中国における祖先崇拝は、祖先が人間と超越的な力（天や帝《てい》）の間にある仲介者である、という性格に基づいており、儒教における孝はその上に成立することを論じた。[29]

これらの議論によると、一族に関わる重要な儀礼に際して、筮（あるいは卜）によって祖先の意向を知り、それに忠実に従うということは、儒教で中心的な徳目の一つに掲げられる孝の思想に合致するものであったと言え、それゆえに筮は重視されていったのではなかろうか。

注

（1）文化は非常に多くの内容を含む語で、およそ様々な定義がなされており（テリー・イーグルトン、大橋洋一訳『文化とは何か』松柏社、二〇〇六年）、古典的な「バズワード」と言える。とはいえ、敢えてここでは「ある集団内で共有される価値の体系と、それにもとづく物事や行為の集積」と見ておきたい（デヴィッド・キャナダイン、平田雅博他訳『いま、歴史とは何か』ミネルヴァ書房、二〇〇五年）。

（2）底本に中華書局の点校本を用いた（中華書局、一九六二年）。

（3）漢志では、六芸とは詩・書・礼・楽・易・春秋の六種の経典を指し、詩・楽・春秋をのぞく後序に「易曰」とあって『易経』が引用されている。

（4）前漢における儒教の「国教化」については異論も多いが、少なくとも後漢初にそのような言説があったことは否定できない。

(5) 西嶋定生の説く冊封体制による「東アジア世界」は、漢字・儒教・官僚制度を媒介に広がったとされる（同氏『中国古代帝国の秩序構造と農業』西嶋定生東アジア史論集第一巻、岩波書店、二〇〇二年）。

(6) 宋・欧陽脩『易童子問』。

(7) ジュリア・クリステヴァ、原田邦夫訳『記号の生成論「セメイオチケ」』（せりか書房、一九八三年）。また、ジェラール・ジュネット、和泉涼一訳『パランプセスト―第二次の文学』（水声社、一九九五年）も参照。

(8) 例えば段玉裁は梁啓超が称える通り小学（文字学）の分野で大きな業績を残しているが（梁啓超、小野和子訳注『清代学術概論』一一五頁、東洋文庫二四五、平凡社、一九七四年）、その『説文解字注』ではしばしば自説に基づいて本文を更改することがあり、注意を要する。

(9) 後漢末に董卓による長安遷都にともない移設されたと考えられ、長安近辺でもいくつか出土例がある。

(10) 日本では書道博物館、藤井有鄰館などに残石が所蔵されている。

(11) 甘粛省博物館・中国科学院考古研究所編『武威漢簡』（考古学専刊乙種一二号、中華書局、二〇〇五年）。

(12) 武威漢簡『儀礼』の最新の注釈書に張煥君・刁小龍『武威漢簡儀礼整理与研究』（武漢大学出版社、二〇〇九年）がある。

(13) 【　】内は原簡になく、陳夢家が比較的順序の近い戴聖本から推定したもの。注（11）甘粛省博物館・中国科学院考古研究所前掲書。

(14) 注（11）甘粛省博物館・中国科学院考古研究所前掲書。

(15) 鄭玄『三礼目録』は『隋書』巻三二経籍志に「三禮目録一巻、鄭玄撰。梁に陶弘景注一巻有るも、亡ぶ」とあるもので、『儀礼』各篇の冒頭で、賈公彦疏が「鄭目録云…」として引用するもの。

(16) いわゆる「数字卦」が殷墟や周原から出土した甲骨に見えることからも、卜・筮が非常に古い歴史的関わりを持つと考えられている（張政烺「試釈周初青銅器銘文中的易卦」『考古学報』一九八〇年第四期）。

(17) 儀節の名称、分割は池田末利訳『儀礼』（東海大学古典叢書、東海大学出版会、一九七四年）を参考にした。以下の諸篇も同様。

(18) 記は『儀礼』の経文に対する注記で、その補足や説明である。詳細については前掲武威漢簡発掘報告書や田中利明「儀礼の「記」の問題」(『日本中国学会報』第一九集、一九六七年)などを参照。

(19) マルク・ブロック、井上泰男・渡邊昌美訳『王の奇跡』(刀水書房、一九九八年)。

(20) 妹尾達彦「帝国の宇宙論」(『王権のコスモロジー』、比較歴史学体系一、弘文堂、一九九八年)。

(21) アルノルト・ファン・ヘネップ、綾部恒雄・綾部裕子訳『通過儀礼』(人類学ゼミナール三、弘文堂、一九七七年)。

(22) 包山楚簡は一九八六年に湖北省荊門市にある包山墓群の二号墓より出土した。竹簡の内容は司法文書・卜筮祭祷簡・遣策に大別される。二号墓の墓主は戦国楚の左尹であった卲㠯で、前三一六年に被葬された。釈文・字釈は劉信芳『包山楚簡解詁』(芸文印書館、二〇〇三年)に従った。

(23) 戦国楚で行われていた卜筮祭祷の習俗がいかなる実態であったかについては、工藤元男「包山楚簡「卜筮祭祷簡」の構造とシステム」(『東洋史研究』五九・四、二〇〇一年)の先駆的な研究によってすでに明らかにされている。

(24) 「日書」は干支・建除など周期的に変化する日の順序に基づいて当日における物事の宜忌を決める一連の占卜であり、その代表例として睡虎地秦簡「日書」が知られている(工藤元男『睡虎地秦簡よりみた秦代の国家と社会』創文社、一九九八年)。

(25) 栗原圭介「択日攷」(『漢学会誌』八、一九六八年)。

(26) 刑徳七舎は、『淮南子』天文訓のほか孔家坡漢簡・日照海曲簡・居延漢簡などの出土文字資料にも見える(小倉聖「出土資料に見える刑徳七舎とその運行理論の相異について」第二節〈本書所収〉参照)。

(27) 斉藤道子「中国先秦時代の門をめぐる一考察：春秋時代を中心に」(『東海史学』四八、二〇一四年)。

(28) 加地伸行『儒教とは何か』(中公新書九八九、中央公論社、一九九〇年)。

(29) 池澤優『「孝」思想の宗教学的研究』(東京大学出版会、二〇〇二年)。

告地書と葬送習俗

森　和

はじめに

「告地書」とは、主に前漢時代の墓葬から出土する葬送文書の一種であり、「冥土への旅券」[1]と称されたり、「告地策」[2]と呼ばれることもある。この種の資料は、一九七五年三月〜六月に発掘された鳳凰山一六八号漢墓から出土した一枚の竹牘を嚆矢とし、現在までに八件ほど公表されており[3]、相応の研究成果が蓄積されている[4]。しかし、告地書は葬送文書であると同時に、実際の行政文書の形態・書式に倣った擬制文書であるため、資料に反映された前漢時代の文書伝達や戸籍などの社会制度と葬送習俗や死生観に関わる宗教文化のいずれか一方を議論する研究が多く、それでは告地書という簡牘資料の本質を理解するのは難しいように思われる。そこで、小論では告地書としておおよそ認知されている八件の竹木牘を分析し、社会制度と宗教文化がどのように絡みあっているのか、またそれが何を意味するのか、などについて考えてみたい。

第一節　告地書の内容と書式

まず告地書の形態・書式、および内容を通覧するため、嗃矢となった鳳凰山一六八号漢墓のものから発掘年代順に釈文を列挙する。

①鳳凰山一六八号漢墓竹牘[5]

十三年五月庚辰、江陵の丞敢えて坨（地）下の丞に告ぐ、「市陽の五夫＝（大夫）隧（遂）[6]自言す、大奴良等廿（二十）八人・大婢益等十八人、軺車二乘・牛車一兩、騶馬四匹[7]・駠馬二匹・騎馬四匹と與《とも》にす、と。吏をして以て事に従わしむべし」と。敢えて主に告ぐ。

②鳳凰山一〇号漢墓一号木牘[8]

竹司（笥）二	尺卑＝一具	案一	脯二束
望笥一	會卑＝一具	布橐食一	豚二
圂一	食檢（奩）一具	縑橐米二	柯一具
大奴一人	櫝（牘）一具	帷一長丈四二福（幅）	赤杯三具
大婢二人	小于（盂）一具	瓦器凡十三物	黑杯五

大食卑＝一具（以上、正面）

酒柙二斗一

四年後九月辛亥、平里の五夫＝（大夫）倀（張）偃敢えて坨（地）下の主に告ぐ、「偃の衣器物の以て葬具[9]（？）とする所の器物の名なり。會（？）をして[10]律令を以て事に従わしめよ」と。（以上、背面）

③馬王堆三号漢墓木牘⑾

十二年二月乙巳朔戊辰、家丞奮、主贜（葬）⑿郎中に移す、「贜（葬）物一編を移す。書到らば、先ず選（撰）《かぞ》え、⒀具さに主贜（葬）君に奏せ」と。

④胡場五号漢墓木牘⒁

卌（四十）七年十二月丙子朔辛卯、廣陵宮の司空長前・丞能⒂敢えて土主に告ぐ、「廣陵石里の男子王奉世、獄事＝（事）有りしも、（事）已《お》わり、故《もと》の郡郷（以上、正面）里に復《かえ》る。遣りて自ら移を致して穴に栺（詣）らしむ」と。卌（四十）八年、獄計。⒃「書を承けて事に従うこと、律令の如くせよ」と。（以上、背面）

⑤毛家園一号漢墓木牘⒄

十二年八月壬寅朔己未、建郷の疇⒅敢えて垞（地）下の主に告ぐ、「泗（?）陽の關内矦（侯）の寡、大女精死自言す、⒆家屬・馬牛と以《とも》⒇に徙る、と。今、牒に與にする所の徙者を書くこと㉑七十（七十）㉒三牒、之を移す。家復なれば、事とせず。吏をして數を受けて以て事に従わしむべし。㉓它は律令の如くせよ」と。敢えて主に告ぐ。

⑥高台一八号漢墓木牘㉔

安都
江陵
丞印（以上、木牘甲）

七年十月丙子朔庚[子]、中郷の起敢えて之を言《もう》す、「新安の大女燹（燕）自言す、大奴甲乚・乙、[大]婢妨と與に安都に徙る、と。安都に告げんことを謁《もと》む、[名]數を受け、書到らば、報を爲せ」と。敢えて之を言す。
十月庚子、江陵龍氏㉕の丞敬、安都の丞に移す。／亭手（以上、木牘乙正面）
產手（以上、木牘乙背面）

新安、戸人、大女、燕、關内矦（侯）の寡

大奴甲
大奴乙
大婢妨　　家優にして筭（算）せられず、願なし。(26)（以上、木牘丙）
壺一雙　髹杯二雙一奇
盛一雙　問一雙
鉈一雙　椑蒙二雙
檢（奩）一合　五角嚢
卮一合　黄金嚢一
畫杯三雙　脯一束（以上、木牘丁）

⑦孔家坡八号漢墓木牘(27)

二年(28)正月壬子〈甲辰〉朔甲辰〈壬子〉、(29)都鄉燹（燕）(30)・佐戎敢えて之を言す、「庫嗇夫辟、奴宣馬」・取」・宣之」・益眾」、婢益夫・末眾、車一乘、馬三匹と與にす」と。

正月壬子、桃矦（侯）國の丞(31)萬、坨（地）下の丞に移す、「數を受くるも（以上、正面）、報ずる毋かれ」と。

定手（以上、背面）

⑧謝家橋一号漢墓竹牘(32)

五年十一月癸卯朔庚午、西鄉の辰敢えて之を言す、「郎中(33)、【五】(34)夫＝（大夫）昌自言す、母の大女子恚死し、衣器・葬具及び從者の子・婦・偏下妻、奴婢・馬牛・物」と以《とも》にす。人ごとに一牒＝（牒、牒）百卆（九十）七枚。昌の家は復なれば、與《あずか》る所有る毋かれ。詔令有り、と。坨（地）下の丞に告げんことを謁む、以て事に從え」と。敢えて之を言す。（以上、竹牘一）

十一月庚午、江陵の丞虒（匽）、坨（地）下の丞に移す、「吏をして以て事に従わしむべし」と。

／臧手（以上、竹牘二）

―[35]郎中、五夫＝（大夫）昌の母・家屬は復に當たり、與る所有る毋かれ。（以上、竹牘三）

右に列挙した八件の告地書を通覧すると、[36]すでに多くの先学が指摘してきたように、いずれも「自言」「移」「敢言之」などの語句が頻見し、居延漢簡に代表される西北辺境出土簡牘や里耶秦簡など非墓葬、フィールド出土の行政文書との近似性が顕著であることは一目瞭然である。しかしその一方で、そのような擬制文書としての特徴を共有しながらも、個々の文面や書式はかなり多様である。張文瀚氏はこの状況を「この種の文書（告地書。引用者注）は漢代の官方文書を模倣しているため、いくらかの基本的な特徴を備えているが、しかしそれ自体はけっして厳格に定まった書式を形成しておらず、また墓主の身分の相違などの原因によっていくらかの差異が存在する」と解説する。[37]そこでまず個々の差異を整理検討することにより、告地書の文書としての基本的な構造や書式を考えてみたい。

表1は告地書の発信者および宛先を整理したものである。告地書の最終的な宛先は「地下丞」などと称される地下、すなわち埋葬後の世界の官吏であるが、③馬王堆の「主葬郎中」と⑥高台の「安都丞」は他と大きく異なり、説明を要する。③の「主葬郎中」について、兪偉超氏が漢代において「贓（藏）」と「葬」は音と義ともに通じるとし、「主葬郎中」と下文に見える「主葬君」を死者を管掌する地下世界の官吏であるとの見解を示して以降、[38]③を告地書と見做す研究者は基本的にその説に従う。これに対して陳

表1　告地書における発信者と宛先

墓葬	年	月	日	発信者					宛先	「自言」者他			
				郡国/県	郷/里	官/爵	姓名	動詞	地下官吏	県/郷/里	官/爵/性別等	姓名	動詞
①鳳凰山M168	文帝前13(前167)	5月	庚辰(13)	江陵		丞		敢告	地下丞	市陽	五大夫	遂	自言
②鳳凰山M10	景帝前4(前153)	後9月	辛亥(8)		平里	五大夫	張偃	敢告	地下主				
③馬王堆M3	文帝前12(前168)	2月	戊辰(24)			家丞	奮	移	主葬郎中				
④胡場M5	宣帝本始3(前71)	12月	辛卯(16)	廣陵		宮司空長丞	前能	敢告	土主	廣陵//石里	男子	王奉世	
	宣帝本始4(前70)					獄	計	承書					
⑤毛家園M1	文帝前12(前168)	8月	己未(18)		建郷		疇	敢告	地下主	泗(?)陽	關内侯寡	精死	自言
⑥高台M18	文帝前7(前173)	10月	庚子(25)		中郷		起	敢言之	(江陵龍氏丞敬)	新安	大女	燕	自言
		10月	庚子(25)	江陵	龍氏	丞	敬	移	安都丞				
⑦孔家坡M8	景帝後2(前142)	正月	壬子(9)		都郷	佐	燕戎	敢言之	(桃侯國丞萬)		庫嗇夫	辟	
		正月	壬子(9)	桃侯國		丞	萬	移	地下丞				
⑧謝家橋M1	呂后5(前183)	11月	庚午(28)		西郷		辰	敢言之	(江陵丞)		郎中、五大夫	昌	自言
		11月	庚午(28)	江陵		丞	匽	移	地下丞				

松長氏は同じ馬王堆三号漢墓から出土した他の遣策や木牌の用例から「贕」字を「葬」に読むことはできず、「贓」字(「臧」や「藏」の俗体)の異体で「蔵匵」の意味とすべきで、「主藏郎中」と「主藏君」を漢の天子あるいは長沙国の王が派遣した葬礼を主管する郎中令と持節使君であると指摘する。(39) この場合、③は葬送儀礼に関与した実際の人間(軑侯家の家丞である奮と主蔵郎中・主蔵君)の間でやりとりされた公文書であり、告地書という擬制文書ではなくなる。しかし、ここで二つほど疑問が生じる。一点目は発信者から送り先へ使用される語句である。漢朝ないし長沙王から派遣された主蔵郎中は軑侯家の家丞より上位の官吏であるから、当然この文書は上行文書であるはずである。そうであるならば、「家丞奮、主蔵郎中に移す、蔵物一編を移す。……」ではなく、「家丞奮敢えて之を主蔵郎中に言す、謹みて蔵物一編を移す。……」のように「敢言之」や「謹」など上行文書に相応しい語句が使用されていなければならないと思われるが、(40) これはそうなっていない。二点目は、これが実際にやりとりされる文書であったとするならば、家丞奮が文書を主蔵郎中に移送して「具さに主蔵君に奏せ」と要請している以上、さらに主蔵郎中から主蔵君への上奏が行われ、それを示す文書、例えば「主蔵郎中敢えて之を奏す。……」などの文書が附されなければ完結しないのではなかろうか、という疑問である。たとえこの木牘が副葬用に作成された副本もしくは写しであったとしても、葬礼を主管するために派遣された主蔵郎中が自ら主管する葬礼においてこのような不備のある文書を葬礼の過程で副葬したとは考えにくい。一方、⑥高台の「安都丞」については、山田勝芳氏のように「安都丞」および「安都」を現実社会の地名・官吏とし、江陵で死亡した墓主燕が安都国への移住・改葬を望んでいたと解する説も完全には否定できないが、(41) 劉国勝氏が南朝宋および南朝斉の時代の買地券に死者を管理する冥府の官吏の一人に「安都丞」が見えることを指摘し、「安都」という地名も『楚辞』招魂篇に「魂よ、歸來《かえりきた》れ。君、此の幽都に下りる無かれ」とあり、その王逸章句に「幽都は、地下、后土の治む所なり」と言う「幽都」に比較的近似した呼称であろうとする見解(42)に従いたい。

前掲した八件の告地書がいずれも地下世界の官吏に宛てて送られた擬制文書であることが確認されたところで、その経路を見てみると、地下世界の官吏へ直接送られる場合（①～⑤）と、その前に他の人物が介在する場合（⑥～⑧）の二通りの経路があることが判明する。後者の経路は、基本的には墓主である「自言」[43]者がまず地下世界への移住を所属の郷に申請し、その内容が郷の主管官吏から所属の県もしくは侯国の丞に「敢えて之を言す」上行文書として送られ、それを県もしくは侯国の丞から地下世界の官吏に宛てて「移」送するという流れである。この流れが現実社会における移住の正式な手続きに則ったものであることは、張家山漢簡[44]「二年律令」戸律（簡三二八）に、

> 恆に八月を以て郷部嗇夫・吏・令史をして相雜えて戸籍を案ぜしめ、副は其の廷に藏せしむ。移徙する者有れば、輒ち戸及び年籍・爵の細を徙所に移して竝びに封す。留めて移せず、移するも竝びに封せず、及び實に數を徙さざること十日に盈たざるは、皆な罰金四兩。數の在る所の正・典の告げざるは、與に同罪。郷部嗇夫・吏主及び戸を案ずる者の得えざるは、罰金各〃一兩。

とある律文から明らかである。[45]ここには郷部嗇夫ら郷吏が戸籍を調査すること、移住者がいる場合には戸と年齢や籍貫、爵位などの詳細を一緒に移住先に送って封印すること、それらの実務の不履行に対する罰則が記されており、現実社会の移住に際して郷吏が重要な役割を担っていたことが知られる。[46]⑥～⑧の告地書において墓主あるいはその血縁者がその移住を「自言」した対象がいずれも某郷の某であり、これが正式な手続きであったとするならば、地下世界の官吏へ直接送る書式で書かれた①～⑤は擬制文書であるがゆえの、あるいは他の何らかの理由による簡略化と見做せよう。

また刑義田氏が夙に指摘したように、移住に際して「年籍・爵の細」も移住先に送るとされているのは、⑥高台の告地書に「名數を受け、書到らば、報を爲せ」といい、木牘内のように戸人の名や身分などを列挙した独立した一枚の「名數」木牘が附されていることと一致する。[47]この点については、年齢や籍貫、爵位の詳細だけではなく、⑧謝家橋の「自言」内容に「人ごとに一牒、牒百九十七枚」、⑤毛家園に「今、牒に與にする所の徙者七十三牒を書き、之を移す」などとある「牒」に書かれた同行者や携帯器物（実際は俑などの副葬器物）の名と数量そのものが「名數」に相当すると考え

られる。(48) 内容が全て明らかにされている訳ではないが、謝家橋一号漢墓からは遺策が二百八枚（副葬器物を個別に記した個別簡が百九十七枚、分類小計簡が十一枚）、毛家園一号漢墓からは遺策が七十四枚、実際に出土しており、(49) それぞれ枚数が対応する。さらに「名數」や「牒」という語が見えない他の告地書でも①鳳凰山一六八号と③馬王堆はそれぞれ遺策が六十六枚（うち分類小計簡二枚）・四百八枚（木牘六枚・竹簡四百二枚、うち木牘と竹簡六枚が分類小計簡）同出しており、②鳳凰山一〇号の場合は正面から背面の一行目まで、告地書の前段に副葬器物の名称と個数が列記され、④胡場も「喪祭物品牘」一枚と具体的な副葬器物について記した木簽六件・木觚（封検）七件が同出している。(50) これらはいずれも移住手続きという面において、告地書が遺策や副葬器物の記録と密接不可分な関係にあることを示唆するものである。唯一遺策が出土していない⑦孔家坡については庫嗇夫の辟が移住に同行する奴婢の名前や人数、車馬の数などを「自言」したことをもって代替している可能性を想定できる。このような告地書と遺策・副葬器物との関係を整理すると、表2のようになる。

以上の検討から、告地書の最も整った書式は次のように復元することができる。

〈紀年〉〇〇年××月□□朔△△、〈郷名〉〈人名〉敢言之、「〈里名〉〈官名・爵位・性別など〉〈人名（墓主あるいはその親族）〉自言、〈墓主〉與／以〈器物（携帯＝副葬器物）〉・〈同行者（家族・奴婢）〉・〈車馬など〉徙〈移住先（地下世界）〉。《〝名數〟が記された牒の説明》。謁告〈地下世界の官吏〉、《受信後の指示》」。敢言之。

表2　告地書と同出遺策類の関係

墓葬	告地書								遺策他
	墓主		器具	家族／奴婢	車	馬牛		牒・名数	
①鳳凰山M168	市陽五大夫 遂	與		大奴良等廿八人 大婢益等十八人	軺車二乘 牛車一兩	騶馬四匹 駠馬二匹 騎馬四匹			遺策 66 枚(64 枚)
②鳳凰山M10	平里五大夫 張偃							偃衣器物所以葬具(?)器物名	告地書正面
③馬王堆M3	?	移	葬物一編						遺策 408 枚(396 枚)
④胡場M5	廣陵石里男子 王奉世								喪祭物品牘 1 枚 木簽 6 件 封検 6 件
⑤毛家園M1	泗(?)陽關内侯寡 精死	以		家屬		馬牛	徙	今牒書所與徙者七十三牒、移之可令吏受數以從事	遺策 74 枚(未詳)
⑥高台M18	新安大女 燕	與		大奴甲・乙 大婢妨			徙	受名數、書到、爲報	木牘丙
⑦孔家坡M8	庫嗇夫 辟	與		奴宜馬・取・宣之・益衆 婢益夫・末衆	車一乘	馬三匹		受數、毋報	×
⑧謝家橋M1	母大女 恚	以	衣器・葬具	子・婦・偏下妻 奴婢	車	馬牛・物		人一牒、牒百九十七枚	遺策 208 枚(197 枚)

〈紀年〉〇〇年××月□□朔△△、〈県名〉〈官名〉〈人名〉移〈地下世界の官吏〉、「《受信後の指示》」。
《他の添付文書》

これらの告地書を構成する諸要素を基本として改めて八件の内容を見てみると、いずれも何かしらの要素が欠けているが、文書の伝達経路によって二大別したうち、地下世界の官吏へ直接送られる省略型（①〜⑤）の中に特に不規則な要素が多いことに気づく。例えば、②鳳凰山一〇号と③馬王堆はどちらも同行者や車馬などへの言及がなく、②前段の副葬器物の一覧を指すと思われる「偃の衣器物の以て葬具（？）とする所の器物の名」あるいは同出の遣策を指す「葬物一編」を挙げるだけである。ただし、これらは⑧謝家橋の事例を踏まえるならば、表2の「器具」から「牒・名數」までを一括した表現と見做すことが可能である。

他の告地書と書式・内容が最も乖離していて一見告地書とは言い難く、注意しなければならないのが、④胡場のものである[51]。そこでは、王奉世という男性が刑期を終えて故郷に帰ることを、広陵宮の司空長らが地下世界の官吏「土主」に通知する形式を採るが、その帰郷は通常のものではなく、王奉世自身に「移」（移書）を持たせて「穴」（墓穴を指すか）へ行かせる、つまり地下世界への移住である。刑徒の護送については、睡虎地秦簡「封診式」遷子に[52]、

今、丙の足を鋈し、吏・徒をして傳および恆書一封と將《とも》に令史に詣らしむ。受くれば吏・徒を代え、縣次を以て傳して成都に詣り、成都にて恆書を太守の處に上るべし。（簡四八〜簡四九）

とあり、通行証明書「伝」の他、「恆書」と呼ばれる文書とともに護送されたことがわかる[53]。これを踏まえるならば、「獄計。書を承けて事に従うこと、律令の如くせよ」とは、そのような護送に必要な文書（④胡場の言葉では「移」）を死んだ王奉世の遺体とともに獄吏の計に石里まで移送させることを意味するのであろう。そのため紀年が二ヶ所に記されながら、他の人物が介在する伝達経路型（⑥〜⑧）の書式とも一致しないのであろう。

第二節　告地書と葬送儀礼

告地書の内容や書式が明らかになったので、次に葬送儀礼との関係を検討してみたい。前節で述べたように、告地書では戸律で移住に際して一緒に送るべきと規定された「年籍・爵の細」を「牒」や「名數」と表記し、具体的には遣策など副葬器物について記した葬送文書を指している。そこで告地書と葬送儀礼の関係を検討するためには、そのような遣策類が葬送儀礼の中でどのような位置にあるのかを見ておく必要がある。①鳳凰山一六八号・②鳳凰山一〇号・③馬王堆と同出の遣策についてはすでに葬送儀礼との関係から議論されているので、それを整理確認してから他の遣策類についてて見てゆこう。

①鳳凰山一六八号・②鳳凰山一〇号のそれぞれの告地書と遣策・副葬器物について、佐原康夫氏は次の二点を指摘している。①鳳凰山一六八号の告地書に記された奴婢の数は副葬された奴婢俑と男女の内訳は異なるもののほぼ対応し、遣策と奴婢俑との誤差よりも小さいことから、副葬器物の準備から埋葬までの過程のある段階で遣策が作成され、その後、より埋葬に近い時期になって告地書が別に作成され、一緒に副葬されたと考えられる。②鳳凰山一〇号の告地書の前段、木牘正面から背面の一行目に書かれた副葬器物のリストには別筆で書かれた部分があり、告地書は既存の遣策に副葬器物の追加事項とともに別の機会に追記されたものである[54]。③馬王堆の告地書と遣策については、鈴木直美氏が告地書中の「移贓物一編」が遣策の送付を意味し、告地書と遣策の出土位置は大きく異なるが、告地書の作成者は両者を一体の文書と見做していたこと、また遣策が下層から発見されたことから、遣策が先に埋納され、副葬器物埋納の最終段階で告地書が入れられたことがわかる、と指摘している[55]。鈴木氏はさらに①・②鳳凰山と③馬王堆の告地書について、遣策と告地書は内容的に密接な関係にあり、馬王堆三号墓であれば副葬作業後、鳳凰山一六八号墓では副葬作業前に告

地書を用いた何らかの儀礼が行われていた可能性があることを示唆すると同時に、遣策は作成から副葬器物の照合に至るまでの過程では実用的な葬礼準備リストであったが、埋葬の最終場面では告地書の有無にかかわらず、遣策には儀礼に必要なアイテムとしての役割が与えられていることがわかるという(56)。

告地書以外の資料がまだ完全には公表されていない墓葬もあるため、あくまで暫定的な整理に過ぎないが、表3は告地書に見える器物や人物の記載と遣策や実際の副葬器物の数量を対照させたものである。ここで、唯一遣策が出土していない⑦孔家坡の記載と副葬器物の数量が一致している点に注目したい。⑦孔家坡では、桃侯国の丞万が地下世界の官吏に移送する際に「數を受くるも、報ずる毋かれ」と受信後の指示を記しながら、「數」に相当する添付文書は確認されず、墓主の「自言」以下で代替されている可能性を先に想定したが、それも副葬器物との一致があって初めて成立するものであろう。それに対して、⑥高台の告地書では、墓主の同行者として「大奴甲・乙、大婢妨」の奴婢三人を挙げて、安都丞への受信後の指示として「名數を受け、書到らば、報を爲せ」と言い、さらにこれらの奴婢三人に「新安里の戸人で大女の燕　關內侯の寡」婦という墓主を加えた木牘丙と、「壺一雙」から「脯一束」まで十二種類の副葬器物を列挙した木牘丁が「名數」として添付されている

表3　告地書における器物・人などの記載と遣策・副葬器物の数量

墓葬		器具	家族／奴婢	車	馬牛	牒
①鳳凰山 M168	［告］		大奴 28 人・大婢 18 人	軺車 2 乘・牛車 1 兩	騶馬 4 匹・駠馬 2 匹・騎馬 4 匹	
	［遣］	卵盛 3・大脯檢 1 他	大奴 14 人・大婢 18 人	案車 1 乘・軺車 1 乘・牛車 1 兩	馬 4 匹・馬 2 匹・従馬男子 4 人	
	［副］	小漆円盒 3 大楕円漆奩 1 他	男俑 17 件・女俑 24 件	馬車 2・牛車 1	木馬 10	
②鳳凰山 M10	［告］	偃衣器物所以葬具(?)器物名				
	［遣］	案 1・赤杯 3・黑杯 5 他	大奴 1 人・大婢 2 人			
	［副］	漆案・漆耳杯他	木俑 3 件			
③馬王堆 M3	［告］	葬物一編				
	［副］	遣策 408 枚（396 枚）				
④胡場 M5	［告］					
	［遣］	傷人各隨其實				
	［副］	金錢笥・五種橐他				
⑤毛家園 M1	［告］		家屬		馬牛	73 牒
	［遣］	未詳				
	［副］	盤・盂・奩・圓盒他	木俑	車	馬	
⑥高台 M18	［告］		大奴 2 人・大婢 1 人			
	［遣］	壺 2・檢 1・杯 8 他	大奴 2 人・大婢 1 人			
	［副］	陶壷 2・漆円奩 1・漆耳杯 8 他	立俑 2 件			
⑦孔家坡 M8	［告］		奴 4 人・婢 2 人	車 1 乘	馬 3 匹	
	［副］	盤 4・盒 1・耳杯 13 他	木俑 6 件	木傘 1 件	木馬 3 件	
⑧謝家橋 M1	［告］	衣器・葬具	子・婦・偏下妻・奴婢	車	馬牛・物	牒 197 枚
	［遣］	六寸卑虒 2・中巵 2 他	大奴庳・□瑟奴			
	［副］	漆奩・漆耳杯他	俑 38 件	馬車・絲織車蓋・牛車など	木馬	遣策 208 枚（197 枚）

が、副葬されていた木製の立俑は二点で一人分足らず、その他の器物も数量が一致するものと副葬自体確認できないものとがあり様々である。また②鳳凰山一〇号では「以上が墓主張偃の衣器物のうち葬具として副葬する所の器物の名籍である」と述べ、その前段に「竹笥二」から「酒柙二斗一」まで二十二種類の副葬器物を列挙するが、そのうち「大奴一人」・「大婢二人」は副葬された木俑三件と数量が一致する。このような状況を総じて見れば、前節で述べた告地書と遣策や副葬器物との密接不可分な関係というのは全般的なものではなく、あくまで副葬器物の中でも明器、特に人物俑や車馬俑などの記載や数量にのみ限定された密接な関係であり、かつ告地書にとってのみ有効的な、一方的な繋がりであると考えなければならない。ここに言う一方的とは、告地書にとって遣策は墓主の移住を申請するために必要な添付文書「牒」や「名數」になることができるが、遣策にとって告地書はあってもなくても葬送文書としての本質に何ら影響しないという意味である。これは告地書が墓主の移住という目的のために作成される擬制文書であることに起因するものであろうが、このような遣策・副葬器物との関係性を考えると、葬送儀礼においては告地書がそれほど重要な意味を持たなかった可能性も生じよう。

　葬送儀礼における遣策の重要性は、すでに告地書との関係において佐原・鈴木両氏の議論を確認整理した通りであるが、伝世文献では『儀礼』既夕礼篇に次のように見える。

　主人の史、賵《ぼう》を讀むを請う。算を執り、柩の東より當たり東を前にし、西面す。哭する毋かれと命ぜざるも、哭する者相止むなり。唯だ主人・主婦のみ哭す。燭は右に在り、南面す。書を讀み、釋算すれば則ち坐る。卒り、哭するを命じ、燭を滅す。書と算と、之を執り、以て逆出す。公の史、西方よりし、東面す。哭する毋かれと命じ、主人・主婦皆な哭せず。遣を讀む。卒り、哭するを命じ、燭を滅し、出づ。

楊華氏によれば、「讀賵」・「讀書」とは喪家の史が「賵（車馬）」・「襚《すい》（衣衾）」・「贈（玩好）」・「賻《ふ》（財貨）」・「奠（供物）」など葬礼に際して喪家に贈られた様々な贈品のリスト「賵書」を読み上げる儀礼であり、「讀遣」とは主君から派遣された礼書を管掌する史が死者が生前に用いた物品・贈品・喪家が副葬するために準備した明器の三種類を含む副葬器物全てのリスト「遺策」を読み上げる儀礼であり、これらの儀礼は中庭に明器と葬具を陳列した後、棺車と葬送の隊列が出行する前に行われる。(57) そうであるならば、「遺策」は埋葬する当日には完成していなければならず、同篇には「讀賵」以前の段階として、喪家に「賵」などが贈られてから「賵を方に書す。若《も》しくは九、若しくは七、若しくは五」と「賵書」を作成し、その直後に「遣を策に書す」と「遺策」を作成することも記されている。しかし、鈴木氏によれば、馬王堆三号漢墓の遣策と鳳凰山漢墓群出土の遣策はどちらも葬礼準備リストを骨格として、副葬器物の増加とともに追加されてゆく性質で、その作成および使用（器物との照合）のタイミングは器物の種類によって異なっていたという。(58) 実際の遣策の作成がこのように複雑なものであるならば、その明器類の記載の一部にのみ関係し、『儀礼』などの礼書には全く記述されない告地書が葬送儀礼のどの段階で作成されたのか、葬送儀礼の中でどのような意味があるのかを検討するのは極めて困難であると言わざるを得ない。その点において、佐原氏が①鳳凰山一六八号の告地書を遺策よりも後に別途作成されたとするのは示唆に富む。

そもそも遺策が戦国時代から漢代にかけての墓葬から一定の割合で出土する葬送文書であるのに対して、今のところ告地書の多くは前漢前半期のごく限られた墓葬からしか出土していない葬送文書である。かつ、墓葬の所在も湖北省①・②、⑤〜⑧）を中心に湖南（③）・江蘇（④）両省に一件ずつというように地域的にもごく限られている。このような出土状況を踏まえ、張文瀚氏は告地書には一定の地域性があり、前漢時代の葬送儀礼の中において必ず備えられなければならない要素ではけっしてなかったのであろうと指摘する。(59) 確かに見てきたように告地書と遺策の密接な関係が限定的、かつ一方的なものであり、両者の出土数を考えれば、葬送儀礼における重要性は雲泥の差があり、告地書が葬送儀礼にほとんど必要なかった葬送文書である可能性は否定できない。しかしそうすると、今度はなぜそのような告地書が墓葬に副葬されなければならなかったか、という問題が生じよう。そこで次節では、告地書が前漢前半期の特定の地域の墓葬に副葬される背景について考えてみたい。

第三節　告地書の背景

告地書とは墓主の埋葬を地下世界への移住と見做し、現実社会における手続きに倣い、移住先の地下世界の官吏へ宛てて発送された擬制文書である。このような文書が葬送文書として墓葬に副葬されるために前提となると思われるのはおよそ二つ、一つは現実社会における移住手続きやそれに必要な戸籍の浸透、つまり社会制度的な背景、もう一つは埋葬を地下世界への移住と見做す考え方―地下他界観の浸透、つまり宗教文化的な背景、である。前者については、第一節ですでに張家山漢簡「二年律令」戸律を挙げ、その規定が告地書の書式や構成要素を支えていることを示したが、睡虎地秦簡「法律答問」（簡一四七）に、

甲、居を徙し、數を徙さんとして吏に謁むるも、吏環《しりぞ》け、爲に籍を更めず。今、甲に耐・貲罪有り。問う、吏は何に論ぜん。耐以上、貲二甲に當つ。

とあり、官吏が移住を申請した者の「數」すなわち戸籍を移動させずに差し戻し、戸籍を改めなかったという状況下で、その申請者が罪を犯した場合、官吏はどのような罰則に相当するかが問答形式で記されている。また張俊民氏が指摘するように、里耶秦簡には移住手続きの不備に関して問い合わせる文書があり、そこには、

廿（二十）六年五月辛巳朔庚子、啓陵郷の□敢えて之を言す、「都郷の守嘉言す、渚里の□……劾等十七戸、都郷に徙るも、皆な年籍を移せず、と。令に曰く、移せば言せ、と。……（J1⑯9）

とあり、啓陵郷渚里に住んでいた劾ら十七戸が都郷に移住したが、だれも戸籍を移住先の都郷に移さないことが問題になっている。[60] これらに拠れば、移住に際して戸籍も移動させる規定は前漢時代以前の秦代においても同様であったと推

測される。秦漢時代の人の移住・戸籍の移動に関する史料は多くないため、どの程度このような制度が社会に浸透していたのかは不明であるが、秦墓からは告地書と見做し得る簡牘資料が出土していないことには注意しておく必要があろう。裏を返せば、これは社会制度的な背景だけでは告地書の出現や墓葬への副葬を説明し切れない、ということである。

そこで次に、宗教文化的な背景として地下他界観の浸透について検討してみたい。中国古代・中世の死と死者に関わる思想・儀礼を分析した池澤優氏は、秦漢時代の他界観について次のように指摘している。[62] (1)秦漢代における他界には、先秦以来の祖先崇拝の世界観を基本的に継承している天上（山上）他界と、それに相反する地下他界があった。(2)後者の地下他界は、戦国から前漢にかけて「黄泉」や「九原」・「蒿里」などの複数の概念が併存し、かつ当初それらはそれほど具体的であった訳ではない。(3)地下他界は本来墓葬のイメージと強く結びついており、死者が墓中で暮らすという考えが存在していた。その上で、告地書における他界の共通イメージとして、

(a)他界は地下にあり、「地下主」などと呼ばれる主宰神と、そのもとに地上のと同様の官僚組織が存在し、地上と同様に「律令」によって統治されている。

(b)死者が地下の冥界に赴くことは、地上の戸籍から冥界の戸籍への移動として捉えられており、死者は地上の官吏の名で書かれた異動書を携帯して自ら冥界の官吏を訪れ、冥界に登録することで、死のプロセスは完了する。これは秦漢帝国体制（「編戸斉民」）が他界観の変化に大きく影響していることを示唆する。

(c)告地書は、官僚制をなす冥界組織によって死者の権利を一定程度保護するためのもので、同時に死者は生前も死後も「律令」の下で規制を受けることになる。この冥界における死者の権利の保護が、祖先崇拝の動機に支えられていたのか、冥界で侵害された死者が生者に害を及ぼさないようにという厄介払いの動機からなされたのかは不明。

という三点を挙げる。そして「死者性の転倒[63]」現象はこのように他界が一種の官僚組織として捉えられる傾向とパラレルに引き起こされ、その端緒が告地書という資料に見られるという。以上の指摘は首肯できる部分が多く、例えば、告

[61]

地書における地下他界観について、先秦以来の祖先崇拝の世界観を継承する天上（山上）他界観に対し、墓葬のイメージと結びついている地下他界観では、死者は墓の中で生前と同じように生活すると考えられ(64)、それゆえに秦漢時代の社会における官僚制や律令制を地下世界に投影させた、と概括しても重大な誤解にはならないであろう。しかし、墓葬を死者が生活する住居と見做す考え方は、周知の『史記』巻六・秦始皇本紀に見える驪山陵の記述を挙げるまでもなく秦代にもあり、それより以前からあったと推測されるので、なぜ前漢時代にこのような地下他界観が前述の社会制度と結びつき、その結果として告地書のような葬送文書を副葬する習俗がうまれたのか、という問いに答えることは今のところ難しい。

むすび

以上、前漢時代の墓葬から出土した八件の告地書の内容を分析して考察した結果、明らかにされたことは次の六点にまとめることができよう。

(1)告地書とは、墓主の埋葬を地下世界への移住と見做し、現実社会における手続きに倣い、移住先である地下世界の官吏へ宛てて発送された行政文書的葬送文書、すなわち移住申請書とその添付文書である。

(2)告地書には携帯器物や同行者、車馬などが記載されたり、あるいは別の簡牘が「牒」として添付されたりするが、それは張家山漢簡「二年律令」戸律で移住の際に申請と一緒に送るべきと規定された「年籍・爵細」に相当するものである。

(3)告地書と遣策は時に一体化しているかのような密接な関連性があるように思われるが、それは告地書が移住を申請するための擬制文書であるという本質上、遣策を添付文書として必要とするためであり、遣策にとっても告地書が必要であるというような双方向性の関係ではない。
(4)現在の資料状況を考えると、告地書は葬送文書でありながら、葬送儀礼において重要な意味をほとんどもっていない可能性が高い。
(5)告地書は、移住手続きや戸籍などの浸透という社会制度的な背景と、埋葬を地下世界への移住と見做す地下他界観の浸透という宗教文化的な背景とが複雑に絡み合った結果、出現したと考えられる。

今回、小論で告地書を分析検討する際に利用したのは、ほぼ全て同時代である前漢代もしくは前の秦代の資料である。これは主たる関心が告地書のような葬送文書がなぜ前漢時代の一部の地域でしか出土しないのかという点にあり、その原因や背景を追究しようとしたためであるが、結果として大きな課題として残ってしまい、さらに検討を続けなければならない。また池澤氏や魯西奇氏が論じるように、[65]告地書はむしろ後漢代の鎮墓文や買地券との関連性が深いため、それらとの比較など後代への影響を見据えた分析も今後の課題としたい。

注

（1）大庭脩「冥土への旅券」（『漢簡研究』同朋舎出版、一九九二年、第三編第三章、二九四頁～二九九頁）は鳳凰山一六八号漢墓竹牘が喪葬のために作られたものでありながら、その文章形式が漢代の国内旅行者に発給される身分証明書の棨や伝の文体であり、冥土宛のパスポートになっていることを指摘する。しかし藤田勝久「張家山漢簡「津関令」と漢墓簡牘」（『中国古代国家と社会システム』汲古書院、二〇〇九年、第十章、三六九頁～四一〇頁）は、大庭氏の指摘を評価しつつ、告地書と私用旅行の伝との相違を挙げ、直接的に人の通行を証明する伝ではなく、津関などの通行に必要な致・書に関連する文書ではないかと指摘し、髙村武幸「秦漢時代の牘について」（『人文論叢　三重大学人文学部文化学科研究紀要』第三〇号、二〇一三年）も藤田氏に従うべきとする。

（2）黄盛璋「関于江陵鳳凰山一六八号漢墓的幾個問題」（『考古』一九七七年第一期）は、鳳凰山一六八号漢墓竹牘が副葬品としての遣策を地下の官吏へ送り伝える目的で遣策の後もしくは前に付されたもので、遣策と区別するために「告地策」と名づけた。

（3）何をもって「告地書」と見做すかは、研究者によって異なり、その基準によって資料の数量や分類なども異なる。例えば、汪桂海「漢代簡牘中的告地策資料」（『簡帛研究二〇〇六』広西師範大学出版社、二〇〇八年）は、「告地書」を「地下の官吏に発給した文書」という最も広い意味で捉え、「告地策」を⑴随葬物品を移送する文書、⑵通行証明文書、⑶戸籍登記のための証明文書、⑷祈祷して幸福を求める文書の四種類に分類する。一方、賈麗英「告地書中〝五大夫〟〝関内侯寡〟身份論考」は小論で扱う八件のうち、陳松長「告地策的行文格式与相関問題」（『湖南大学学報』二〇〇八年第五期）・傅敏怡「論馬王堆三号漢墓〝告地書〟」（『湖南大学学報』二〇一〇年第七期）の説に従い、馬王堆三号漢墓木牘を告地書とは見做さない。

（4）張文瀚「告地策研究評述」（『中国史研究動態』二〇一三年第一期）にそれまでの研究の概要および問題が整理されている。

（5）湖北省文物考古研究所「江陵鳳凰山一六八号漢墓」（『考古学報』一九九三年第四期）、同研究所編『江陵鳳凰山西漢簡牘』（中華書局、二〇一二年）。小論で引用する一六八号漢墓簡牘の釈文は基本的に後者の報告書所載の写真・釈文に拠る。なお、これ以前に発掘された鳳凰山一〇号漢墓および馬王堆三号漢墓から出土した木牘も告地書とされるが、それはこの一六八号墓から出土した竹牘との類似から認知されたものである。

（6）簡文は墓主の名を「隊」字に作るが、注（5）前掲報告書の注釈〔四〕（一八二頁）が指摘するように、墓主の口中に副葬されていた玉印では「遂」字に作り、「隊」字は仮借字とすべきである。

（7）「騎」字は他に「騎」・「騶」・「駟」などに釈され、隷定が定まっていない。

（8）長江流域第二期文物考古工作人員訓練班「湖北江陵鳳凰山西漢墓発掘簡報」（『文物』一九七四年第六期）、注（5）前掲報告書。小論で引用する一〇号漢墓簡牘の釈文は基本的に注（5）前掲報告書所載の写真・釈文に拠る。なお、この木牘は前者簡報では六号に編号されていたが、注（5）前掲書では「記陪葬物的木牘」として一号に編号されている。

（9）「葬」字は他に「蔡（祭）」・「撰」などに読まれ、注（5）前掲報告書では手書きの釈文では「葬」、活字の釈文では「蔡（葬）」となっている（九一頁）など一定していない。写真では草冠以下の字迹がはっきりしないが、後掲⑧謝家橋一号漢墓竹牘の用例を踏まえて「葬」字に読む。

（10）「會」字は用例上「吏」字であるべきであるが、写真を見る限り、残存する字迹は「吏」字とは異なるようである。ここでは「吏」字の誤記である可能性を想定して暫定的に訓んでおく。山田勝芳「鳳凰山十号墓文書と漢初の商業」（『東北大学教養部紀要』第三三号、一九八一年）は「（奴婢に所持させて）おのおの会日に会させる」と解する。

（11）湖南省博物館・湖南省文物考古研究所編著／何介鈞主編『長沙馬王堆二、三号漢墓』第一巻　田野考古発掘報告（文物出版社、二〇〇四年）。

（12）「主贓郎中」および下の「主贓君」の「贓」字は、後述するように「葬」の他、「藏」にも読まれ、その解釈により、この木牘を告地書と見做すかどうか、研究者で判断が分かれる。

（13）陳松長「馬王堆三号漢墓木牘散論」（『簡帛研究文稿』線装書局、二〇〇八年、四七頁～五七頁）は「選」字を「質」字に釈し、つき合わせて調べるの意味とする。

（14）揚州博物館・邗江県図書館「江蘇邗江胡場五号漢墓」（『文物』一九八一年第一一期）。

（15）注（14）前掲簡報所載の写真および摹本により「能」字を補う。

（16）居延漢簡「元康五年詔書冊」などに見える〝詔後行下之辞〟「某官下某々官承書従事下當用者如詔書」を踏まえるならば、紀年と官名・人名の間には、「廣陵宮司空長前・丞能下」などの発信者が獄吏の計に下達したことを示す文章が省略されていると考えられる。大庭脩「居延出土の詔書冊」（『秦漢法制史の研究』創文社、一九八二年、第三篇第二章）。

（17）楊定愛「江陵県毛家園1号西漢墓」（中国考古学会編『中国考古学年鑑　1987』文物出版社、一九八八年、二〇四頁）、湖北省文物考古研究所「湖北省文物考古工作十年来的発展」（文物編輯委員会編『文物考古工作十年　1979～1989』文物出版社、一九九一年）。小論で引用する毛家園漢墓木牘の釈文は基本的に湖北省博物館編『書写歴史　戦国秦漢簡牘』（文物出版社、二〇〇七年）七七頁所載の写真・釈文に拠る。

(18) 注(17)湖北省博物館編前掲書は未釈字「□」。注(17)楊定愛前掲解説および劉国勝「江陵毛家園一号漢墓告地書牘補議」(簡帛網、二〇〇八年一〇月二二日)、同氏著「読西漢喪葬文書札記」(『江漢考古』二〇一一年第三期)に従い、「建」字を補う。

(19) 注(18)劉国勝前掲論文は「大女精死、自言」と句読して「精」を人名とし、墓主である「精」が死し、その後に建郷の疇に「自言」したと解しているようであるが、後掲表1に整理したように、「自言」者が墓主である場合はその死を明記せず、墓主自らが地下世界への移住を自己申請する体裁をとっていることを考えると、疑問を感じる。里耶秦簡の第八層簡六四七や簡一五七八に「彼死」という人名が見えることから「精死」は人名の可能性が考えられる(湖南省文物考古研究所編著『里耶秦簡(壱)』〈文物出版社、二〇一二年〉、陳偉主編『里耶秦簡牘校釈』第一巻〈武漢大学出版社、二〇一二年〉)。

(20) 「以」字は、『詩』国風・召南・江有汜の「江に汜有り、之の子歸《とつ》ぐ、我と以《とも》にせず」に対する鄭箋に「以は、猶お與のごときなり」とあり、また他の告地書では多く「與」に作ることを踏まえ、「ともに」と訓んでおく。

(21) 注(17)湖北省博物館編前掲書は「具(?)」。写真および注(18)劉国勝前掲論文二篇に従い、「與」字に改める。

(22) 注(17)湖北省博物館編前掲書は未釈字「□」。写真および注(18)劉国勝前掲論文二篇に従い、「七十(七十)」字(合文)を補う。

(23) 注(17)湖北省博物館編前掲書は「可令史□路(?)以従事」。写真および注(18)劉国勝前掲論文二篇に従い、「可令吏受數以従事」に改める。

(24) 荊州博物館「江陵高台18号漢墓発掘報告」(『文物』一九九三年第八期)、湖北省荊州博物館編著『荊州高台秦漢墓』(科学出版社、二〇〇〇年)。小論で引用する高台漢墓木牘の釈文は基本的に後者の報告書所載写真・釈文に拠る。この資料は甲~丁四枚の木牘からなり、厳密に言えば、告地書と見做せるものは木牘乙だけであるが、出土時、乙・丙が正面向き合わせで(この二枚はそれぞれの背面に紐で縛られていた痕跡が残る)乙を上側にして甲と丁の間に重なっていたことから、一組の文書として考えるべきであり、告地書の性質を考える上で極めて重要な事例であると思われるため、煩を厭わずに全ての簡文を挙げる。

(25) 注(24)前掲報告書では「龍氏」を江陵丞の姓と解し、大女燕が安都へ移動することを「江陵丞龍氏」が許可した文書とするが、他の告地書の用例から暫定的に地名として読んでおく。

(26)「願」字は注(24)前掲簡報では「願」字であったが、注(24)前掲報告書では隷定するのが難しいとしながら、黄盛璋「江陵高台漢墓新出告地策・遣策与相関制度発復」(『江漢考古』一九九四年第一期)が「顥(黥)」としたのに従い、暫定的に「顥」字に釈し、ただし「黥」には読まない。この他に「顧」・「繇(傜)」などに釈される。小論では図版の字形から暫定的に「願」字に釈し、義不詳としておく。

(27) 張昌平「随州孔家坡墓地出土簡牘概述」(艾蘭・邢文編『新出簡帛研究』文物出版社、二〇〇四年)、湖北省文物考古研究所・随州市考古隊編『随州孔家坡漢墓簡牘』(文物出版社、二〇〇六年)。小論で引用する孔家坡漢墓木牘の釈文は基本的に後者の報告書所載の写真・釈文に拠る。

(28) 簡文の「二年」について、注(27)前掲報告書の注釈〔二〕(一九七頁)は景帝後元二年(前一四二)とするが、李学勤「随州孔家坡8号墓的年代学問題」(艾蘭・邢文編『新出簡帛研究』文物出版社、二〇〇四年)は淮南厲王劉長二年(高祖十二年〈前一九五〉)とする。

(29) 注(27)前掲報告書の注釈〔二〕(一九七頁)は、壬子朔の月に甲辰の日がありえないことから、簡文「正月壬子朔甲辰」を「正月甲辰朔壬子」の誤記とする。同じ孔家坡八号漢墓から出土した竹簡「暦日」でも「甲辰」の下欄に「正月大」が記されている(簡三〇)。

(30) 注(27)前掲報告書の注釈〔三〕(一九七頁)は「燕佐」について、鳳凰山一〇号漢墓の四号木牘に「正偃付西鄕偃佐纏吏奉」と見える「偃佐」と似た名称で、鄕の属官であろうとするが、他の告地書の用例から考えるならば、「燕」は人名と解する方が自然であろう。

(31)「桃侯國」は『史記』巻七・項羽本紀に「桃侯・平皐侯・玄武侯は、皆項氏、姓劉を賜わる」とあり、『集解』に「徐廣曰く、名は襄。其の子舍、丞相と爲る」、『正義』に「『括地志』に云う、故城は滑州胙城縣の東四十里に在り。『漢書』に云う、高祖十二年、劉襄を封じて桃侯と爲すなり、と」とあるのによれば、景帝中元三年（前一四七）に丞相となった劉舎の封地であるが、胙城県は現在の河南省延津県の東北に位置し（史為楽主編『中国歴史地名大辞典』中国科学出版社、二〇〇五年、一九四二頁）、墓葬のある湖北省随州市曽都区とはかなり隔たっているため、これとは異なる侯国であると思われる。

(32) 楊開勇「謝家橋一号漢墓」（荊州博物館編著『荊州重要考古発現』文物出版社、二〇〇九年、一八八頁～一九七頁）、荊州博物館「湖北荊州謝家橋一号漢墓発掘簡報」（『文物』二〇〇九年第四期）。以下、小論で引用する謝家橋漢墓簡牘の釈文は基本的に前者所載の写真および簡報所載の写真・釈文に拠る。この資料は三枚の竹牘からなり、後者の簡報は一号竹牘のみ編号を明記し、残り二枚との配列は示されておらず、暫定的に前者解説所載の写真の配列に従って左から順に一号、二号とする。

(33) 王貴元「謝家橋一号漢墓《告地策》釈詞」（復旦大学出土文献与古文字研究網、二〇〇九年四月二四日）はこの「郎中」を前掲③馬王堆三号漢墓木牘に見える「主贜（葬）郎中」（葬儀を主宰する職官）の省略と解する。

(34) 簡文は「五」字を脱するが、三号竹牘に「郎中五夫〻（大夫）昌」とあることから補う。なお注（33）王貴元前掲論文、劉国勝「謝家橋一号漢墓《告地書》牘的初歩考察」（『江漢考古』二〇〇九年第三期）、胡平生「謝家橋漢簡告地書釈解」（簡帛網、二〇〇九年四月一五日）も理由を明記しないものの、同様に「五」字を補う。

(35) 三号竹牘のように簡牘上端が黒く塗りつぶされる書式は、馬王堆一号墓や三号墓の遣策のうち副葬器物のまとまりごとの小計や副葬位置を記す簡牘に頻見する。湖南省博物館・中国科学院考古研究所編『長沙馬王堆一号漢墓』（上下、文物出版社、一九七三年）、注（11）前掲報告書、鈴木直美「馬王堆三号墓出土簡にみる遣策作成過程と目的」（籾山明・佐藤信編『文献と遺物の境界―中国出土簡牘史料の生態的研究―』六一書房、二〇一一年、一八五頁～二一二頁）。また注（1）藤田勝久前掲論文（日本語）は三号竹牘は一号竹牘にみえる「昌家復毋有所與」を証明しており、添付ファイルか、タイトルにあたる文章であろうと推測する。

(36) この八件の他、二〇〇二年一月から二〇〇四年一月に湖北省荊州市沙市区で発掘された印台墓地のうち、九基の前漢墓から竹木簡二千三百余枚と木牘六十余枚が出土し、その中には告地書も含まれるというが、写真や釈文はまだ未公表である。鄭忠華「印台出土大批西漢簡牘」（荊州博物館編著『荊州重要考古発現』文物出版社、二〇〇九年）。

（37）注（4）張文瀚前掲論文、引用は一一頁～一二頁。

（38）「関於鳳凰山一六八号漢墓座談紀要」（『文物』一九七五年第九期）。

（39）注（13）陳松長前掲論文、同氏著「馬王堆三号漢墓紀年木牘性質的再認識」（『簡帛研究文稿』線装書局、二〇〇八年、五八頁～六四頁）、なお注（4）張文瀚前掲論文によれば、注（3）陳松長前掲論文・注（3）傅敏怡前掲論文も同様の見解を提示しているという。

（40）注（13）陳松長前掲論文では「敢言之」・「謹移」が使用される居延漢簡の上行文書を挙げるものの、③馬王堆の「移」については別の解釈をしている。

（41）山田勝芳「境界の官吏―中国古代における冥界への仲介者」（『歴史』第八三輯、一九九四年）。また注（24）前掲報告書も「安都」を現実社会の地名と解する（ただし、牘乙に見える「安都丞」は地下世界における「安都」の官吏とする）。なお「安都」は、『史記』巻五二・斉悼恵王世家に「文帝十六年、復た齊悼惠王の子、安都侯志を以て濟北王と爲す」とあり、『正義』に「安都故城は瀛州高陽縣の西南三十九里に在り」というように斉の悼恵王の子劉志の封地で、現在の河北省保定市蠡県の東北（注（31）前掲『辞典』、一一二四頁）。

（42）劉国勝「高台漢牘〝安都〟別解」（『古文字研究』第二四輯、二〇〇二年）。また曹旅寧「江陵高台18号墓木牘与漢孟孝琚碑」（簡帛網、二〇〇八年六月二九日）も『楚辞』招魂篇の「幽都」との関連性を指摘する。なお張俊民「江陵高台18号墓木牘釈文浅析」（『簡帛研究二〇〇一』上冊、二〇〇一年）は「幽都」には言及しないが、「安都」が「陰間地府」を指すのであれば簡文に大奴を「甲」・「乙」と仮名で書いていることも理解し易いとする。

（43）文書中における「自言」という用語について、籾山明「爰書新探」（『中国古代訴訟制度の研究』京都大学学術出版会、二〇〇六年、第四章、一六五頁～二二九頁）は「私人が官に対して申し立て・申請をする行為を「自言」といい、そのために提出された文書を「自言」ないし「自言書」と称した」と解している（引用は二〇七頁）。

(44) 小論で引用する張家山漢簡の釈文は基本的に、張家山漢簡二四七号漢墓竹簡整理小組編著『張家山漢墓竹簡〔二四七号墓〕』（文物出版社、二〇〇一年）および彭浩・陳偉・工藤元男主編『二年律令与奏讞書—張家山二四七号漢墓出土法律文献釈読』（上海古籍出版社、二〇〇七年）所載の写真・釈文に拠る。

(45) 告地書と張家山漢簡「二年律令」戸律の関係を初めて指摘したのは、邢義田「湖南龍山里耶J1(8)157和J1(9)1-12号秦牘的文書構成、筆跡和原檔存放形式」（『簡帛』第一輯、二〇〇六年）である。ただし、氏は⑥高台の木牘丙が木牘乙に見える大女燕の「名數」であり、江陵丞の公文書と一緒に送られていることが戸律の「移徙する者有れば、輒ち戸及び年籍・爵の細を徙所に移して竝びに封す」と符合することを指摘するのみで、郷や郷吏との関係については言及していない。

(46) 移住における郷の役割の重要性については、秦代の資料であるが、里耶秦簡J1⑯9からも裏付けることができる。張俊民「龍山里耶秦簡二題」（『考古与文物』二〇〇四年第四期）。

(47) 注（45）刑義田前掲論文。

(48) 「名數」という語は、例えば『漢書』高帝紀下「民前に或いは相聚りて山澤を保ち、名數に書せず」に対する顔師古注に「名數は、戸籍を謂うなり」とあるように一般的には戸籍を指す。しかし、楊華氏は⑥高台の木牘丙を「死者が携帯する戸籍「名數」」と見做し（楊華「襚・賵・遣—簡牘所見楚地助喪礼制研究」、同氏著『新出簡帛与礼制研究』台湾古籍出版有限公司、二〇〇七年、一五九頁〜一八一頁、引用は一六八頁）、また鳳凰山八号漢墓の遣策に人物俑を小計して「■右方、耦（偶）人の籍。●凡卌（四十）九」とあるように、副葬器物のリストが「籍」と表記される例もある。

(49) 注（32）楊開勇前掲解説・同注（32）前掲簡報、注（17）楊定愛前掲解説。

(50) 注（14）前掲簡報によれば、「喪祭物品牘」には木牘の右下隅に「傷人各隨其實」とのみ書かれ、「傷」は喪祭、「隨」は祭品のことであるという。また同簡報では封泥溝があり、縦の断面が三角形を呈しているものを、その形状から「木觚」としているが、恐らく用途の上では「封検」と呼ぶべきであろう。

(51) 劉昭瑞「記両件出土的刑獄木牘」（『古文字研究』第二四輯、二〇〇二年）は、これを龍崗六号秦墓木牘と同じ性格の資料とし、喪葬に関する禁忌の一種とそれを解除する方法を表したもので、告地書とは見做さない。

（52）小論で引用する睡虎地秦簡の釈文は睡虎地秦墓竹簡整理小組編『睡虎地秦墓竹簡』（文物出版社、一九九〇年）所載の写真・釈文に拠る。

（53）整理小組は「護送文書を指すのであろう」とし（注（52）前掲書、注〔六〕〈一五六頁〉）、工藤元男「秦の遷刑覚書」（『日本秦漢史学会会報』第六号、二〇〇五年）は「「恆書」の中には戸籍も含まれていたに違いない」と指摘する。

（54）佐原康夫「江陵鳳凰山漢簡再考」（『東洋史研究』第六一巻第三号、二〇〇二年）。ここに挙げたのは氏の記述そのままではなく、小論が議論の対象とする告地書を中心に据えて整理し直したものである。小澤正人「鳳凰山168号墓からみた前漢初の葬制」（『社会イノベーション研究』第二巻第一号、二〇〇六年）では奴婢俑だけではなく、副葬器物全体と遣策の比較がなされている。

（55）注（35）鈴木直美前掲論文。

（56）鈴木直美「鳳凰山前漢墓群出土簡牘にみる遣策作成過程と葬礼準備」（中国出土資料学会二〇一三年度第一回例会報告レジュメ、二〇一三年七月一三日）。引用は七頁。

（57）注（48）楊華前掲論文。

（58）注（56）鈴木直美前掲レジュメ。

（59）注（4）張文瀚前掲論文。

（60）注（46）張俊民前掲論文。

（61）龍崗秦墓木牘について、籾山明「【補論】龍崗六号秦墓出土の乞鞫木牘」（注（43）同氏前掲書、第二章、一一七頁～一二四頁）は人名が甲や丙のように記号化されていることから埋葬用の擬制文書としつつ、胡場との相違を指摘し、また墓主の状態や木牘の内容から「辟死に対する雪冤が事実であるというよりも、葬礼に伴う虚構であった可能性を示唆するように思われる」（一二三頁）と述べるように、龍崗秦墓木牘は地下世界への言及が一切見られず、その点で告地書としての必要条件を満たしていないと考える。

（62）池澤優「漢代における死者祭祀と他界」・「秦漢時代における〝死者性〟の転倒」（『死および死者崇拝　死者儀礼の宗教的

意義に関する比較文化的・統合的研究』、二〇〇〇－二〇〇二年度日本科学研究費補助金（基盤研究C1）研究成果報告書、第三部「中国の死生観―中国古代・中世における〝死者性〟の転倒―」第六章・第七章、二三二頁～二四二頁・二四三頁～二七二頁、二〇〇三年）。

（63）注（62）池澤優前掲報告書「序」によれば、祖先崇拝において聖なるものの象徴として強力な存在であり、神々の世界に由来する力を現世に流通させる宇宙の経営者であると同時に、現世の救済の担い手であった死者が、次第にその力を失ってゆき、冥界で呻吟する惨めで、子孫による救済を必要とする存在に変化してゆくこと。

（64）注（54）小澤正人前掲論文は、墓葬が単なる死者の埋葬施設ではなく、墓主の死後の住居としての性格も備えていたと指摘し、告地書が出土した鳳凰山一六八号墓の槨室と棺室の間に門扉が設けられた理由について、槨室を住居の部屋に見立てていたためと解する。なお告地書における地下他界観については、⑦孔家坡で桃侯国の丞万が地下の丞に文書を移送する際に記した受信後の指示に「數を受くるも、報ずる毋かれ」とあることに注目される。すなわち、現実社会における文書であれば「數」を受け取った後は必ず返報することが求められ、それは擬制文書であっても⑥高台で「名數を受け、書到らば、報を爲せ」となっていることからも傍証される。しかし⑦では地下の丞からの返報を「毋報」と拒否しており、ここに告地書の作成者や葬送者の墓主＝死者に対する忌避感が窺われる。死者は災禍をもたらす存在であるがゆえに忌避される。死者の生産性と破壊性については、注（62）池澤優前掲報告書第四章「戦国時代の〝死者性〟の変化―厲鬼」（一九七頁～二二二頁）、同書第七章「秦漢時代における〝死者性〟の転倒」（二四三頁～二七二頁）が詳細に検討しており、破壊性と関連付けられるのは非常な死に方をしたり、あるいは死体を葬られなかったりした「厲鬼」と官僚制的地下世界の中で地位が著しく不安定で、常に地下世界の罪人になる可能性がある死者（墓券・鎮墓文における死者）であるとする。しかし⑦はいずれの場合も該当しない。ただし⑦と同出の占卜書である孔家坡漢簡「日書」には人の死がどのような災禍をもたらすのかを占う占卜が数篇抄録されており（凡国棟「日書《死失図》的綜合考察」〈『簡帛研究二〇〇七』広西師範大学出版社、二〇一〇年〉）、それらはいずれも死者を災禍の原因として忌避すべきものとする考え方に基いており、⑦の告地書における「毋報」と通底する。そうであるならば、⑦には、現世に残された生者にとって墓主が日常生活を送る墓葬もしくは地下世界というのは時に災禍をもたらす忌避すべき死者の世界であり、現実社会との交流もできるだけ避けたいという地下他界観が反映されているのかも知れない。

(65) 注(62)池澤優前掲報告書、魯西奇「漢代買地券的実質・淵源与意義」(『中国史研究』二〇〇六年第三期)。

出土資料に見える刑徳七舍とその運行理論の相異について

小倉　聖

はじめに

刑・徳は先秦時代においては君主の臣下に対する統制のあり方を指す語であったが、その行使には時宜を得ないと災厄をまねくと考えられていたごとく、政治・時令・災害等と関わる重要な概念であった。その後刑・徳は戦国時代から漢代にかけて陰陽学説を取り入れ、陰陽・数術の概念に発展した[1]。

陰陽・数術の概念となった刑徳は、大きく分けて三種類あり、それぞれ年・月・日を基にして運行するものである。著者はこの三種の刑徳運行を検討することによって、刑徳理論の全体を解明するとともにその変遷及び社会における受容を明らかにしたいと考えている。

刑徳運行に関する基本文献は『淮南子』巻三天文訓（以下、天文訓と略す）である。そこには年・月を基にした二種類の刑徳運行に関する記述が見える。その一種は太陰[2]（太歳）の動きと連動した刑・徳が、一年毎に五宮（東宮・西宮・南宮・北宮・中宮）上を移動する「二十歳刑徳」である。もう一種は北斗七星の動きと連動した刑・徳が、一月毎に七舍を移動する「刑徳七舍」である。

前者の「二十歳刑徳」については既に二つの論文を著し、出土資料には天文訓と異なる運行法が数種類存在することを指摘し、これらの運行に「支自相刑」ないしはその原初的なものが導入された後に、刑の位置確定が天文訓のように一種類に固定されたのではないかと想定した。以上によって中国古代の刑徳占の変遷に一つのモデルの提示を試みた。(3)

今回は後者の刑徳七舎の理論の内容と出土資料から見えてくるその変遷を理解するため、『淮南子』成書以前の前漢景帝期の頃成立と思われる隨州孔家坡漢墓簡牘「刑徳」篇（以下、孔家坡漢簡「刑徳」篇と略す）(4)、『淮南子』成書以後成立と思われる日照海曲簡「漢武帝後元二年（前八七）視日」(5)、北京大学蔵西漢竹書「節」篇（以下、北大漢簡「節」篇と略す）(6)を比較検討する。なお居延新簡、(7)肩水金漢簡(8)にも刑徳七舎の記述が見えるのだが、七舎の舎に対する記述があるものの、刑徳の運行に関する記述が見えないため、本稿では扱わず今後の課題としたい。既に劉紹剛・鄭同修両氏は出土資料に見える七舎と天文訓等の伝世文献に見える七舎との比較・検討を行い、孔家坡漢簡「刑徳」篇の運行を未成熟なものとみなしているが、その理論的相違の分析は行っていない。(9)(10)そこで本稿では、まず刑徳七舎の概要について述べ、比較の基準とするための図・表を作製した上で、上述の出土資料に見える刑徳七舎（六舎）の理論を整理し、それらの相違についで検討することとする。

第一節　刑徳七舎の刑徳運行(11)

「刑徳七舎」の「七舎」とは、刑と徳が一年を通じて毎月移動する場所のことで、まず七舎が何を指すかについて検討し、その後に刑徳との関連、刑徳の運行理論について検討することとする。

「七舎」について天文訓に「何をか七舎と謂う。室・堂・庭・門・巷・術・野なり」とあり、清・銭塘『淮南天文訓補注』（以下、『補注』と略す）は「舎」を「刑徳の居る所」、つまり「刑徳」の居場所としている。七舎には家屋を中心として、その外部に広がる道路や野外のイメージが見て取れる。すなわち最も内側に「室」・「堂」・「庭」の順の家屋の

図1　七舎

空間、中間に「門」、次に「巷」・「術」の順の道路、最も外側に「野」が位置し、全体として当時の人々の居住空間を表しているようである。中村璋八氏の図を参考にすると、図1のようになる。(12)

このように七舎は地上の居住空間を表しているのであるが、ではこの七舎を移動する刑徳とはいかなるもので、またいかなる法則・原理に基づいて、どのように移動するのであろうか。

刑・徳は、天文訓に「陰・陽の刑徳に七舎有り」とあるように「陰陽」を象徴する概念である。また天文訓は以下のようにも説明している。

日の冬至には則ち斗北して縄に中り、(13)陰氣極まりて、陽氣萌す、故に冬至を曰いて徳と爲す。日の夏至には則ち斗南して縄に中り、陽氣極まりて、陰氣萌す、故に夏至を曰いて刑と爲す。

これによると冬至・夏至に北斗七星が移動することで、陰陽の気の高下が生じ、冬至に陰が極まった後に衰えて「陽」が萌す状態を「徳」といい、夏至に陽が極まった後に衰えて「陰」が萌す状態を「刑」という。さらに『管子』巻十四・四時篇に「日は陽を掌り、月は陰を掌り、星は和を掌り、陽は徳爲り、陰は刑爲り」とあり、『補注』ではこれを「陰陽刑徳の義」とし、「陽」を「徳」、「陰」を「刑」とする「陰陽」・「刑徳」の関係を明確に説明している。このように、北斗七星の動きと連動しながら陰陽も変化するので、陰陽の性質をもつ刑徳の動きを理解するためには、まず北斗七星の動きを把握する必要がある。

先に引用した天文訓の記述の続きには、北斗七星と刑徳の運行に関わる次のような記述が見える。

陰氣極まれば則ち（斗）北して北極に至り、下りて黄泉に至る、故に以て地を鑿ち井を穿つ可《べ》からず。萬物は閉藏し、蟄虫は穴に首す、故に曰く、徳室に在り、と。陽氣極まれば則ち（斗）南して南極に至り、上りて朱天に至る、故に以て丘を夷かにし屋に上る可《べ》からず。萬物は蕃息し、五穀は兆長し、故に曰く徳野に在り、と。

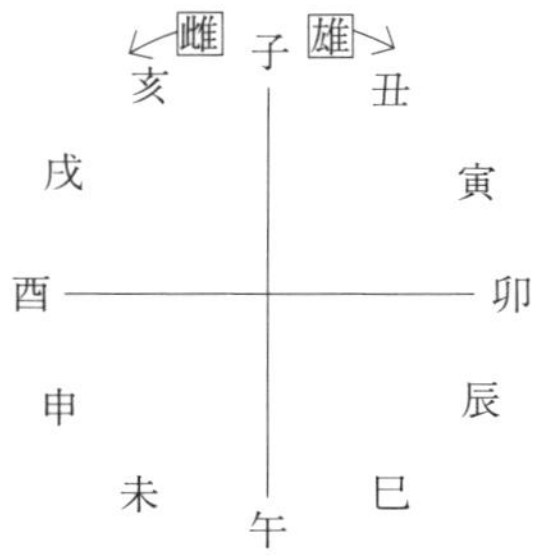

図２　十二辰と雌雄神

これによると、陰気が極まって北斗七星が北極に移動するとき、徳は七舎の「室」に居り、逆に陽氣が極まって北斗七星が南極に移動するとき、徳は七舎の「野」に居る。先に引用した天文訓に陰気が極まった時を冬至（十一月）、陽気が極まった時を夏至（五月）としているので、徳は十一月に「室」、五月に「野」に居ることとなる。

次に北斗七星の移動に伴い、刑・徳が七舎の間をひと月毎にどのように運行するのか、さらに十二辰によって区分された区間をどのように運行するのかについて検討したい。

天文訓に、

北斗の神に雌雄有り、十一月始めて子に建し、月ごとに一辰を徙る。雄は左行し、雌は右行し、五月に午に合いて刑を謀る。十一月に子に合いて徳を謀る。雌居る所の辰は厭爲り、厭日は以て百事を擧ぐ可からず。

とあり、北斗七星には雌雄両神があり、雄神は十一月（子）を起点に時計回りで移動し（左行）、これに対して雌神は逆に反時計回りで移動する（右行）。つまり雄神は「子→丑→寅→卯→辰→巳→午→未→申→酉→戌→亥」の順で移動し、雌神は「子→亥→戌→酉→申→未→午→巳→辰→卯→寅→丑」の順で移動する（図２参照）。

ところで文中に五月に刑を「謀り」、十一月に徳を「謀る」とあるが、これは刑徳の性質自体に関連がある。刑徳七舎における刑徳運行を述べた天文訓に対する『補注』は、

十一月陽建は子に在り、日は星紀[14]を躔《てん》し、日の前は陰建爲《た》り、故に子に合い、冬至に陽生じ、故に徳を謀る。五月陽建は午に在り、日は鶉首を躔《てん》し、日の前は陰建爲《た》り、故に午に合い、夏至陰生ず、故に刑を謀る。是由り陰陽刑徳に遂に七舎有るなり。

としている。すなわち刑・徳を「謀る」とは、それぞれ陽・陰の「建（斗柄の指す場所）」が出会って「陽」「陰」を生じることを指し、ここで初めて陰陽を象徴する刑徳と七舎が結びつくこととなる。

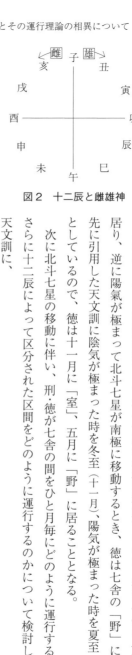

先に引用した天文訓に「陰氣極まれば則ち北して北極に至り……故に曰く徳野に在り」とあり、万物の活気・活力は「陽」である徳が門内の最も奥の「室」と最も外側の「野」にある場合とでは大きな差があるように、徳の七舎における位置と陰陽の消長との間には一定の相関関係がある。他の七舎についても、『補注』は、

室は子爲り、堂は丑・亥爲り、庭は寅・戌爲り、門は卯・酉爲り、巷は辰・申爲り、術は己（巳）・未爲り、野は午爲り。此れ七舎は門を以て中と爲し、門内に在るは庭・堂・室なり、門外に在るは巷・術・野なり。

とし、「七舎」をそれぞれ「十二辰」に配当して、「舎」は刑・徳が移動して各々居るところの「辰」から説明できることを指摘している。そこで十二辰と七舎を対応させると、表1のようになる。

表1　十二辰と七舎

十二辰	子	丑	寅	卯	辰	巳	午	未	申	酉	戌	亥
七舎	室	堂	庭	門	巷	術	野	術	巷	門	庭	堂

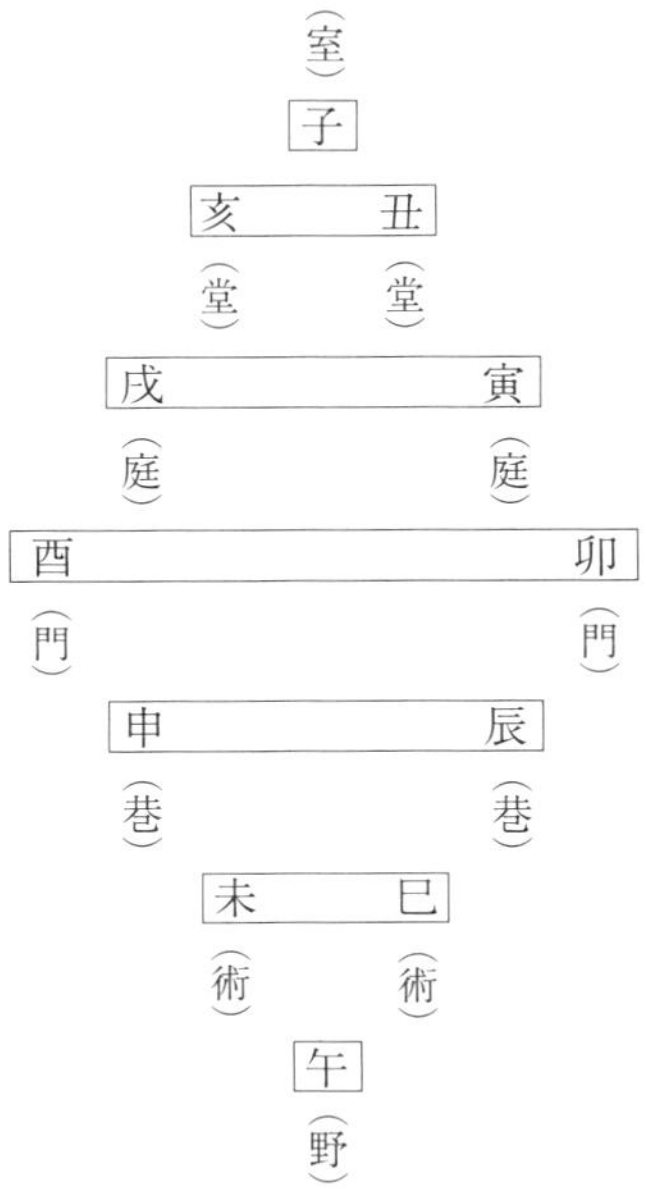

図３　天文訓「刑徳七舎」の七舎

このような七舎上を陰陽の性質を象徴的に表す刑・徳が、それぞれ三十日毎にどの「七舎」に居るのかについて、天文訓に次のようにある。

陰陽の刑徳に七舎有り。何をか七舎と謂う。室・堂・庭・門・巷・術・野なり。十一月徳は室に居ること三十日、日至に先だつこと十五日、日至に後るること十五日にして徙り、居る所各三十日。徳室に在れば則ち刑は野に在り、徳堂に在れば則ち刑は術に在り。徳庭に在れば則ち刑は巷に在り、陰陽相徳すれば則ち刑徳は門に合す。八月・二月、陰陽の氣均しく、日夜分平なり、故に曰く刑徳は門に合す、と。徳は南すれば則ち生、刑は南すれば則ち殺。故に曰く、二月に會して萬物生じ、八月に會して草木死す、と。

表2　天文訓の刑徳七舎（刑・徳運行未完成版）

	十一月	十二月	正月	二月	三月	四月	五月	六月	七月	八月	九月	十月
刑	野			門			室			門	巷	術
雌神	子	亥	戌	酉	申	未	午	巳	辰	卯	寅	丑
徳	室			門	巷	術	野			門		
雄神	子	丑	寅	卯	辰	巳	午	未	申	酉	戌	亥

これによれば、十一月に徳は室、刑は野に三〇日間居り、以下徳が堂に居る場合刑は術、徳が庭に居る場合刑は巷に居り、八・二月は陰陽の気が等しいため刑・徳は共に門に会する。本文に十一月に三〇日居るというのは冬至の前後十五日間の合計であり、一月を全て三〇日とした上での刑徳の移動である。なお、後に挙げる日書では徳が三一日間居るものも存在しており、これについては後に詳しく述べたい。さらに二月に刑・徳が会した後徳は門から南に移動して万物が生じ、八月に刑・徳が会した後刑は門から南に移動して草木が死ぬとしている。以上の天文訓の記述を整理し雌雄神の各月の移動を加えて、表にすると表2のようになる。

雄神は子を起点にひと月毎に左行する（時計回り）ので、ひと月毎の雄神の移動は十一月（子）→十二月（丑）→正月（寅）→二月（卯）→三月（辰）→四月（巳）→五月（午）→六月（未）→七月（申）→八月（酉）→九月（戌）→十月（亥）となる。

各月の雄神と徳の対応関係は以下のようになる。雄神は十一月に「子」、二月に「卯」、三月に「辰」、四月に「巳」、五月に「午」に居り、それに対して徳は十一月に「室」、二月に「門」、三月に「巷」、四月に「術」、五月に「野」に居る。表1によると七舎の十二辰の配当は、子—室、卯—門、辰—巷、巳—術、午—野であるので、各月の雄神の居る辰が配当される七舎と徳の居る舎は同じである。ただし十二月～四月、六月～十月に徳が居る十二辰は天文訓の記述のみでは確定できず、後に検討したい。ここで雄神は左行する（時計周り）することから、十一月～十月までの徳の位置は、表3のようになる。

表3　天文訓の刑徳七舎（徳の運行完成版）

	十一月	十二月	正月	二月	三月	四月	五月	六月	七月	八月	九月	十月
刑	野			門			室			門	巷	術
雌神	子	亥	戌	酉	申	未	午	巳	辰	卯	寅	丑
徳	室	堂	庭	門	巷	術	野	術	巷	門	庭	堂
雄神	子	丑	寅	卯	辰	巳	午	未	申	酉	戌	亥

表4　天文訓の刑徳七舎（刑の運行補充版）

	十一月	十二月	正月	二月	三月	四月	五月	六月	七月	八月	九月	十月
刑	野	**術**	**巷**	門			室			門	巷	術
雌神	子	**亥**	**戌**	酉	申	未	午	巳	辰	卯	寅	丑
徳	室	堂	庭	門	巷	術	野	術	巷	門	庭	堂
雄神	子	丑	寅	卯	辰	巳	午	未	申	酉	戌	亥

次に刑について検討したい。天文訓によると、徳が堂に居る場合刑が術に居り、徳が庭に居る場合刑が巷に居ることとなるため、十二月・正月に雌神が亥・戌に居る際の刑の位置を追加すると表4のようになる。

各月の雌神と刑の対応関係は以下のようになる。雌神は十一月に「子」、十二月に「亥」、正月に「戌」、二月に「酉」、五月に「午」、八月に「卯」、九月に「寅」、十月に「丑」となり、それぞれに対して刑は十一月に「野（午）」、十二月に「術（巳 or 未）」、正月に「巷（辰 or 申）」、二月に「門（酉 or 卯）」、五月に「室（子）」、八月に「門（酉 or 卯）」、九月に「巷（辰 or 申）」、十月に「術（巳 or 未）」に居る。十一月・五月の刑の居る辰は午・子であるので、図3より十一月・五月の各月の刑の居る十二辰（午・子）は雌神の居る十二辰（子・午）の対の位置になっている。したがって、同様に十二月、正月、二月、八月、九月、十月の刑の居る十二辰も、亥（十二月）の対の位置の巳、戌（正月）の対の位置の辰、酉（二月）の対の位置の卯、卯（八月）の対の位置の酉、寅（九月）の対の位置の申、丑（十月）の対の位置の未となる。十二月の巳は

表5　天文訓の刑徳七舍（刑の運行完全版）(17)

	十一月	十二月	正月	二月	三月	四月	五月	六月	七月	八月	九月	十月
刑	午（野）	巳（術）	辰（巷）	卯（門）	寅（庭）	丑（堂）	子（室）	亥（堂）	戌（庭）	酉（門）	申（巷）	未（術）
雌神	子	亥	戌	酉	申	未	午	巳	辰	卯	寅	丑
徳	室	堂	庭	門	巷	術	野	術	巷	門	庭	堂
雄神	子	丑	寅	卯	辰	巳	午	未	申	酉	戌	亥

七舍では術、正月の辰は七舍では巷、二月の卯は七舍では門、八月の酉は七舍では門、九月の申は七舍では巷、十月の未は七舍では術にそれぞれ配当されており、七舍の十二辰の配当とも合致している。

上述と同様の方法で三月、四月、六月、七月の刑の位置は、次のように確定できるであろう。三月の申の対に位置する十二辰は寅であるので刑は庭（寅）、四月の未の対に位置する十二辰は丑であるので刑は堂（丑）、六月の巳の対に位置する十二辰は亥であるので刑は堂（亥）、七月の辰の対に位置する十二辰は戌であるので刑は庭（戌）となる。各月の雌神と刑の位置関係を表にすると表5のようになる。

以上が天文訓の刑徳運行である。徳の位置している十二辰については、天文訓の記述のみでは不明である。しかしこれは『補注』によって補足することが出来る。『補注』は、

十一月に斗は子を建し、日は丑に在り、丑なれば子に居りて徳爲《た》り。厭も亦た子に在り、子の對は午にして刑爲《た》り、故に徳は室に在り、刑は野に在り。十二月斗は丑を建し、日は子に在り、子なれば丑に居り徳爲《た》り。厭は亥に在り、亥の對は巳にして刑爲《た》り、故に徳は堂に在り、刑は術に在り。正月斗は寅を建し、日は亥に在り、亥なれば寅に居りて徳爲《た》り。厭は戌に在り、戌の對は辰にして刑爲《た》り、故に徳は庭に在り、刑は巷に在り。二月斗は卯を建し、日は戌に在り、戌なれば卯に居りて徳爲《た》り。厭は酉に在り、酉の對は卯にして刑爲《た》り、故に刑徳は門に合す。ここよ

り之を推すに、三月徳は巷に在れば則ち刑は庭に在り、四月徳は術に在れば則ち刑は堂に在り、五月徳は野に在れば則ち刑は室に在り、而して六月は四月の如し、七月は三月の如し、八月は二月の如し、九月は正月の如し、十月は十二月の如くして、刑徳は周る。

とする。以下では十一月の移動を中心に説明したい。十一月に北斗七星は子を建し、「日」は丑に居り、「日」が丑に居れば徳は子に居る。「厭」もまた子に居り、子の対面に位置する十二辰は午で、刑は午に居る。これより子に居る徳は「室」、午に居る刑は「野」に居る、ということになる（図3参照）。もう少し詳しく説明すると次のようになる。

天文訓や『補注』によると、「厭」は雌神で、「日」の一つ前（左行つまり時計回りの順で）の十二辰に居り、「日」は「日躔（太陽のやどり）」を指す。『補注』によって、「斗建」・「厭」・「日」の位置を図示すると、図4のようになる。

ところで『補注』が、例えば十一月条で「丑なれば子に居りて徳爲り」としているのは、「六合」の理論に基づくものと思われる(15)。「六合」とは北斗七星が建す（斗建）十二辰と日の十二辰とが合することを指し、具体的には子－丑、寅－亥、卯－戌、辰－酉、巳－申、午－未の六つの組み合わせのことである。したがって十一月の場合、「日」は丑に居り、六合における子－丑の組み合わせによって、徳は斗建の位置する子に居る、ということになる。

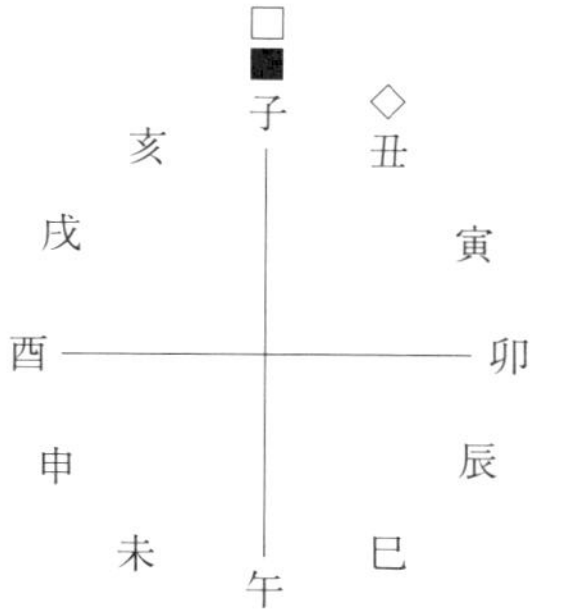

図４　十一月における斗建、厭＝雌神と日の位置
＊斗建は□、厭＝雌神は■、日は◇

『補注』が「厭も亦た子に在り、子の對は午にして刑爲り」としているのは、「厭」が「日」の居る「丑」の一つ前の「子」に居て、「子」の対面の十二辰に「刑」が居る、ということである。

以上のように徳の位置は「日」の位置と「斗建」の組み合わせである六合から「斗建」の十二辰となり、刑の位置は「日」の一つ前の十二辰に居る「厭」の対面にある十二辰となるのである。

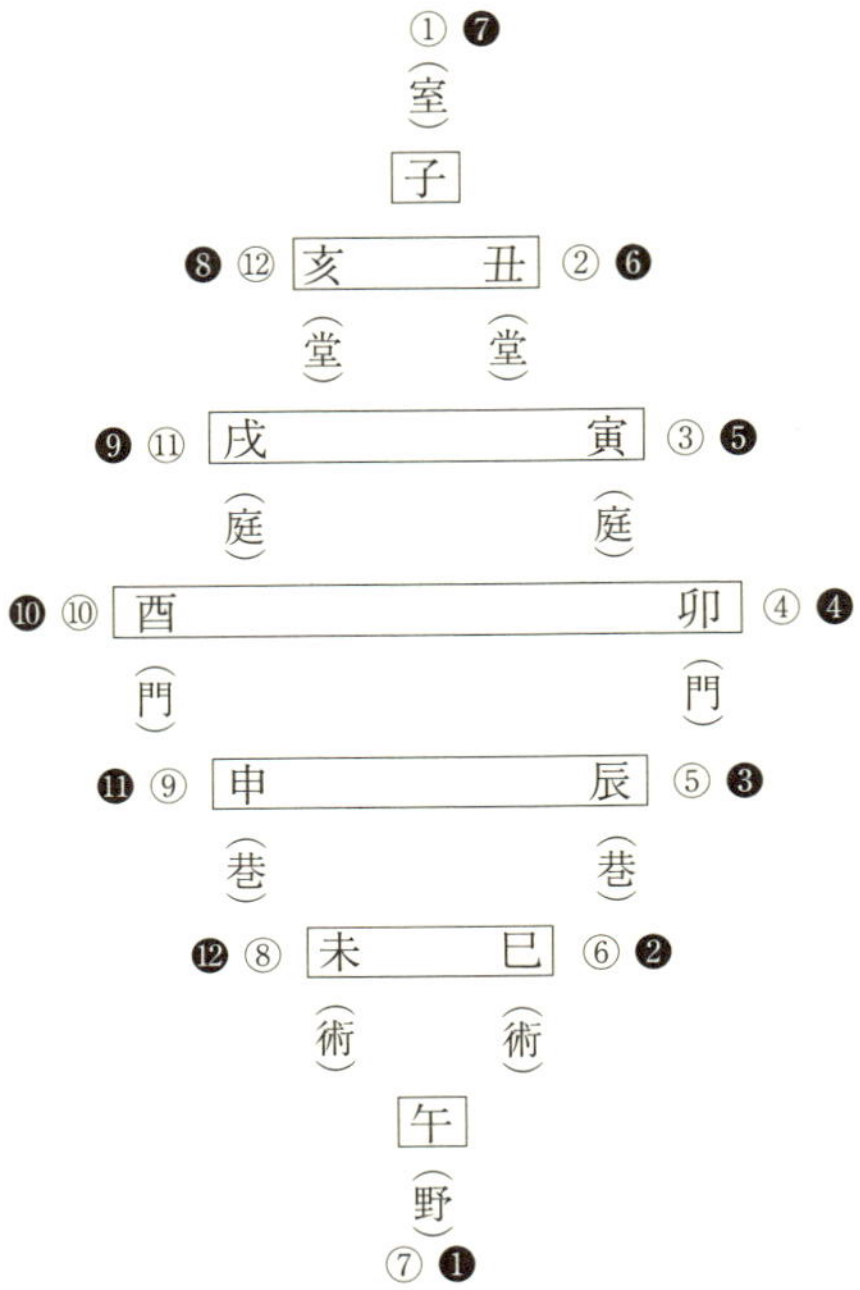

図６　刑徳七舎運行図

＊刑は❶～⓬、徳は①～⑫の順に動く。

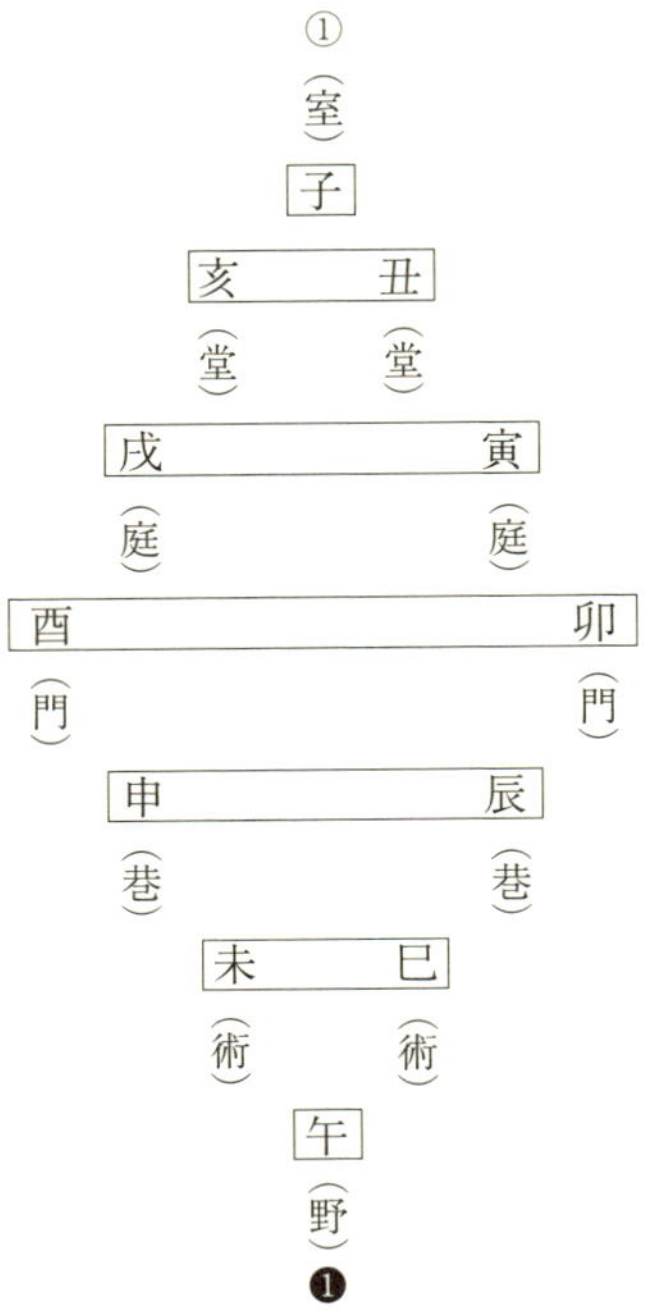

図５　十一月における刑徳の七舎における位置（表１を基にする）

＊刑は❶、徳は①の位置となる

これらのことを踏まえて、雌神と雄神の移動から刑・徳の位置を確定したい。『周礼注疏』や『補注』[16]によれば「斗建」＝「雄神」、「厭」＝「雌神」であるので、「厭」を「雌神」、「斗建」を「雄神」に代えて上述の刑・徳の位置確定を説明しようとすると、次のようになる。すなわち、十一月を例とすると、徳の位置は「雄神（斗建）」の十二辰の子であり、刑の位置は「雌神（厭）」の対面の十二辰である「午」となる。七舎において子は「室」に、午は「野」に配当されているので（表1参照）、徳は室に居り、刑は野に居る（図5参照）。

十一月以下の諸月における刑・徳の移動も同様に、徳の舎は雄神の在る十二辰、刑の舎は雌神の在る十二辰の対面の位置にあり、十一月～十月までのひと月毎の刑・徳の移動は、徳は子（室）～亥（堂）、刑は午（野）～未（術）となる。以上のように、『補注』を用いることで天文訓では明らかにできなかった、各月

表6　天文訓の刑徳七舎[17]（完全版）

	十一月	十二月	正月	二月	三月	四月	五月	六月	七月	八月	九月	十月
刑	午（野）	巳（術）	辰（巷）	卯（門）	寅（庭）	丑（堂）	子（室）	亥（堂）	戌（庭）	酉（門）	申（巷）	未（術）
雌神	子	亥	戌	酉	申	未	午	巳	辰	卯	寅	丑
徳	子（室）	丑（堂）	寅（庭）	卯（門）	辰（巷）	巳（術）	午（野）	未（術）	申（巷）	酉（門）	戌（庭）	亥（堂）
雄神	子	丑	寅	卯	辰	巳	午	未	申	酉	戌	亥

の徳の居る辰を確定でき、これを表にすると表6、図6のようになる。

以上が天文訓および『補注』の説明に基づく「刑徳七舎」の概要であり[18]、「刑徳七舎」とは陰陽を象徴する刑・徳が毎月七舎上を移動し、その居る舎がどこであるかによって占いを行うものである。後世の歳徳神の居る方向によって吉凶を測るようなものである。つぎに上掲の図表を参考にして、「刑徳七舎」が見える出土資料を分析し、その異同を検討したい。

第二節　出土資料に見える「刑徳七舎」とその変遷

「刑徳七舎」の刑徳運行についての記述が見える出土資料は、孔家坡漢簡「刑徳」篇、日照海曲簡「漢武帝後元二年視日」、北大漢簡「節」篇である。日照海曲簡と北大漢簡の成書年代の前後は判断し難く、孔家坡漢簡「刑徳」篇がこの中では一番成書が早く、日照海曲簡「漢武帝後元二年視日」、北大漢簡「節」篇がこれに続くと考えられる。本節では孔家坡漢簡「刑徳」篇、日照海曲簡「漢武帝後元二年視日」、北大漢簡「節」篇の順に資料を挙げていく。

Ⅰ　孔家坡漢簡「刑徳」篇

正月：刑在[堂]、[徳]【在⿸疒廷（庭）】（九一壹）。
二月：刑[在]【⿸疒廷（庭）、徳在門】（九二壹）。
三月：刑在門、徳在巷（九三壹）。
四月：刑在巷、徳在術（九四壹）。
五月：刑在術、徳在野（九五壹）。
六月：刑徳並在術（九六壹）。
七月：刑在術、徳在野（九一貳）。
[八]月：刑在巷、徳在術（九二貳）。
【九月】：[刑在]門、徳在巷（九三貳）。
【十月】：[刑在]⿸疒廷（庭）、徳在門（九四貳）。
[十]一月：[刑在堂]、徳在⿸疒廷（庭）（九五貳）。
十二月：刑徳並在堂（九六貳）。

ここでは刑・徳は正月を起点に、ひと月毎に刑徳七舎の七舎の内、「室」を欠く六つの舎（堂・庭・門・巷・術・野）を移動している（表7参照）。

この刑徳運行は天文訓の七舎と比較すると、その運行法等において三点の違いが認められる。

第一に刑徳運行の起点の月である。天文訓では十一月を起点としているのに対して、孔家坡漢簡では正月を起点としている。

第二に「舎」の数が両者で異なる。すなわち、天文訓の刑徳運行は「七舎」であるのに対して、孔家坡漢簡は七舎の中の「室」を欠き、「六舎」を運行している。

第三に両者の運行法が異なっている。天文訓の運行では各月毎に刑・徳が一舎ずつ移動する。孔家坡漢簡では刑が正月～四月の間に堂・庭・門・巷をひと月毎に移動し、五月～七月の三ヶ月の間は「術」に居るが、八～十月の間は巷・門・庭をひと月毎に移動し、十一月～正月の三ヶ月間は「堂」に居り、どの月であっても「野」には移動しない。一方、孔家坡漢簡では「徳」が正月～三月の間ひと月毎に庭・門・巷を移動し、四月～八月の間に「術」と「野」を往復し、九月～十二月の間巷・門・庭・堂をひと月毎に移動する。以上のように、孔家坡漢簡の運行は一つの舎に数か月居続けたり、二つの舎の間を往復するといったように、運行法が大きく異なっている（表7参照）。

表7　孔家坡漢簡の刑徳運行　※△は刑、○は徳

正月	堂△	庭○	門	巷	術	野
二月	堂	庭△	門○	巷	術	野
三月	堂	庭	門△	巷○	術	野
四月	堂	庭	門	巷△	術○	野
五月	堂	庭	門	巷	術△	野○
六月	堂	庭	門	巷	術△○	野
七月	堂	庭	門	巷	術△	野○
八月	堂	庭	門	巷△	術○	野
九月	堂	庭	門△	巷○	術	野
十月	堂	庭△	門○	巷	術	野
十一月	堂△	庭○	門	巷	術	野
十二月	堂△○	庭	門	巷	術	野

表7によると、孔家坡漢簡の刑徳運行は以下の三つの条件に基づき運行しているといえる。

条件一　正月～五・七月には刑は徳が前月に居た舎に居り、六・八月～十二月には徳は刑が前月に居た舎に居る

条件二　刑は必ず六舎上において徳以上の舎、すな

わち堂に近い側の舎に居る

条件三　七舎から六舎への変更によって、六月・十二月に同じ舎に居ることで位置を調整し、刑が徳を追い越さないよう移動する

天文訓の刑徳七舎の刑徳運行は北斗七星の雌雄神の移動に基づくものであるが、他の文献にはこのような孔家坡漢簡の刑徳運行を説明できる星・神等の移動は見当たらない。

また天文訓の刑徳七舎は夏至の五月に陽を象徴する徳が野に居り、冬至の十一月に陰を象徴する刑が野に居るといった如く（表6参照）、陰陽の消長との対応関係が認められる。しかし、孔家坡漢簡では刑・徳が六月に共に「術」、十二月に共に「堂」に居り、この六月・十二月以外は刑・徳が常にそれぞれ隣の舎に居るように、陰陽の消長との対応関係は認められないようである。つまり孔家坡漢簡の運行は月毎の陰陽の消長や星・神等の動きを基にしたものではなく、刑・徳が基本的に隣り合って運行し、六月と十二月に同じ舎に居り、徳が「野」に移動しない運行になっている可能性がある。

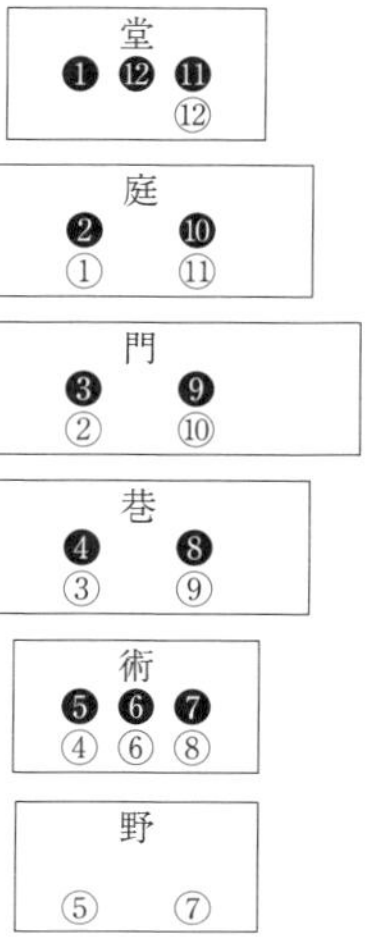

図7　孔家坡漢簡の刑徳運行案一
※●は刑、○は徳　数字は各月、図9も同じ

次に孔家坡漢簡の刑・徳の運行を図示する。先に述べたように、孔家坡漢簡の刑・徳の運行は北斗七星や星・神等の移動に基づくものではないようなので、その運行も刑徳七舎のように、十二辰の上を運行するものではない可能性が高いと思われる。その運行としては、次の二種類が想定できる。

第一に、北斗七星・十二辰の配当を考えず、単に六舎間を移動すると想定した場合、表7を基にして刑・徳の一年間の移動を図示すると、図7のようになるであろう（①や❶等の数字は移動順によ

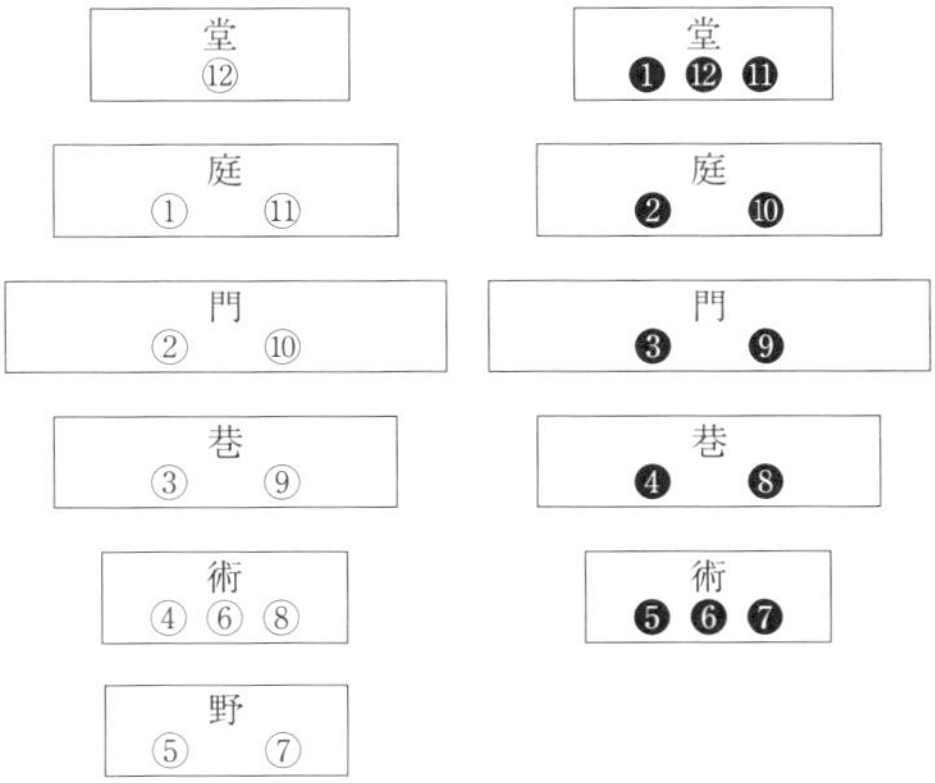

図９　孔家坡漢簡の刑徳運行案二

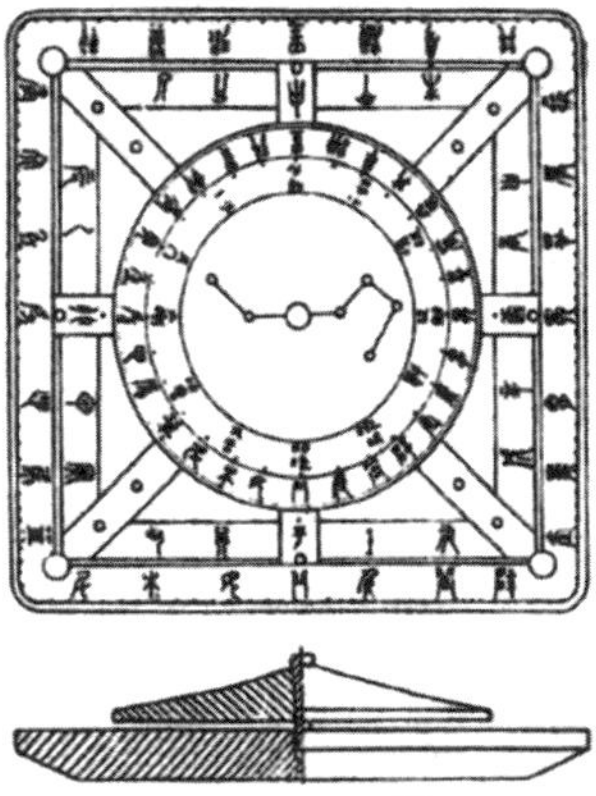

図８　式盤[19]

るもので、刑あるいは徳が反時計回りで移動することを意味するものではない。図９も同様である）。

第二に、式占の一種である六壬式の式盤（図８参照。上部の円形のものが天盤、下部の方形のものが地盤）のような箇所を、刑・徳が別々に運行すると想定した場合である。

『呉越春秋』巻四勾践入臣外伝には刑徳と六壬式が混在した占法が見えるが、[20]孔家坡漢簡の刑徳運行も同じく六壬式のようなものである可能性はある。つまり孔家坡漢簡の刑徳運行は六壬式の天地盤のように六舎で構成された盤の上を徳が、五舎で構成された盤の上を刑が運行するものと想定すると、それは図９のようになるであろう。

以上が孔家坡漢簡から想定される刑徳運行である。次に日照海曲簡「漢武帝後元二年視日」を検討したい。

Ⅱ　日照海曲簡「漢武帝後元二年視日」

【正月】十一　甲午居延（庭）卅日】
【二月】十一　甲子春分居門卅日（二九）
【三月】十二……甲午居巷【卅一日】（六）
【四月】十三　乙丑居朮（術）卅日】
【五月】十四……乙未夏日至居郭門一【日】（二一）

【五月十五　丙申居野卅日】
【六月十五】丙寅居朮（術）卅一日（二五）
【七月十七　丁酉居巷卅日】
【八月十七　丁卯居門卅日】
【九月】十八……丁酉居延（庭）卅日（一六）
【十月】十八……丁卯居堂卅【一】日（三二）
【十一月】廿……戊戌冬日至居戸一日（三五）
【十一月】廿一……己亥居室卅日（二八）
【十二月廿一　己巳居堂卅日】

本簡には天文訓の「野」にあたる舎が見えず、その運行も刑・徳のいずれを指すのかも不明である。しかし、日照海曲簡に見える暦日の干支と各簡の「舎」を検討した上で、「野」の存在を想定すると、天文訓における各月の徳の居る舎と合うので、今回発見されたものは、たまたま「野」を欠いているだけなのであろう。また天文訓の刑徳七舎と比較した場合、表6に挙げたように二月に「門」、三月に「巷」、六月に「術」、九月に「庭」、十月に「堂」、十一月に「室」に移動するのは「徳」であるので、本簡は徳の運行について述べたものと思われる。

劉紹剛・鄭同修の両氏は日照海曲簡に見える刑・徳の運行について、以下のように説明している。日照海曲簡における徳の運行において一年は三六五日となっているが、天文訓では刑・徳が三十日×十二ヶ月で移動しているため、天文訓のものをそのまま日照海曲簡に対応させると、三六五日に五日足りなくなる。その不足を補うために徳の居る日数を三十一日にする月を置き、夏至・冬至の日に過渡日を置くなどして調整している、と。このように理解して、両氏は張培瑜氏の暦表等を参照にして、一年間の徳の運行表を作っている（表8参照[21]）。

表8　日照海曲簡の徳運行（劉紹剛・鄭同修両氏による復元を参照）

開始日	徳の所在	最終日	簡番号
正月十一日	甲午（驚蟄）春分居延（庭）卅日	二月十日	
二月十一日	**甲子春分居門卅日**	三月十一日	二九
三月十二日	**甲午**（次日清明）**居巷**卅一日	四月十二日	六
四月十三日	乙丑（小満）居術卅日	五月十三日	
五月十四日	**乙未夏日至居郭門一【日】**		二一
五月十五日	丙申（夏至的次日）居野卅日	六月十四日	
六月十五日	**丙寅**（大暑）**居術卅一日**	七月十六日	二五
七月十七日	丁酉（処暑的次日）居巷卅日	八月十六日	
八月十七日	丁卯（秋分）居門卅日	九月十七日	
九月十八日	**丁酉**（霜降）**居延**（**庭**）**卅日**	十月十七日	一六
十月十八日	**丁卯**（次日小雪）**居堂卅【一】日**	十一月十九日	三二
十一月廿日	**戊戌冬日至居戸一日**		三五
十一月廿一日	**己亥**（冬至的次日）**居室卅日**	十二月廿日	二八
十二月廿一日	己巳（大寒的次日）居堂卅日	次年正月廿日	

これによると、日照海曲簡の徳の移動は、基本的に天文訓に見える運行法と違いはないようである。天文訓との違いは、日の干支の記述が存在すること、夏至である五月と冬至である十一月に「居郭門一【日】」・「居戸一日」といった過渡日が導入されていること、徳の居る期間として三十日・三十一日の二種類が存在する点である。「郭門」・「戸」といった舎は天文訓の七舎には見えず、日照海曲簡独自のものである。そこで劉紹剛・鄭同修の両氏は、これらの導入は刑徳七舎の理論を日照海曲簡の暦日に合わせて用いるために調整したものとしている。二日の過渡日と三回の三一日を導入することで、三六五日に五日足りない分を足している。

Ⅲ　北大漢簡「節」篇

原文

凡陰陽行也、易出易入。日至卌六日春立、有（又）卌六日=夜分。**二月之時、陰陽相遇門**（第八号簡）。有（又）卌六日夏立、有（又）卌六日夏至。有（又）卌六日秋立、有（又）卌六日=夜分。**八月之時、陰陽復**（第九号簡）**遇門**。

有（又）卌六日冬立、有（又）卌六日冬至。凡七處。陽爲德、陰爲刑。十一月陽在室、陰在野（第十号簡）、陰執裚（制）行刑。陽居室卅日、以日至爲主、前日至十五日、後日至十五日而徙、所（第一一号簡）居各卅日。陰亦如是。故曰、「陽生子、陰生午」。陽在室曰臧（藏）、在堂溺（弱）、在庭卑、在門順（第一二号簡）……德在室＝不可毀也……（第三六号簡）……德在堂＝不可動也……（第四〇号簡）……德在庭＝及宮不可動也……（第四二号簡）……德在門＝閭庫庛不可動也……（第四三号簡）……德在閣＝不可塞正也……（第四五号簡）……德在術＝不可變也……（第四六号簡）……德在野＝物不可暴也（第四八号簡）。

書き下し

凡そ陰陽行るや、出で易く入り易し。日至より卌六日にして春立ち、卌六日有（又）りて日夜分なり。二月の時、陰陽相い門に遇う。卌六日有（又）りて夏立ち、卌六日有（又）りて夏至。卌六日有（又）りて秋立ち、卌六日有（又）りて日夜分なり。八月の時、陰陽復た門に遇う。卌六日有（又）りて冬立ち、卌六日有（又）りて冬至。凡そ七處。陽は德爲《た》り、陰は刑爲《た》り。十一月陽は室に在り、陰は野に在り、陰裚（制）を執りて刑を行う。陽は室に居ること卅日、日至を以て主と爲し、日至に前だつこと十五日、日至に後ること十五日にして徙り、居る所各の卅日なり。

陰も亦た是の如し。故に曰く、「陽は子に生じ、陰は午に生ず」と。

陽室に在れば臧（藏）と曰い、堂に在れば溺（弱）し、庭に在れば卑し、門に在れば順……

德室に在れば、室毀す可からざるなり……

德堂に在れば、堂動かす可からざるなり……

德庭に在れば、庭及び宮動かす可からざるなり……

徳門に在れば、門閭庫廐動かす可からざるなり……
徳閭に在れば、閭正を塞ぐ可からざるなり……
徳術に在れば、術變える可からざるなり……
徳野に在れば、野物暴く可からざるなり。

本簡の記述は天文訓の刑徳運行と同様に、二・八月に陰（刑）・陽（徳）が門で遭い、十一月に陽（徳）が室、陰（刑）が野に居り、三十日毎に各「處」を移動する。両者が移動する「七處」は室・堂・庭・門・閭・術・野であり、天文訓の七舎の一つである巷が「閭」となっている。

本簡の刑徳の運行と天文訓の刑徳七舎とは運行の点において大きな違いはないようである。本稿では紙幅の都合で検討しなかったが、徳が各「處」に居る場合の占辞と思われる記述が見え、徳が室・堂・庭・門に居ることを、藏・溺（弱）・卑・順と表現している。第三六号簡以降は徳が七舎の各舎に居る際の占辞となっている。徳が室に居ると室を壊してはいけない、徳が堂に居ると堂を動かしてはいけないといった如く、徳は陽を象徴し尊いためであろうか、徳の居る舎に手を加えてはいけないと述べている。

以上、孔家坡漢簡・日照海曲簡・北大漢簡に見える刑徳理論を検討した。日照海曲簡の刑徳運行には過渡日の設定、北大漢簡では舎の名称の相違・占辞の有無等といった差異はみられるものの、基本的には天文訓の刑徳七舎の運行と大きく異なるところはなかった。

しかし、孔家坡漢簡「刑徳」篇の刑徳の運行法は、それらと大きく異なっている。前述のように孔家坡漢簡「刑徳」篇は天文訓の刑徳七舎とは違い、刑は五舎（堂・庭・門・巷・術）、徳は六舎（堂・庭・門・巷・術・野）の間を運行し、刑は三ヶ月同じ術の舎、徳は術と野の間を往復する特異な運行を示している。

このように孔家坡漢簡の刑徳運行は他の文献・資料に見えるものと大きく違っている。今回検討した資料の年代順は、

孔家坡漢簡→天文訓→日照海曲簡・北大漢簡

となる。天文訓は北斗七星との関係を明確に示しているのに対して、三つの出土資料にはいずれも北斗七星との関連を思わせる記述が見えない。天文訓が十一月を運行の起点にしているのは、十一月に斗柄が子を指すことによると思われるが、孔家坡漢簡・日照海曲簡の刑徳運行では正月が起点となっている。日照海曲簡・北大漢簡では北斗七星との連動を自明のものとしていた可能性はあるが、孔家坡漢簡の刑徳運行は刑が「術」に三ヶ月居続け、徳が「術」と「野」の間を往復するといった如く、北斗七星との連動が全く想定出来ない運行をしている。以上から、刑徳の運行と北斗七星と連動するようになったのは天文訓以降と想定される。そして北斗七星の雌雄神の設定とその位置に対応させた刑徳の位置確定の理論が導入された後に、孔家坡漢簡「刑徳」篇に見られるようなものから天文訓に見られるような運行形式に統一され、これより以降天文訓の形式が残ったのではあるまいか。孔家坡漢簡以外にも天文訓と異なった形式の刑徳運行が複数存在し、天文訓のものもその一つである可能性は否定できない。しかし天文訓以降の資料に孔家坡漢簡のような運行が見えないのも、その傍証といえるかも知れない。

むすび

本稿では、天文訓と出土資料に見える「刑徳七舎」の比較・検討を行った。出土資料には北斗七星に関する記述が見えず、中でも孔家坡漢簡の運行はその運行法も含めて他のものと大きな相違があった。今回の検討で、刑徳七舎の運行は天文訓の編纂された頃に理論の統一がなされ、以降では天文訓に整理されたものが残った可能性を指摘した。

今後の課題として、三種の刑徳理論の内まだ検討を加えていない、日毎の刑徳の運行法が見える帛書「刑徳」篇を検

討し、他の二種の刑徳運行と比較することで、その位置づけを明らかにしたい。[22] また、孔家坡漢簡の刑徳運行の特異性が如何なるものに起因するのかについて、本稿では扱わなかった北大漢簡の占辞部分等を足がかりに検討していきたい。

注

（1）胡文輝『中国早期方術與文献叢考』（中山大学出版、二〇〇〇年）二五三〜二七三頁。

（2）太陰（太歳）は十干と十二辰上を移動し、十干上の移動が徳の移動、十二辰上の移動が刑の移動と連動する。

（3）拙稿「『淮南子』天文訓「二十歳刑徳」の「刑」・「徳」運行について」（『史滴』三四号、二〇一二年）、拙稿「馬王堆帛書「刑徳」篇「刑徳大遊」についての一考察」（『早稲田大学大学院文学研究科紀要』五八輯第四分冊、二〇一三年）。

（4）池田知久氏は『史記』・『漢書』を検討され『淮南子』の成立を建元二年とされた。本稿では池田氏に従う。池田知久「淮南子の成立—史記と漢書の検討」（『東方学』五九号、一九八〇年）、池田知久「『淮南子』の成立—『史記』と『漢書』による検討—」（『岐阜大学教育学部研究報告』人文科学二八号、一九八〇年）、池田知久『淮南子—知の百科』（中国の古典）（講談社、一九八九年）七〜三五頁、池田知久『訳注「淮南子」』（講談社、二〇一二年）四〇〇〜四〇五頁。

（5）「日書」・「暦譜」等の簡牘の朔日干支等から「日書」が出土した墓の年代は漢景帝後元二年（前一四二年）とされている。原文の□は文字が一部欠けているが、整理者が文意により補ったもの、【　】の中の文は整理者が付けた注から補ったものである（湖北省文物考古研究所・随州市考古隊編『随州孔家坡漢墓簡牘』文物出版社、二〇〇五年）三二一〜三三三頁、七三〜七四頁、一三七〜一三八頁。

（6）劉紹剛・鄭同修「日照海曲簡「漢武帝後元二年視日」」（『出土文献研究』第九輯、中華書局、二〇一〇年）四九〜五九頁。なお原文の【　】は両氏によって補ったものである。

（7）北京大学出土文献研究所は書体・内容等から抄写年代は主に漢・武帝後期で、宣帝期よりは下らないと推測している（北京大学出土文献研究所編『北京大學藏西漢竹書』（伍）（上海古籍出版社、二〇一四年）二・五〜四四頁）。なお広島大学大学院文学研究科准教授・末永高康氏には北京大学蔵漢簡「節」篇をご紹介頂いた。厚く御礼を申し上げる次第である。

（8）甘肅省文物考古研究所・甘肅省博物館・中国文物研究所・中国社会科学院歴史研究所編『居延新簡—甲渠候官（上下）』（中華書局、一九九四年）上巻四七・一八六・二四九頁、下巻九二・四一五・五九一頁。

（9）甘肅簡牘保護研究中心等編『肩水金関漢簡（貳）上中下』（中西書局、二〇一二年）上巻二三二頁、中巻二三三頁、下巻一一八頁、程少軒「肩水金関漢簡「元始六年（居摂元年）曆日」復原」（『出土文献』第五輯、中西書局、二〇一四年）二七四〜二八四頁を参照。本簡は復旦大学出土文献与古文字研究中心・助理研究員・程少軒氏に御紹介頂いた。厚く御礼を申し上げる次第である。

（10）注（6）劉紹剛・鄭同修前掲書参照。

（11）以下、天文訓の読解には劉安・劉向編、戸川芳郎・木山英雄・沢谷昭次・飯倉照平訳『淮南子・説苑（抄）』（中国古典文学大系六、平凡社、一九七四年）二五〜四九頁、楠山春樹『淮南子』上（新釈漢文大系五四、明治書院、一九七九年）一三〇〜二〇一頁を参照した。なお、本稿で引用した清・銭塘『淮南天文訓補注』は劉文典撰・馮逸・喬華点校『淮南鴻烈集解』（中華書局、一九八九年）所収のものである。

（12）図は中村璋八・藤井友子『五行大義全釈』上巻（明治書院、一九八六年）二〇九頁、中村璋八・古藤友子『五行大義』上巻（新編漢文選思想七・歴史シリーズ、明治書院、一九九八年）二〇九頁を参照。なお中村璋八『五行大義』（明徳出版社、一九七三年）にも一部書き下し、日本語訳がある。

（13）「縄」とは天文訓に「子午・卯酉を二縄と為す」とあるように、十二辰の「子」「午」の縦線と「酉」「卯」の横線のことを指す。

（14）『補注』に「十一月……日躔は星紀……五月……日躔は鶉首」とある。「星紀」・「鶉首」とは、それぞれ赤道帯を西から東に向けて十二に分けた「十二次」の一つである。『晉書』天文志によると、十二次と十二辰の関係は以下のようになる。

十二辰	子	丑	寅	卯	辰	巳	午	未	申	酉	戌	亥
十二次	玄枵	星紀	析木	大火	寿星	鶉尾	鶉火	鶉首	実沈	大梁	降婁	諏訾

（15）古健青『中国方術大辞典』（中山大学出版社、一九九一年）三二七頁を参照。『欽定協紀弁方書』巻一本原・六合条に、

子與丑合、寅與亥合、卯與戌合、辰與酉合、巳與申合、午與未合。『蠡海集』曰「陰陽家地支六合者、日月會於子則斗建丑、日月會於丑則斗建子、故子與丑合。日月會於寅則斗建亥、日月會於亥則斗建寅、故寅與亥合。日月會於卯則斗建戌、日月會於戌則斗建卯、故卯與戌合。日月會於辰則斗建酉、日月會於酉則斗建辰、故辰與酉合。日月會於巳則斗建申、日月會於申則斗建巳、故巳與申合。日月會於午則斗建未、日月會於未則斗建午、故午與未合」。『考原』曰、「六合者、以月建與月將爲相合也。如正月建寅、月將在亥、故寅與亥合。二月建卯、月將在戌、故卯與戌合也。月建左旋、月將右轉、順逆相值、故爲六合」。按「月將即是日。月無光、受日之光、月行與日合而成歳紀、則是日者、月之將也、故曰月將。非別有神從日而右轉者也。其躔次、亥曰娵訾、戌曰降婁、酉曰大梁、申曰實沈、未曰鶉首、午曰鶉火、巳曰鶉尾、辰曰壽星、卯曰大火、寅曰析木、丑曰星紀、子曰玄枵。『春秋左氏傳』已有其説、至今用之、其躔度過宮、具載『公規』」。

とある。また同種の理論として支合が、『五行大義』巻二論合条に、

支合者、日月行次之所合也。正月、日月會於娵訾之次。娵訾亥也。一名豕韋。斗建在寅、故寅與亥合。二月、日月會於降婁之次。降婁戌也。斗建在卯、故卯與戌合。三月、日月會於大梁之次。大梁酉也。斗建在辰、故辰與酉合。四月、日月會於實沈之次。實沈申也。斗建在巳、故巳與申合。五月、日月會於鶉首之次。鶉首未也。斗建在午、故午與未合。六月、日月會於鶉火之次。鶉火午也。斗建在未、故未與午合。七月、日月會於鶉尾之次。鶉尾巳也。斗建在申、故申與巳合。八月、日月會於壽星之次。壽星辰也、斗建在酉、故酉與辰合。九月、日月會於大火之次。大火卯也、斗建在戌、故戌與卯合。十月、日月會於析木之次。析木寅也。斗建在亥、故亥與寅合。十一月、日月會於星紀之次。星紀丑也、斗建在子、故子與丑合。十二月、日月會於玄枵之次。玄枵子也、一名天黿、斗建在丑、故丑與子合。

とある。

（16）「厭」について天文訓に「雌居る所の辰は厭爲り」とある。また「厭」と「斗建」について、『周礼』巻二五春官・占夢条に「占夢は其の歳時を掌り、天地の會を觀、陰陽の氣を辨ず」とある文に対して、鄭玄注は「天地の會は、建厭處る所の日辰なり」とし、また賈公彦疏に引く鄭玄注に、「建は、斗柄の建す所を謂い、之を陽建と謂い、故に天を左還す。厭は、

日の前一次を謂い、之を陰建と謂い、故に天を右還す」とある。『補注』はこの鄭玄の言う「建厭」を「厭建」と表記し、これを雌雄の神とし、「雌は陰建爲り、雄は陽建爲り、陽建は斗柄、陰建は太陰、然るに太陰は歳陰に非ず」としている。これより「陽建」は「斗柄の建す所」、「陰建」は「太陰」であるので、「雌神」＝「厭」＝「陰建」、「雄神」＝「建」＝「斗柄の建す所」＝「陽建」と整理することができる。つまり鄭玄注の「建は、斗柄の建す所を謂い、之を陽建と謂い、故に天を左還す」とは、「雄神」＝「建」＝「斗柄の建す所」＝「陽建」が天を時計回りに周る（左還）ことである。次に同注の「厭は、日の前一次を謂い、之を陰建と謂い、故に天を右還す」とは、『補注』に「十一月……日は丑に在り……厭は亦た子に在り」等としているように、「雌神」＝「厭」＝「陰建」が各月毎に日の一つ前の辰にあり、これが天を反時計回りに移動する（右還）ことである。さらに『補注』に「十一月……厭は亦た子に在り、子の對は午にして刑爲り……十二月……厭は亥に在り、亥の對は巳にして刑爲り」とあるように、「刑」の位置は「厭＝陰建＝雌神」の「対」、つまり「厭対」にあることになる。

(17) 楠山春樹氏の表を参照（注(11) 楠山春樹前掲書、一四九頁）。

(18) 天文訓の刑徳七舍の運行について、京都大学人文科学研究所教授・武田時昌氏より貴重なアドバイスを頂いた、厚く御礼を申し上げる次第である。なお曾憲通氏・末永高康氏は刑徳七舍の刑徳運行と各月の日夜の長さに着目されている（曾憲通「居延漢簡研究二題」（『簡帛研究』第二輯、法律出版社、一九九六年）二六五～二七二頁、末永高康「『香港中文大学文物館蔵簡牘』干支表篇（『文帝十二年質日』）の復元」（『中国研究集刊』五八号、二〇一四年）。なお末永高康氏より「『香港中文大学文物館蔵簡牘』干支表篇（『文帝十二年質日』）の復元」の抜き刷りを頂いた。厚く御礼を申し上げる次第である。

(19) 甘粛省博物館「武威磨咀子三座漢墓発掘簡報」（『文物』一九七二年第一二期）

(20) 劉暁臻「『呉越春秋』中的占卜方式及特點」（『温州大学学報〔社會科学版〕』二〇〇九年第一期）、張覚『呉越春秋校證注疏』（知識産権出版社、二〇一四年）。

(21) 張培瑜『三千五百年暦日天象』（河南教育出版社、一九九七年）八一頁、注(6) 劉紹剛・鄭同修前掲論文。

(22) 武田時昌氏、末永高康氏は既に刑・徳の日毎の運行である刑徳小遊について検討を加えられている（武田時昌「刑徳遊行の占術理論」(『日本中国学会報』第六三輯、二〇一一年)、末永高康「刑徳小遊についての覚え書き」(出土資料と漢字文化研究会『出土文獻と秦楚文化』第八号〔日本女子大学文学部谷中信一研究室、二〇一五年〕四五～五七頁参照)。

〔付記〕本稿は、二〇一五年十二月十二日に成城大学で開催された中国出土資料学会第二回例会で、著者が発表したものを諸先生方に頂いた御指摘等を基に改めたものである。京都大学人文科学研究所教授・武田時昌氏、東京大学東洋文化研究所教授・平勢隆郎氏、成城大学民俗学研究所研究員・森和氏より貴重な御指摘を頂いた。特に武田時昌氏からは本稿修正時にも貴重な御指摘を頂いた。紙幅の都合上全ての御指摘を反映できず、今後検討させて頂きたい。また広島大学大学院文学研究科准教授・末永高康氏、復旦大学出土文献与古文字研究中心・助理研究員・程少軒氏より貴重な資料をご紹介頂いた。厚く御礼を申し上げる次第である。

執筆者紹介（掲載順）

①生年　②所属・職名　③専門　④主要論著

工藤元男（くどう　もとお）

①一九五〇年生
②早稲田大学文学学術院・教授、早稲田大学長江流域文化研究所・所長
③中国古代史
④『睡虎地秦簡よりみた秦代の国家と社会』（創文社、一九九八年）
『二年律令與奏讞書』（共編、上海古籍出版社、二〇〇七年）
『占いと中国古代の社会―発掘された古文献が語る―』（東方書店、二〇一一年）

岡本真則（おかもと　まさのり）

①一九七四年生
②明治大学・兼任講師
③中国古代史
④「冊命形式金文に見る周王と服属諸氏族の結合原理」（『史観』第一四四冊、二〇〇一年）
「関中地区における西周王朝の服属氏族について」（『東アジア古代出土文字資料の研究』アジア研究機構叢書人文学篇第一巻、雄山閣、二〇〇九年）
「洛陽地区における西周時代の服属氏族について」（『史滴』第三一号、二〇〇九年）

平林美理（ひらばやし　みさと）
①一九八九年生
②早稲田大学大学院文学研究科アジア地域文化学コース博士後期課程
③中国古代史
④「春秋時代における「烝」婚の性質」（『史観』第一七二冊、二〇一五年）
「春秋時代の「烝」・「報」・「通」事例から見た諸侯の婚姻習慣の変化について」（『早稲田大学大学院文学研究科紀要』第六一輯第四分冊、二〇一六年）

小林文治（こばやし　ぶんじ）
①一九八二年生
②早稲田大学長江流域文化研究所・招聘研究員
③中国古代史
④「前漢における皇帝と軍隊の関係について―皇帝による軍事指揮権行使の様相を中心に―」（『史観』第一六六冊、二〇一二年）
「里耶秦簡よりみた秦の辺境経営」（『史観』第一七〇冊、二〇一四年）
「秦・洞庭郡遷陵県の郷里と人口構成―徭役体系との関係を中心に―」（『早稲田大学大学院文学研究科紀要』第六〇輯第四分冊、二〇一五年）

水間大輔（みずま　だいすけ）
①一九七三年生
②中央学院大学法学部・准教授、早稲田大学長江流域文化研究所・招聘研究員
③中国古代史
④『秦漢刑法研究』（知泉書館、二〇〇七年）
『国家形態・思想・制度―先秦秦漢法律史的若干問題研究』（共著、厦門大学出版社、二〇一四年）
「秦・漢初における県の「士吏」」（『史学雑誌』第一二〇編第二号、二〇一一年）

池田敦志（いけだ　あつし）
①一九八一年生
②増田塾・非常勤講師
③中国古代史（前漢代政治史）
④「賈誼の対諸侯王政策と呉楚七国の乱―前漢代地方支配体制の変遷よりみた」（『早稲田大学大学院文学研究科紀要』第五三輯第四分冊、二〇〇八年）
「賈誼の対匈奴政策―前漢代匈奴戦争におけるその実効性について」（『早稲田大学大学院文学研究科紀要』第五五輯第四分冊、二〇一〇年）

柿沼陽平（かきぬま　ようへい）
①一九八〇年生

②帝京大学文学部史学科・准教授、早稲田大学長江流域文化研究所・招聘研究員
③中国古代中世史
④『中国古代貨幣経済史研究』（汲古書院、二〇一一年）
『中国古代の貨幣　お金をめぐる人びとと暮らし』（吉川弘文館、二〇一五年）
『つながりの歴史学』（共著、北樹出版、二〇一五年）

渡邉将智（わたなべ　まさとも）
①一九七八年生
②就実大学人文科学部総合歴史学科・講師、早稲田大学長江流域文化研究所・招聘研究員
③中国古代史
④『全譯後漢書　第九册志（七）百官』（共著、汲古書院、二〇一三年）
『後漢政治制度の研究』（早稲田大学出版部、二〇一四年）
「後漢における側近官の再編」（『東方学』第一三〇輯、二〇一五年）

川手翔生（かわて　しょう）
①一九八七年生
②早稲田大学大学院文学研究科アジア地域文化学コース博士後期課程
③中国古代史
④「嶺南士氏の勢力形成をめぐって」（『史観』第一六七冊、二〇一二年）

「ベトナムの教化者たる士燮像の形成過程」（『早稲田大学大学院文学研究科紀要』第五九輯第四分冊、二〇一四年）
「南越の統治体制と漢代の珠崖郡放棄」（『史観』第一七四冊、二〇一六年）

峰雪幸人（みねゆき　さいと）
①一九八六年生
②早稲田大学文学学術院・助手
③五胡十六国史
④「ソグド人漢文墓誌訳注⑻太原出土「虞弘墓誌」（隋・開皇十二年）」（共同訳注、『史滴』第三三号、二〇一一年）
「ソグド人漢文墓誌訳注⑼西安出土「安伽墓誌」（北周・大象元年）」（共同訳注、『史滴』第三四号、二〇一二年）
『五胡十六国覇史輯佚』（五胡の会編、編輯分担、燎原書店、二〇一二年）

川村　潮（かわむら　うしお）
①一九七九年生
②早稲田大学文学研究科史学（東洋史）博士課程単位取得退学
③中国古代文化史
④「「帰蔵」の伝承に関する一考察」（『早稲田大学大学院文学研究科紀要』第五二輯第四分冊、二〇〇七年）
「阜陽漢簡「周易」の史料的性格について」（『史滴』第三二号、二〇一〇年）
「前漢における易の受容とその経典化について」（『早稲田大学大学院文学研究科紀要』第五七輯第四分冊、二〇一二年）

森　和（もり　まさし）

①一九七四年生

②成城大学民俗学研究所・研究員、早稲田大学長江流域文化研究所・招聘研究員

③中国古代史

④「『山海経』五蔵山経における山岳神祭祀」（『日本中国学会報』第五三集、二〇〇一年）

「子彈庫楚帛書三篇の関係からみた資料的性格について」（『史滴』第二六号、二〇〇四年）

「中国古代的占卜与地域性」（『第五届中日學者中國古代史論壇文集』中国社会科学出版社、二〇一四年）

小倉　聖（おぐら　せい）

①一九八一年生

②早稲田大学大学院文学研究科アジア地域文化学コース博士後期課程

③術数学

④「『淮南子』天文訓「二十歳刑徳」の「刑」・「徳」運行について」（『史滴』第三四号、二〇一二年）

「馬王堆帛書「刑徳」篇「刑徳大遊」についての一考察」（『早稲田大学大学院文学研究科紀要』第五八輯第四分冊、二〇一三年）

＊本書は早稲田大学長江流域文化研究所の指定寄付金により出版されたものである。

2016年９月５日　初版発行　《検印省略》

中国《ちゅうごく》古代《こだい》史《し》論集《ろんしゅう》―政治《せいじ》・民族《みんぞく》・術数《じゅつすう》―

編　者 ©早稲田大学長江流域文化研究所
発行者 宮田哲男
発行所 株式会社 雄山閣
東京都千代田区富士見2-6-9
TEL　03-3262-3231 / FAX　03-3262-6938
URL　http://www.yuzankaku.co.jp
e-mail　info@yuzankaku.co.jp
振　替：00130-5-1685
印刷・製本　株式会社 ティーケー出版印刷

Printed in Japan 2016
ISBN978-4-639-02435-4 C3022
N.D.C.222　324p　22cm